D

"Domaine français"

DU MÊME AUTEUR

SON ABSENCE, roman, Stock, 2008.
EN RÈGLE AVEC LA NUIT, roman, Stock, 2010.
JÉRUSALEM, portrait, Actes Sud, 2013.
LA VIE ÉTONNANTE D'ELLIS SPENCER, roman, Actes Sud Junior, 2014.
LES IDÉES NOIRES, roman, Actes Sud, 2015.

Ont été reproduits dans cet ouvrage des extraits de *Lettres de Syrie*, de Joumana Maarouf, traduit de l'arabe par Nathalie Bontemps et paru chez Buchet/Chastel (© 2014, Libella, Paris, pour la traduction française), ainsi que de *Carnets de Homs*, de Jonathan Littell, publié en 2012 chez Gallimard (© 2012, Jonathan Littell, représenté par Andrew Nurnberg Associates).

© ACTES SUD, 2017
ISBN 978-2-330-08203-1

JUSTINE AUGIER

De l'ardeur

Histoire de Razan Zaitouneh,
avocate syrienne

ACTES SUD

PROLOGUE

J'ai cherché à restituer ici l'histoire de Razan Zaitouneh, dissidente syrienne disparue sans laisser de traces dans la nuit du 9 au 10 décembre 2013 à Douma, ville de la banlieue de Damas où elle pensait avoir trouvé refuge.

Au début de l'année 2011, lorsque les premières manifestations ont lieu en Syrie, je vis à Jérusalem où je poursuis divers projets littéraires, me trouvant à la fois tout près de ce qui advient et très loin. J'avais quitté les Nations unies quelques années plus tôt pour me consacrer à l'écriture mais continuais de vivre à l'étranger car S., mon compagnon, y travaillait toujours. Après Jérusalem nous nous sommes installés à New York, puis en 2014 nous sommes retournés au Moyen-Orient : nos enfants et moi à Beyrouth, S. à Damas.

Peu de temps après mon arrivée dans la capitale libanaise, je suis allée voir *Our Terrible Country*, un film dans lequel on suit l'écrivain syrien Yassin al-Haj Saleh et un jeune photographe, Ziad al-Homsi. Au début, on les découvre tous les deux à Douma (j'entends ce nom pour la première fois) au printemps 2013. On ne sait pas exactement pourquoi ils se sont installés dans cette ville contrôlée par les rebelles syriens mais on peut évoquer ces raisons comme possibles motifs à leur présence : ils étaient recherchés dans les zones gouvernementales, voulaient vivre l'expérience de la libération, souhaitaient en découdre frontalement avec le régime (pour Al-Homsi en tout cas, que l'on découvre armes à la main au début du film). Douma, ville de la banlieue orientale de Damas, est aux mains de l'insurrection et le régime la bombarde – jusqu'au moment où j'écris ces lignes, trois ans après le tournage du film, la ville de Douma a été bombardée chaque jour. Les deux hommes décident de partir pour Raqqa. Yassin al-Haj Saleh y est né, a grandi dans cette ville récemment tombée aux mains de l'opposition et dans laquelle sa famille se trouve encore. Au terme d'un voyage éprouvant ils découvrent la ville du Nord, tout juste passée sous le contrôle de l'État islamique dont les hommes viennent d'enlever les deux frères de l'écrivain. Yassin et Ziad s'y cachent quelques semaines puis se remettent en route, le premier part pour Istanbul, le second pour le Sud du pays (rapidement arrêté par l'EI il sera relâché, puis se rendra en Turquie à son tour).

Au début, à Douma, on voit l'écrivain et sa femme, Samira Khalil. J'ai une affection particulière pour cette scène : ils sont assis sur des chaises en plastique, dans une petite chambre meublée de façon disparate, près d'un lit une place, en formica, couvert d'un duvet imprimé de grosses fleurs aux tons marron et jaune. Ils boivent un café arabe, elle a les cheveux courts et fume des Marlboro rouges, il porte une chemisette, un air des années 1980 imprègne la séquence. Il l'appelle *Samour* et face caméra elle fait cette déclaration : *Plus le temps passe, plus je sens que c'est la personne que j'aime*, il se lève pour poser un baiser maladroit sur sa tête et quitter la pièce, visiblement ému et embarrassé de l'être.

Comme ils redoutent les dangers du voyage, Yassin partira sans Samira qui tentera de trouver un peu plus tard le moyen de le rejoindre. À eux deux ils ont passé vingt ans dans les prisons d'Hafez al-Assad.

À un moment, ils sont dans les rues de Douma et on découvre l'une de leurs amies dissidentes : Razan Zaitouneh (j'entends son nom pour la première fois). Avocate spécialisée dans la défense des prisonniers politiques, journaliste, militante des droits de l'homme, elle est devenue l'une des figures de la révolution (tout en refusant l'idée même d'une possible incarnation, faisant toujours le choix de l'ombre). Razan n'a cessé d'exclure l'idée même du départ malgré les menaces, se mettant ainsi en danger au nom d'un combat dans lequel elle s'est fondue tout entière. Après avoir vécu dans la clandestinité pendant deux ans à Damas, elle vient de rejoindre Douma. Sur ces images elle a trente-six ou trente-sept ans (son anniversaire tombe au printemps), ses cheveux sont d'un blond cendré, blancs par endroits, un peu crépus, ramassés en un chignon bas. Elle est maigre, semble épuisée mais animée d'une énergie puissante, nerveuse. Sa force irradie et je me redresse pour ouvrir mieux les yeux. On ne l'entend parler qu'une fois. Elle demande à celui qui tient la caméra d'arrêter de filmer, le demande de façon cinglante et ajoute : *Je ne plaisante pas.*

À l'arrière-plan, ceux qui la connaissent échangent des sourires discrets, savent que c'est la façon d'être de Razan et d'ailleurs, si on la regarde bien, on peut discerner son sourire en coin. La façon dont se joue la scène, dont les autres prennent place autour de Razan, dont le nom de la jeune femme est ensuite évoqué en son absence (dans mon souvenir, Yassin confie à un moment que rien ne pourra arriver à Samira tant qu'elle sera avec Razan mais en revoyant le film des mois plus tard, je me rends compte que cette réplique n'existe pas) : tous ces éléments lui font occuper une place disproportionnée au regard de son apparition fulgurante. Pour moi le film se décentre et si elle n'est plus à l'écran, son visage, son sourire en coin et sa façon d'affirmer sa présence ne me quittent plus pendant le reste de la projection, ni après, une fois la salle quittée, ni encore après, une fois la nuit passée.

Nous sommes du même âge, Razan et moi. Et j'ai tout de suite aimé son prénom tel qu'il sonne en arabe : *r* roulé, seconde syllabe étirée et un peu fermée, *n* final prononcé : Ra-zan. Tel qu'il est prononcé par tous ceux qui savent qui elle est, savent comment sa trajectoire s'est mêlée de façon inéluctable à celle du pays ; chargé d'échos, lourd.

À la fin du film, Yassin al-Haj Saleh et Ziad al-Homsi – qui incarnent ici une certaine opposition syrienne, celle qui souhaitait en finir avec toute forme d'oppression, religieuse comprise – se retrouvent en Turquie, hors de leur pays qu'ils ne sont pas près de revoir, hors de leur pays qui devra faire sans eux.

Pendant son périple, Yassin s'entretient régulièrement sur Skype avec Samira. On suit ainsi la situation à Douma qui ne cesse de se tendre. Peu à peu, l'étau autour de la ville se resserre puis on finit par comprendre qu'elle est en état de siège et que personne n'en sortira plus. Samira raconte qu'ils manquent de nourriture, de carburant – ce qui inquiète particulièrement l'écrivain qui sait que, sans carburant, l'électricité dorénavant produite par des générateurs finira par manquer, et qu'Internet cessera alors de fonctionner. Cette affaire de liaison sur le point d'être coupée devient centrale, finit par incarner la tragédie en cours.

Dans l'une des dernières scènes, on découvre Yassin et Ziad dans un café d'Istanbul. Ils pleurent, tentent de comprendre ce qu'ils ont raté, n'ont pas vu, pas compris. Et ils ont une façon de parler, comme si tout était bel et bien terminé.

Fin du film, écran noir : *Le lundi 9 décembre 2013 à 10 heures du soir, alors que nous n'avions pas terminé le tournage de ce film, Samira Khalil a été enlevée ainsi que ses compagnons Razan Zaitouneh, Wael Hamadeh et Nazem Hamadi dans la ville de Douma par des islamistes intégristes.*

Aujourd'hui encore, nul ne sait ce qu'il est advenu de Samira, Razan, Wael et Nazem. Ils se sont volatilisés. Le soulèvement achevait sa mue et cette opposition-là se retrouvait dispersée, poussée hors du pays, liquidée de façon méthodique. Bachar al-Assad remportait la mise, le discours qui consistait à faire de la révolution une sédition portée par les islamistes et contre laquelle son régime pouvait seul faire rempart finissait de s'incarner. Al-Assad seul face à l'ennemi qu'il s'était choisi ; le pire devenait certain et l'on se retrouvait, pendant un temps, à observer le conflit comme on regarde un match de tennis dans lequel on n'a pas de favori.

Jusqu'à ce que des hommes en noir se mettent à égorger dans le désert des hommes blancs portant des combinaisons orange et que cela, de façon quasi instantanée, efface des milliers d'autres crimes, disculpe, rebatte les cartes comme si la partie commençait pour de bon ; compteurs à zéro, l'horreur commence là, quand son surgissement s'inscrit en fait dans un long entrelacs, dans un rhizome foisonnant. Les hommes en noir ont effacé la violence qui les a nourris, recouvert une multitude de crimes des leurs, commis au grand jour, en surface, laissant place à la sidération qui détache le geste, l'isole, l'extrait de sa matrice – que l'on songe à ces mises en scène et à la façon dont ces bourreaux se retrouvent avec leurs victimes *au milieu de nulle part*, quand tout n'est que ramifications. La sidération plonge le reste dans l'oubli, ne conduit à rien d'autre qu'à sa propre existence et nous égare.

Avant de commencer à prendre contact avec ceux qui ont connu Razan, je croise son nom pour la première fois dans un livre (cela se produira à nouveau quand je serais plongée une bonne fois pour toutes dans l'histoire de la révolution syrienne, et chaque fois ou presque son nom renverra à l'une de ces notes qui ponctuent de façon inévitable les ouvrages sur la Syrie, laissant autant de petits trous dans les pages : *X a disparu le…, nous sommes sans nouvelles à ce jour*). Razan interviewe Yassin al-Haj Saleh (l'écrivain du film, celui dont la femme Samira Khalil a été enlevée avec elle) sur les seize années qu'il a passées en prison. À l'époque je la crois en vie, enfermée quelque part en Syrie dans un lieu souterrain – lieu dont ma représentation tient davantage de celle de l'enfance que d'un savoir rigoureusement établi, mais dont l'imaginaire plonge certaines de ses racines dans la région car j'ai pensé enfant à Michel Seurat, Jean-Paul Kauffmann et aux autres, à leur mystérieuse absence qui occupait tant de place. À l'époque je pense que Razan peut encore revenir, remonter. Ce en quoi, il me faut le dire d'entrée, je ne crois presque plus (l'espoir infime relevant de la seule précaution rationnelle). À l'époque donc, je note : *Yassin lui explique qu'il n'y a pas en Syrie de lieu plus digne que la prison pour ceux qui s'opposent au régime. Que, pour lui, il s'est agi d'une affaire d'*émancipation, *de* révolution intime. *Razan semble incrédule. Repense-t-elle parfois à cet échange,* maintenant ? *Quand elle lui demandait : "Dans les moments de souffrance et de terreur, surtout pendant l'interrogatoire et la torture, vers qui vous tourniez-vous ?"* Il me semble que Razan interroge l'écrivain comme si elle cherchait à mieux comprendre, peut-être dans l'idée de se préparer, comme on prend conseil auprès d'un ami avant de partir en voyage. Mais ce que je finis aussi par entendre en relisant cet entretien, c'est que Razan attend qu'ait lieu enfin *sa* révolution, et la prison est une possibilité à considérer avec sérieux parce que c'est dans ce monde-là qu'elle vit. Razan ne sait pas, ne peut imaginer, que la révolution syrienne est si proche et que sa vie va très bientôt s'emballer.

Si j'attends encore un peu avant de me mettre à enquêter sur elle c'est que j'éprouve de la réticence, sentiment qui se révélera tenace et protéiforme. Le fruit d'abord d'une forme de cynisme, d'une difficulté à prendre tout à fait au sérieux l'idéalisme et l'engagement radical, sans faille, de Razan. Comme s'il y avait là une forme d'aveuglement, d'anomalie, sur lesquels je me suis permis de poser un regard empreint d'une légère commisération, comme si elle avait manqué une bifurcation et qu'elle continuait d'avancer sans conscience du ratage, quand toute personne saine d'esprit pouvait les regarder divaguer depuis l'autre bord, Razan et ses illusions. Soupçon de décalage aussi, d'une élite laïque qui fait de la notion de droits humains une notion centrale, exilée dans sa propre société. Et puis il faut l'avouer, au cœur de ma réticence se trouvait surtout un vertige à l'idée de passer mes journées dans un contexte si pesant, un manque de courage à l'idée de me faire plomber.

Ces réticences m'ont surprise car depuis l'enfance, je me retrouve toujours ou presque du côté de ceux que l'on taxe d'idéalisme, à qui l'on reproche leur manque de lucidité et de réalisme, leur propension à s'énerver et à perdre toute distance ironique quand ils s'emparent d'un sujet d'indignation. Et voilà que je gratifiais Razan de ce regard condescendant si familier, dont je sais comme il peut blesser, voilà que je profitais de l'occasion pour changer de camp et, pire, que cette nouvelle façon d'envisager les choses me procurait un certain confort. Le cynisme m'habitait aussi et il suffisait pour le voir surgir et recouvrir mes croyances de changer de vis-à-vis. J'ai pensé qu'il ne m'appartenait pas en propre, qu'il devait être la part me revenant d'un sentiment qui baigne l'époque, dont j'ai compris tardivement l'importance de montrer que l'on sait faire preuve, au moins un peu, si l'on souhaite être pris au sérieux. Et dont j'ai toujours du mal à faire preuve même si, à l'orée de chacun de mes livres, je me promets de laisser à la légèreté une plus grande place.

Je ne savais trop que faire d'un être tel que Razan, de son décalage avéré qui ne me renvoyait que trop au mien, ne savais comment aborder cette femme dont les proches déjà cherchaient à écrire la légende, à ériger la statue. Il me semblait, pour le dire vite, qu'il aurait été plus simple d'écrire sur n'importe quel salaud que sur Razan, et ce constat intuitif s'est mis à me préoccuper.

Pendant les premiers mois que je passe au Liban, je m'adonne à divers travaux d'écriture, sachant néanmoins que je ne pourrais retarder beaucoup plus le moment d'approcher de ce qui est en train d'arriver à quelques kilomètres de là, produit une énorme masse de récits et d'images, a poussé à s'installer dans le pays que j'habite plus d'un million de personnes. Chacune ayant dû trouver pour soi, sa famille et son histoire, un refuge, le plus souvent dans les lieux dont personne n'a voulu – reculés, étriqués, insalubres, abandonnés –, dans les campagnes, dans les villes, visibles pour certains d'entre eux – enfants et femmes qui mendient aux feux rouges, sur les trottoirs ombragés, devant les bars la nuit ; riches Syriens repérés à la plaque d'immatriculation de leur quatre-quatre ; hommes qui attendent sous les ponts qu'on les fasse monter dans un minibus pour les emmener sur un chantier ; révolutionnaires de la classe moyenne se retrouvant dans les cafés, toujours à l'œuvre mais de moins en moins nombreux, préférant l'exil turc ou européen ; familles assises sous le soleil devant des bâtiments officiels, semblant croire à peine à la possibilité de s'extirper de ces limbes administratifs dans lesquels le monde cherche à les cantonner –, invisibles pour la plupart, muets, clandestins, vivant dans la peur de l'arrestation, s'inventant malgré tout de nouvelles vies qui les font graviter autour de leur tente, de leur abri, de leur *garage*, du lieu qu'ils se sont trouvé et dont ils tentent chaque jour de s'accommoder avec une endurance insensée. *Ils* – visages perdus dans la multitude, individus effacés par les trajectoires que l'on voudrait fondre en une ; le nombre, *les réfugiés*, *les Syriens*, face auxquels *nous* nous sentons terriblement individualisés, dans notre être et notre groupe.

J'ai rencontré quelques femmes et hommes ayant trouvé refuge au Liban, suis retournée voir ceux qui avaient accepté de me parler (à la condition le plus souvent que je taise leur nom), plusieurs fois. Pendant des mois, je me suis entretenue avec eux. Nous avons parlé de leur pays, de leur expérience de la guerre, de leur fuite, de leur vie au Liban. Ils sont sortis, se sont échappés, racontent – quand Razan, elle, n'a fait que s'enfoncer. Car elle ne me quitte pas, son nom revient, trouve en moi les points de résonance pour m'empêcher de me détourner, se loge dans une zone d'intranquillité, au douloureux point de frottement où regrets et hontes sont à l'œuvre. En partie parce que fut une longue période de ma vie où j'aurais voulu être – ou j'ai même cru pouvoir devenir – *comme Razan*. Et le sentiment de honte d'avoir osé penser que je le pouvais, d'avoir abandonné et trahi la jeune femme idéaliste et confiante que j'ai été, ne passe pas, reste vif, et j'ai peur d'avoir à rester en sa compagnie, de me retrouver à ses côtés, petite et timorée.

Pourtant elle reste, m'empêche de me détourner, me demande de lui faire confiance, vient me susurrer que son histoire est celle d'une faillite commune, que le cynisme et l'incrédulité ne l'effraient pas, que son engagement ne relève de rien de simple, qu'après tout elle a quand même *fait la révolution*, qu'elle refuse d'être traitée en héroïne mais qu'elle a beaucoup à dire sur l'héroïsme, qu'elle peut faire entendre bien d'autres récits – toujours elle se glisse sur le côté, là où on ne peut pas la voir, laisse place à d'autres voix et en profite pour s'atteler à la tâche car s'atteler à la tâche est bien la seule chose qui vaille – elle murmure que son histoire pourrait, en se laissant exhumer, se changer en une sorte de vaisseau, arracher son monde aux frontières syriennes, mettre au jour sur son passage les ramifications que l'on verrait soudain courir, s'entremêler, se superposer et nous lier tous dans cette affaire.

J'ai commencé à interviewer des gens ayant connu Razan. Au début je ne leur disais pas que je comptais écrire un livre sur elle car ce n'était pas le cas. Seulement que je conduisais des recherches sur *la Syrie* et que son histoire m'intéressait. En avançant j'ai compris que l'enquête la concernant ne pourrait reposer que sur les témoignages de ses proches, la lecture de ses articles et de ce qui a été écrit à son sujet, sur quelques vidéos, quelques photos. Un grand nombre d'éléments ont disparu : ses ordinateurs et documents ont été *pris* avec elle en cette nuit de décembre 2013 à Douma ; Razan a laissé beaucoup dans les lieux qu'elle a habités successivement lorsque, très vite après la révolution, elle a dû vivre de façon clandestine ; pour des raisons de sécurité, son compte Facebook, sur lequel elle était très active et postait de nombreux textes, billets, statuts, a été fermé dès sa capture et tout a été engouffré, on ne sait bien où ; l'appartement familial a lui aussi été laissé à l'abandon par ses parents partis très vite au Liban ; il y aurait eu des carnets, dont personne ne sait ce qu'ils sont devenus. Comme j'apprends l'arabe parlé au Liban (très proche de l'arabe de Syrie) et ne comprends qu'à peine l'arabe littéraire, il me serait impossible de me plonger dans ses textes sans intermédiaires, je devrais me fier à des traductions – peu nombreuses, peu sûres – et à des impressions de lecture glanées ici et là. Il manquerait également des récits cruciaux puisque ceux qui ont été parmi les plus proches – son mari Wael, ses amis Nazem et Samira – ont disparu avec elle, laissant de longs vides au sein du premier cercle. Peu de gens semblent s'être hissés là où s'offre une vue panoramique de la vie de Razan parce qu'elle a privilégié le cloisonnement, l'opacité comme principe nécessaire à la survie dans un pays où le gouvernement fait tout pour que chacun finisse par se sentir comme nu et vulnérable, toujours sous les regards, cherchant désespérément à se calfeutrer. Et cette fragmentation de sa vie génère dans les témoignages de nombreuses contradictions, chacun croyant (ou feignant de croire) qu'il en sait long. Ceux qui ont été enlevés avec elle à Douma avaient sans doute une bonne vision d'ensemble, des derniers mois en tout cas, pendant lesquels l'histoire s'est emballée, et j'ai souvent pensé devant une incertitude, une contradiction : eux sauraient. Mais non, ce serait lacunes sur lacunes. Et Razan détesterait ça, elle qui n'a cessé de faire du travail de documentation une tâche essentielle, réunissant et recoupant les informations sur les violations des droits avec une minutie qui rendait fous ceux qui travaillaient à ses côtés.

Je ne pourrais pas non plus errer dans les rues qui lui ont été familières, traîner sans fin dans les lieux qu'elle a habités ni en chercher partout l'empreinte. Je veux signaler ici que dans mon premier livre, une femme s'offre les services d'un écrivain public et lui demande de raconter la vie de sa fille disparue. La mère met à disposition des archives, objets et témoignages et l'homme s'immerge dans les traces. La jeune femme avait oscillé entre engagement et absence avant de se résoudre à cette dernière. Le motif un brin démodé de l'engagement est resté au cœur de mes livres suivants et je ne sais plus comment j'ai pensé pouvoir échapper à l'histoire de Razan.

J'ai eu rapidement la quasi-certitude que je ne pourrais pas l'interroger, qu'elle ne pourrait pas critiquer mon récit *a posteriori*, rectifier, démonter, reprendre ses droits et faire entendre sa vérité. Ce silence attendu de son côté me gênait et dans le même temps, c'est bien cette quasi-certitude qui m'a convaincue de me lancer. Quand j'ai interrogé Yassin al-Haj Saleh chez lui à Istanbul, je lui ai confié être mal à l'aise à l'idée que Razan, avec sa manie de chercher à s'effacer, aurait sans doute détesté l'idée d'un livre sur elle. Il m'a répondu : *C'est vrai, mais elle n'est pas là.*

À défaut d'autre chose, il faudrait donc me contenter de récits, reconstitutions et spéculations pour raconter l'histoire de Razan, et son monde.

J'ai pris il y a quelques années un café avec une ancienne collègue des Nations unies, de passage à New York. Comme toujours lorsque je rencontre ceux qui ont continué dans la voie que je m'étais choisie à un très jeune âge, qui restent engagés dans les affaires du monde, j'éprouve un mélange de fierté et de honte. En décembre 2012, cette jeune femme évoque avec affection la Syrie d'avant-guerre et si je ne doute à aucun moment de la sincérité qui l'anime, elle ne peut ignorer qu'elle parle d'un pays qui a cessé d'exister, qu'elle a eu le privilège de connaître et que ça lui donne l'avantage. Elle me demande si j'ai voyagé dans la région, si je suis allée en Jordanie, *Oui. Au Liban? Non. En Syrie?* Un temps, puis : *Oui, bien sûr.* Aucune idée clairement formulée ne m'est venue pendant ce temps qui a précédé le mensonge mais je crois avoir ainsi agi dans un pur réflexe d'autodéfense, qu'il m'a tout simplement semblé impossible de faire un nouvel aveu d'ignorance, comme si je redoutais de me faire exclure de ce monde-là une bonne fois pour toutes.

Contrairement à ce que j'ai une fois prétendu, je ne suis jamais allée en Syrie. Je reste tributaire de la représentation que j'en ai développée, dehors, me nourrissant d'une littérature abondante, de films, des récits de ceux qui ont quitté le pays ou y sont encore, des textes de Razan, des mots recueillis auprès des hommes et des femmes qui l'ont connue et dans la voix desquels j'entendais vibrer quelque chose, la singularité de sa présence, la gratitude et l'incrédulité qu'ils semblaient encore éprouver à l'idée d'en avoir été les témoins. Des mots recueillis auprès de ceux qui ne l'ont pas connue mais figurent aussi dans ces pages, tissés à son histoire à elle, en guise de contrepoint et pour tenter de dire comme ces différentes trajectoires se sont croisées mais sans doute trop souvent manquées.

Ainsi j'ai dû élaborer mon propre système de références ; tributaire d'une matière épaisse, fragmentaire et de seconde main.

Un jour, tandis que j'avais accepté l'idée que l'histoire de Razan constituerait le fil narratif central du récit que je m'apprêtais à écrire, que désormais, lorsque je rencontrais ceux que j'interrogeais je pouvais dire sans ciller : *Je voudrais écrire un livre sur Razan*, un Syrien vivant au Liban, qui avait rencontré Razan à plusieurs reprises et connaissait presque tout le monde parmi les opposants – politiques, artistes ou activistes –, s'est énervé. Il m'a dit que quoi que j'écrive, cela ne lui plairait pas, que mon projet était voué à l'échec. Que je n'y arriverais pas car je venais d'un monde et que Razan venait d'un autre, qu'après tout son histoire ne me concernait pas. Qu'aujourd'hui encore il fallait donc que ce soit une Occidentale qui vienne raconter cette histoire syrienne, qui vienne raconter *leur* histoire.

Une autre fois, un ami de Razan que j'interrogeais m'a dit qu'il pensait que c'était une bonne chose que je ne sois jamais allée en Syrie. *C'est très bien, il ne faut pas trop localiser Razan, mettre le doigt sur son universalité.*

Ces deux visions allaient constituer deux pôles entre lesquels naviguer, deux écueils dûment signalés.

La Syrie a fini par dessiner, à la surface du globe et dans la chronologie, une immanquable saillie, enchevêtrement de responsabilités, de morts, de discours, d'images et de violences ; dont les déplacés parviennent à s'échapper par des issues de moins en moins nombreuses, que le monde entier s'efforce de condamner pour ne plus laisser sortir ceux dont l'existence même dénonce l'ampleur de la tragédie et l'inaction teintée de bons sentiments qu'on lui réserve. Se pencher doucement sur la noirceur, avec appréhension, redoutant son pouvoir de contamination, redoutant l'insoutenable sentiment d'impuissance auquel personne ne souhaite faire face, dans la peur des sentiments que fait naître la guerre chez celui qui la regarde et, malgré tout, se pencher. Sur la noirceur dans laquelle il devient difficile de discerner les contours, au creux de laquelle s'enfoncent et se perdent d'autres femmes, hommes et enfants, dans une longue nuit.

Sur cette obscurité se détachent des moments surgis d'un passé récent mais déjà ancien, du temps de l'ardeur et du soulèvement. Je découvre les images de la révolution syrienne quelques années après son éclosion et jusqu'à maintenant je ne me lasse pas de les regarder. Images de foules ayant pris la rue, hommes et femmes qui dansent, chantent et scandent, visages sur lesquels on peut lire la joie en même temps que la stupeur, l'incrédulité totale et jouissive de se trouver là. Dans les récits abondants qui sont faits de ces mois de soulèvement on évoque souvent le mur de la peur et surtout, on raconte comment les Syriens l'ont défait, cassé, mis à terre et piétiné. On se dit que de ça on ne reviendra pas et que finalement, peut-être, le pire n'est pas toujours sûr. Les visages et les corps de ces journées-là sont d'une beauté singulière, beauté de qui ne fait plus qu'un avec son espérance, son combat, beauté quasi oubliée dans nos contrées et dont on préfère souvent se méfier et se détourner lorsqu'elle surgit ailleurs, beauté dans laquelle peuvent venir s'incarner tous les désirs de lutte et de dissidence, tous les rêves de renversement. Il y a une forme d'impolitesse à ne pas avoir mieux regardé ces visages et ces corps car c'est à nous aussi qu'ils s'adressaient, pour nous aussi qu'ils ont dansé et pris tous les risques.

PREMIÈRE PARTIE

J'aime beaucoup cette image sur laquelle je suis tombé, dans une vidéo des manifestations : la foule chante, en liesse, et on découvre Razan, calme, un sourire tranquille aux lèvres, présente mais un peu en retrait. Elle se tient bien droite, chantonne en battant le rythme des mains et c'est tellement elle. Razan détonnait dans ce milieu minuscule, celui des activistes syriens, tous plus ou moins grandes gueules. Son physique surprenait, semblait décalé par rapport à l'ampleur de son courage. Elle m'évoquait ces images de dissidentes d'Europe de l'Est : frêle, blonde et pâle, avec un côté un peu romantique.

Ma fille avait un visage d'ange qui irradiait la tranquillité. Elle avait aussi un très beau sourire, et un regard dans lequel on pouvait deviner qu'elle voyait des choses que les autres ne voyaient pas. Elle a été à l'école publique – rien de spécial, tous les élèves ont ce droit d'aller à l'école publique. Petite, elle lisait énormément, puis elle s'est mise à écrire des histoires. À dix-huit ans, elle a même gagné un prix à l'université pour une nouvelle qu'elle avait écrite – je ne me souviens plus de quoi il s'agissait et je ne sais pas où se trouve ce texte, nous avons quitté Damas trop vite, tout laissé derrière *nous. Razan aimait beaucoup les chats et détestait les insectes. Elle nous impressionnait beaucoup, son père et moi. En fait elle nous intimidait. On savait depuis le début qu'elle accomplirait des choses spéciales mais quand on l'a vue s'engager, on a commencé à s'inquiéter. On redoutait qu'elle ne fasse les mêmes expériences que certains membres de ma famille. Tous mes frères ont été arrêtés pour des raisons politiques et l'un d'eux a passé dix-huit ans en prison. J'aurais tant voulu qu'elle ne goûte pas à l'amertume de la prison mais Razan a toujours été si butée.*

Dès qu'elle entendait parler d'un prisonnier de conscience elle essayait de prendre contact avec sa famille et se mettait à la tâche. Il faut comprendre une chose importante à son sujet, c'est qu'elle travaillait tout le temps. D'ailleurs on avait l'impression qu'elle ne dormait jamais.

Elle avait un air à la fois très sérieux et enfantin. Dans son travail elle était incroyablement déterminée et ne supportait ni la paresse ni la désinvolture. Elle passait un temps fou à aider les gens. Son appartement était simple, un peu bordélique. Elle était toujours devant son ordinateur, à son bureau, sur son canapé, et même quand on parlait, elle continuait à travailler.

J'ai exactement huit ans de plus que Razan. Dans la famille, tout le monde se souvient qu'elle adorait faire semblant de préparer le thé – elle n'avait pas de dînette, tout se passait dans sa tête. Quand elle me voyait plongée dans un recueil de poèmes, Razan me demandait de les lui lire à voix haute. Il vous suffit de la regarder dans les yeux pour comprendre à quel point elle est intelligente. Depuis toujours il suffit de la regarder dans les yeux pour comprendre. Son prénom signifie sérénité *en arabe, il évoque des qualités de calme, de compréhension et d'intelligence – mon père dit toujours que ce nom est fait pour elle. Razan adore marcher sous la pluie.*

De façon générale, elle n'était pas ouverte à ceux qu'elle ne connaissait pas. On pourrait même dire qu'elle n'était pas très sympathique. Je crois qu'elle ne voulait pas mettre en danger ceux qui s'approchaient d'elle parce qu'elle était connue de tous les services de renseignements, de tous les mukhabarat. *À ma connaissance, elle n'a pas jamais été en prison mais elle a dû être convoquée par toutes les branches de renseignement du pays, peut-être des centaines de fois. De temps en temps, ils lui envoyaient une* invitation *: "Passe demain matin pour prendre le café" – c'est comme ça qu'ils s'y prenaient. Elle répondait à des questions, ils la surveillaient. Et parfois, pour resserrer un peu l'étau, ils convoquaient une personne de sa famille, son mari par exemple, pour lui poser des questions sur elle. Pour les effrayer. Mais ça n'a jamais marché* (il rit). *Ah et aussi elle adorait les chats – on se moquait un peu de ce côté* cat lady.

Razan était faite d'un matériau très singulier. Elle avait un sens de la justice incroyable et donnait une impression de timidité malgré sa force. Je ne l'ai jamais vue qu'en jean et en tee-shirt, avec une cigarette à la main.

Je l'ai rencontrée au début de la révolution… Freluquette, avec des yeux bleus intenses, comme deux lasers… On ne rencontre pas beaucoup de gens comme elle. Il y avait l'intensité de la flamme – dont on sentait qu'elle ne s'éteindrait qu'avec elle – et dans le même temps, une incroyable lucidité.

Razan n'avait rien de plus rien de moins que nous tous. Rien de particulier. On en a fait une figure parce qu'elle parlait anglais et qu'elle avait un bon réseau. C'est tout.

Nous sommes trois filles et un garçon. Je suis la dernière. L'aînée vit au Canada depuis longtemps et mon frère en Arabie Saoudite. Razan est toujours en Syrie et moi j'ai dû partir, au Liban d'abord puis ici, au Canada. J'ai sept ans de moins que Razan mais j'ai passé toute mon enfance à la suivre. Elle m'emmenait partout. Je me souviens qu'elle a longtemps voulu être astronaute et puis, quand elle a eu seize ans, elle a commencé à écrire. Tous ceux qui lisaient ses histoires les trouvaient belles – enfin c'est ce que je crois. Elle faisait des études de droit tout en écrivant des articles. Quand elle voulait faire quelque chose, elle le faisait, on ne pouvait pas la convaincre du contraire, impossible. D'ailleurs on n'essayait même pas car Razan était extrêmement têtue. Je voulais devenir comme elle, de ça je me souviens très bien. Elle était, elle est... tu sais, les gens qui la rencontraient avaient peur d'elle. Tout le monde la respectait et tout le monde voulait être comme elle. C'est ce que je crois.

La première fois que j'ai vu Razan, je ne l'ai pas aimée du tout. Mon père nous a présentés dans les bureaux de l'Association syrienne des droits de l'homme alors qu'elle était en train de travailler. Il nous a laissés tous les deux et je suis resté une heure face à elle. Razan n'a pas levé la tête une seule fois! Je l'ai trouvée tellement arrogante, du genre : "Je suis avocate des droits de l'homme... je suis blonde et mignonne..." Je me suis consolé en prenant un livre. Moi qui adore parler! D'ailleurs je parle tout le temps mais Razan, elle, ne disait pas un mot. Ça la rendait imbattable pour garder les secrets. J'avais coutume de dire qu'elle n'ouvrait la bouche que les jours fériés.

Nous l'invitions souvent à venir passer le week-end avec nous sur la côte mais elle n'est jamais venue. Je me demande si elle savait nager.

Razan était incroyablement méthodique et précise dans son travail. Elle avait aussi des principes très clairs et le fait d'être laïque ne l'avait pas empêchée de s'intéresser aux conditions de détention des prisonniers islamistes. Elle passait un temps fou chez des mères de détenus salafistes qui habitaient dans des coins pas possibles de la banlieue de Damas. Ce qui ne manque pas d'ironie – d'ironie tragique disons – quand on sait que ce sont des islamistes qui l'ont enlevée.

Je l'ai vue pour la première fois lors d'une réunion secrète que nous avions organisée. C'était nouveau pour moi de voir une femme travailler dans ce domaine. Razan est devenue mon amie, ma chef, et bien d'autres choses encore. Elle cherchait toujours à nous aider, prenait de nos nouvelles, nous demandait ce dont nous avions besoin. Je ne sais pas comment elle avait le temps de s'occuper comme ça de chacun de nous.

Razan est à la fois rebelle et très calme. Cela dit, elle pouvait se mettre dans des colères terribles. Quand ça arrivait elle parlait à peine, exprimait sa colère en très peu de mots. C'était la façon d'être de Razan. Elle adorait les chats, aimait jouer au backgammon – je la battais toujours – et elle fumait de façon totalement déraisonnable.

On se sentait attiré par elle parce que sa force était tangible. Je l'ai aimée tout de suite. Elle ne parlait pas beaucoup mais on avait la certitude qu'elle comprenait très précisément ce qu'on lui disait.

Elle adorait les chats, mais tu dois le savoir, non?

Je n'ai jamais rencontré personne plus engagée. Elle était très drôle, pince-sans-rire mais très drôle. Elle écrivait des articles poignants parce qu'il y avait toujours quelque chose de très vivant dans ses récits et que… comment dire? sa plume n'était pas raide. Razan était d'une rigueur anormale, dans tout ce qu'elle faisait – ça fatiguait un peu son entourage. Elle adorait les pasta *et disait qu'après la révolution, elle s'offrirait un voyage en Italie.*

J'ai réuni assez peu d'éléments sur ses premières années. Ses sœurs et sa mère m'ont parlé mais Razan n'a gardé aucun ami d'enfance, comme s'il y avait eu de sa part une volonté de rupture avec une vie et un monde dont elle n'a cessé de chercher à s'extirper, et même un désir d'obturation. Restent des bribes transmises par la famille, autant d'éléments à relier pour faire apparaître l'image, comme dans les jeux d'enfants, que conserve la légende familiale.

Razan n'est pas née en Syrie. Ses parents travaillaient en Libye et c'est là qu'elle a vu le jour, d'une mère institutrice et d'un père vendeur de meubles ayant renoncé à ses études de droit. Elle est née en Libye, dans une famille de la classe moyenne, conservatrice et modérément religieuse, qui s'installe assez vite en Arabie Saoudite, et cette façon qu'elle a de se déplacer dans le monde arabe, au gré des offres d'emploi, est assez commune. D'ailleurs ils vivent entourés d'autres Syriens, ne quittent pas cette communauté exiguë et un peu repliée sur elle-même.

On dit de Razan petite fille qu'elle semblait penser tout le temps. Une enfant calme et songeuse mais pas solitaire et chaque jour, après l'école, on se retrouve les uns chez les autres ; les enfants jouent, les femmes préparent des plats syriens et on parle de la Syrie, dans un arabe syrien.

Toute l'année, Razan et la sœur aînée attendent l'été qu'elles passent à Damas dans le petit appartement que la famille a gardé dans le quartier de Koussour. Elles entretiennent ensemble la nostalgie du pays, replongent dans les soirées passées sur le balcon damascène à se faire des promesses de retour et des confidences dans les bruits de la ville à la tombée de la nuit, la douceur du temps et les odeurs de jasmin – on est en plein rêve. Elles s'inventent une appartenance d'exilées au pays, passent des heures à courir dans les ruelles de la vieille ville *(Débarquer à Damas en venant de Riyad, c'était comme de sortir d'une boîte)*, se relèvent à minuit et retournent en cachette sur le balcon pour écouter des lectures de poésie à la radio, errent dans les musées, râlent quand il faut quitter la ville le vendredi pour rendre visite à la famille qui habite la campagne, écoutent les histoires d'enfance de leur grand-mère sans jamais s'ennuyer, sont enchantées de tomber dès qu'elles sortent de la maison sur une tante ou un cousin parce que toute la famille habite le quartier, lisent et relisent Nizar Qabbani *(Lorsqu'en Orient naît la lune, / Les blanches terrasses s'assoupissent / Dans des amas de fleurs, / Les gens abandonnent leurs échoppes / Et vont ensemble / À la rencontre de la lune)*, nourrissent le mythe que le manque se charge de raviver le reste de l'année.

Une photo de Razan et de sa sœur aînée, à la fin de l'été, sur fond vallonné et luxuriant (on pourrait se croire en Bavière), prise sans doute un de ces vendredis passés hors de la ville. Razan est blonde, doit avoir quatre ou cinq ans, porte un sous-pull vert qui fait des plis sur son ventre et dont on sent qu'il lui donne chaud, l'engonce. Ses traits n'apparaissent pas clairement, le grain est trop épais mais deux couettes retenues par des rubans rouges et une frange épaisse, mousseuses, laissent deviner une chevelure à la nature indocile.

La sœur aînée a posté beaucoup d'images de Razan sur son compte Facebook, des images qu'elle a scannées et que l'on doit chercher parmi d'autres : montages réclamant la libération de sa sœur, quatre enfants semblant grandir heureux au Canada – déguisements, fêtes d'anniversaire, pâte à sel –, la sœur aînée en première ligne lors d'hommages rendus à Razan. *(J'ai publié toutes ces photos alors qu'elle aime tant la discrétion… Elle va me tuer quand elle sortira, c'est certain!)* Ceux qui ont connu Razan luttent un peu au début et se forcent à employer le présent mais tous finissent par avoir recours au passé, c'est immanquable. Et il est vrai que l'on ne peut rien y faire, le passé vient plus naturellement. Il n'y a qu'à la sœur aînée que n'échappe jamais – *jamais* – un verbe conjugué au passé. Au début, sa parole me semblait contrainte, presque artificielle. Et puis j'ai compris à quel point sa certitude de revoir sa sœur vivante était bien réelle, relevant d'une foi proche de la folie mais assez belle, consolatrice.

Sur le balcon de Damas, l'aînée prétend passer à la radio dans l'émission de poésie, s'invente un micro, s'applique à lire un poème sous le regard attentif de Razan.

Quand elles ne sont pas en Syrie, les sœurs passent une grande partie de leur temps à lire. Elles empruntent des livres à un oncle qui vit près de chez elles, voyage beaucoup et rapporte sous le manteau des tas d'ouvrages. Elles mettent la main sur les livres de Ghada Samman, longtemps interdits en Syrie parce que l'auteure féministe dénonce la société patriarcale et s'en affranchit, voyage, trompe son mari et connaît le succès.

Je sais que Razan cache ses livres derrière ses manuels de classe pour qu'on la laisse lire en paix (la mère se montre stricte avec les deux aînées – moins avec la petite sœur, c'est partout la même histoire). Je sais qu'elle lit des auteurs arabes mais s'intéresse beaucoup aux auteurs étrangers, latino-américains entre autres, qu'elle lit Beauvoir et Woolf, qu'elle ne supporte pas de ne pas terminer un livre.

Toujours Razan lit, apprend seule, et très vite elle décrète que sa culture est insuffisante, qu'il lui manque trop d'outils d'analyse, qu'elle doit remédier aux lacunes d'un système scolaire qui glorifie le par cœur, un savoir ingurgité en bloc, recraché et ânonné dans des mises en scène bien rodées et immuables. Il lui faut remédier à ses lacunes qu'elle a appris à identifier et qui lui sont insupportables, autant d'entraves à sa capacité de comprendre ce qui l'entoure. (Plus tard, dans les années 2000, alors qu'elle travaille déjà quinze heures par jour, elle trouve le temps d'assister à des cours d'anglais parce qu'elle a compris que ça lui serait essentiel. Elle suit aussi des cours sur Internet pour apprendre à taper plus vite sur son ordinateur et gagner ainsi un peu de temps qu'elle pourra consacrer à la tâche, à la cause ; quelques minutes arrachées à la fin de la journée, quelques heures à la fin du mois ; le temps objet d'une lutte que l'on doit mener sans relâche, comme le reste.)

La sœur aînée confie à Razan qu'elle ne veut plus rentrer en Syrie. Elle veut partir loin du monde arabe car elle ne supporte plus de ne pouvoir faire un pas dans la rue sans que toute la famille l'apprenne. Elle se sent à l'étroit, veut s'installer en Europe ou en Amérique du Nord.

La famille finit par rentrer à Damas. Razan a treize ans et elle ne quittera plus la ville parce que c'est le seul endroit sur terre où elle dit pouvoir vivre, pas moins. L'aînée, elle, épouse tout de suite un Syrien qui vit au Canada et son départ inocule une intense amertume à la joie du retour attendu. Aujourd'hui, la sœur aînée cherche à raccrocher les versions et les histoires (toujours elle cherche une cohérence comme si en réussissant à chasser les contradictions les unes après les autres, avec méthode, elle parviendrait à y voir clair et comme si, au creux de cette clarté, pourrait apparaître de façon nette et indéniable ce qui s'est passé à Douma dans la nuit du 9 au 10 décembre 2013 et ce qui a suivi). Elle dit qu'elle a voulu partir parce que son amour démesuré pour la ville la rendait invivable *(Comme avec un homme, tu comprends ?)*. Elle trace sous les yeux de sa sœur une voie vers l'émancipation qui passe par l'arrachement au pays, la même que Ghada Samman, partie s'installer en Occident elle aussi.

J'imagine que Razan fait à cette époque, de façon confuse sans doute, le choix d'inventer une autre voie. Elle compte se libérer au sein même du monde qui cherche à l'entraver, dans un désir d'appartenance à cette société, dans un désir de mieux la comprendre et d'œuvrer même à sa transformation.

Razan épouse l'intensité et la force de l'attachement au pays, les accueille sans peur et sans ciller, les avale.

Quand l'aînée reçoit enfin les photos de son mariage, qu'elle s'installe confortablement dans son canapé pour les regarder, elle découvre que lorsque sa sœur apparaît – au premier plan, à l'arrière-plan – elle semble aux prises avec une tristesse à laquelle personne n'avait prêté attention. La même année, Razan perd sa grand-mère et pendant plusieurs jours elle cesse de se nourrir, cesse de parler.

Il y a une photo de Razan qui doit dater à peu près de cette époque et que j'aime beaucoup. L'aînée est là, en visite, adulte et mère déjà ; habillée comme une dame, un peu massive, sourire maîtrisé. Elles prennent la pose devant un mur (alternance de rangées de pierres claires et foncées – calcaire et basalte – emblématique de la ville). Razan porte un tee-shirt blanc à col rond qu'elle a rentré dans un jean brut taille haute, une large ceinture noire à grosse boucle, un sac à dos noir un peu mou et lâche. C'est le début des années 1990. Elle est très menue, un peu androgyne. Ses cheveux sont coupés au carré, très court, et encadrent un beau visage d'adolescente à la bouche entrouverte et tombante, au sourire esquissé, indolent, au regard vague mais confiant. Le mot d'effrontée me vient, semble émaner en douceur de tout son être.

Yassin al-Haj Saleh dit que lorsqu'il l'a rencontrée au tout début des années 2000 (elle est née en 1977), Razan lui semblait *sortie de nulle part*. Comme grandie hors sol. Il est perplexe quand il s'agit d'essayer d'expliquer comment elle a pu développer sa force et apprendre à écrire en mûrissant dans les années 1990. Yassin vient de Raqqa et d'un milieu populaire mais il a emprunté *La Nausée* à la bibliothèque municipale quand il avait quatorze ans et très vite il est entré au parti communiste où il a reçu une formation politique et intellectuelle solide. Razan grandit d'abord en Arabie Saoudite puis en Syrie où la société est atone car on a achevé de la faire taire au début des années 1980. Aucune idéologie ne rassemble plus personne, ne donne plus de cadre à personne ; le communisme et le tiers-mondisme se sont essoufflés, la vie culturelle et politique se réduit à rien et Razan semble pousser dans le vide, s'élever seule et pourtant bien droit.

Parce qu'elle agit comme si elle grandissait *vraiment* seule, à quatorze ans Razan décide de devenir indépendante financièrement et de se mettre à vendre des montres à domicile, à faire du porte à porte quand aucune jeune fille ne fait une chose pareille à Damas. Ses parents s'opposent d'abord à cette idée saugrenue mais finissent par capituler et leur réaction restera toujours la même face à ces décisions de Razan qu'ils ne parviennent jamais à comprendre tout à fait, qui leur résistent. La même réaction – opposition molle, ralliement partiel, critiques sans vigueur mais persistantes – jusqu'au départ pour Douma en 2013, dernière décision qu'ils tenteront d'infléchir sans y croire. Les voisins regardent Razan d'un mauvais œil, font des réflexions. J'imagine que l'affrontement larvé qui ne cessera de l'opposer à ses parents doit prendre de l'ampleur à cette période. J'imagine les disputes, les portes qui claquent peut-être. Ou non, je me dis que Razan devait être capable de ne plus prononcer un mot, sûre d'elle, qu'elle n'avait pas besoin d'aller provoquer de nouvelles passes d'armes pour ne pas rompre le fil, qu'elle était assez forte pour retourner seule dans sa chambre à ses lectures, assez forte pour composer avec le silence.

La sœur aînée n'a pas souhaité me révéler l'identité de l'homme qui, dans leur famille, a passé près de vingt ans en prison (la peur latente mais puissante de mettre quelqu'un en danger, surtout lorsqu'on est loin et à l'abri), mais la mère m'a confié qu'il s'agissait de l'oncle de Razan. Son absence ouvre pour elle une faille à travers laquelle se laisse deviner un vaste monde, souterrain et obscur. Pour cette première génération d'activistes des droits humains à laquelle appartient Razan, c'est presque toujours la même histoire : ces absences font une infime ouverture sur le foisonnement du monde d'en dessous et donnent envie d'élargir la brèche pour voir mieux, pour jeter la lumière.

Il y a ceux dont on a des nouvelles et auxquels on peut rendre visite, ceux dont on a des nouvelles et auxquels on ne peut pas rendre visite, ceux dont on ne sait rien, et il est assez fréquent qu'une même personne ait connu ces trois statuts lors de son passage par l'*underworld* syrien.

Une vieille tante a aussi deux fils qui ont été *pris* très jeunes et dont personne n'a jamais reçu le moindre signe de vie. Quand la mère de Razan se met en route pour rendre visite en prison à son frère, la tante continue de s'acharner, année après année : *N'oublie pas de lui demander s'il a vu l'un de mes fils, s'il sait quoi que ce soit, s'il connaît quelqu'un qui les a vus, qui a entendu parler d'eux, qui a aperçu l'ombre de l'un d'eux…*

La double pratique de la disparition et de l'arrestation est inséparable du régime syrien, figure au cœur du génome. Toutes ces absences contribuent à défaire les liens, à morceler ; en chacun se trouve répliquée cette réalité semée de trous qui sape les fondements d'une citoyenneté entière, et s'ouvre un espace au creux duquel la peur vient se loger, duquel elle peut déployer ses tentacules puissants. De façon mécanique, cette pratique prend de l'ampleur quand le régime se sent menacé dans sa survie après le début de la révolution, chacun de ses traits se faisant plus marqué. Une pratique comme une signature, au-delà même des frontières syriennes, et une pratique ancienne. (Déjà l'enlèvement de Seurat, Kauffmann, Carton et Fontaine par un groupe libanais avait eu lieu sur ordre du régime d'Al-Assad en 1985. Michel Seurat avait trente-sept ans, il est le seul à ne pas être revenu parce qu'il est mort dans leurs sous-sols, et je ne peux m'empêcher de l'associer à Razan, comme si je voulais qu'ici au moins, il lui tienne compagnie.)

Razan à seize ans peut-être, ses cheveux sont maintenant très longs, forment une masse imposante qu'elle a rassemblée en une queue de cheval. Ils représentent un sujet de préoccupation parce qu'elle n'aime pas leur nature, les aurait préférés plus dociles. Elle les porte toujours attachés et elle ne les lâche que s'ils ont été lissés. (L'aînée poste sur Facebook une photo de sa sœur petite, sur laquelle ses cheveux sont très frisés. Razan répond tout de suite : *Tu n'as pas trouvé mieux ?* L'autre la menace en riant d'en trouver davantage mais quelques jours après l'enlèvement, elle poste une photo de Razan avec les cheveux raidis et lui envoie ce message : *Regarde ce que j'ai trouvé.*) Les sourcils bien dessinés de Razan rappellent sa bouche au tracé ondulé, étirée et fine. Elle porte une chaîne en argent autour du cou et même si le pendentif se fond sur la photo dans les motifs ethniques de son sweat-shirt à capuche, je crois savoir qu'il représente Handala, ce personnage d'enfant dessiné de dos, devenu emblématique de la résistance palestinienne. Comme tous les jeunes Syriens, Razan soutient cette cause qui vient néanmoins occuper chez elle une place singulière. À la fin des années 1980, elle accroche un poster de Handala dans sa chambre (au même âge je me souviens d'avoir punaisé une affiche du groupe A-ha), et plus tard, en 2000, elle n'hésite pas à coller au-dessus de son lit une photo de Mohamed al-Dura, ne craint pas de s'endormir ainsi chaque soir, sous l'image de l'enfant terrifié qui s'apprête à être tué.

Sur la photo de Razan à seize ans, ses yeux bleu clair ressortent. Pour la première fois, je détecte chez elle un air que j'ai l'impression de retrouver souvent par la suite. Cette jeune fille semble se faire une idée assez précise de ce qu'elle est en train de regarder, en train d'écouter, une idée assez précise des choses qui l'entourent, de manière générale.

Les premiers écrits dont on a gardé trace datent du début des années 2000. Des textes d'avant (elle a commencé à écrire des articles trois ou quatre ans plus tôt), personne ne semble avoir rien conservé. La petite sœur m'a dit que les premiers articles avaient été publiés dans *Thawra – Révolution*, journal à la solde du régime qui a capté cet imaginaire révolutionnaire et ses vocables. Razan a écrit sur les enfants des rues, les violences faites aux femmes et un jour, tandis qu'elle enquêtait pour un article, elle a suivi jusque chez lui un enfant qui mendiait dans la rue pour insulter son père ; personne n'avait jamais vu quelqu'un faire une chose pareille.

Elle veut étudier le journalisme mais un système de points sanctionne les années de lycée, ouvre ou ferme certaines portes et les études de journalisme sont réservées à ceux qui ont obtenu les meilleurs scores. (On a affaire à un régime tout entier tourné vers sa propre survie, et dont le slogan totémique est *Assad pour l'éternité!*) On dit Razan bouleversée par ce refus et on raconte qu'elle aurait même hésité à redoubler avant de se résoudre au droit ; je pense qu'il s'agit surtout d'une affaire de vexation comme en connaissent les bons élèves quand ils découvrent l'échec, et qu'elle a dû prendre aussi l'habitude d'obtenir ce qu'elle veut, à force d'une volonté et d'une résolution éreintantes pour les autres. Mais dans le fond je ne suis pas sûre que cette altération de la trajectoire change grand-chose. Pour Razan il s'agit d'identifier un champ où libérer son désir d'engagement et d'écriture, qui semblent vraiment ne pas s'opposer chez elle mais s'épauler et même se fondre l'un dans l'autre. Nulle part elle ne mentionne écriture et politique comme deux envies distinctes, jamais elle ne se dit tiraillée. Elle finit par devenir avocate *et* journaliste, auteure, et activiste (je choisis ce mot à dessein car il me semble mieux à même de dire une attitude totale que celui de *militant*. D'ailleurs il traduit bien le mot arabe, *nachat*, qui évoque l'idée d'être actif, plein de projets). Au bout du compte il n'y a qu'un seul et même désir de se jeter sur le monde et de trouver les prises nécessaires pour se mettre à l'œuvre.

Elle fait des rencontres à l'université, dont certaines ont dû jouer leur rôle, mais là encore, elle ne conserve aucune amitié. L'un de ses futurs amis proches est en troisième année quand elle entre à la fac et il se souvient de l'avoir croisée quelques fois. Il dit qu'il voyait bien qu'elle n'était pas une étudiante comme les autres, qu'elle était intelligente, précise, qu'elle prenait la chose publique avec trop de sérieux et qu'elle ne faisait jamais de *bêtises*. Je sais aussi qu'en première ou en deuxième année, elle retrouve des camarades au café ; ils organisent une campagne contre la direction d'un orphelinat dans lequel Razan a découvert des cas de maltraitance, elle tâtonne, cherche la bonne voie, fait des repérages, se rode.

Razan a grandi au sein d'une famille conservatrice et religieuse, imprégnée de la logique patriarcale qui baigne la société syrienne et réserve aux jeunes filles une place modeste. Malgré tout, elle est devenue une jeune femme libre et laïque qui n'aime rien davantage que de se former sur les choses ses propres idées et il reste là une part de mystère qu'on ne peut épuiser, une énigm permettant de revenir à cette vision qui me plaît et qu'elle semble même avoir cultivée : Razan *sortie de nulle part. (Elle ne m'a jamais raconté comment ni pourquoi elle s'était engagée. Ce n'est pas une femme qui raconte beaucoup, pas une femme qui aime les grands récits.)*

J'ai quand même évoqué sa mue avec tous ceux que j'ai interrogés et tous, sans exception, m'ont dit ne s'être jamais posé la question, n'avoir jamais cherché à s'expliquer cette émancipation, n'y avoir même jamais pensé en ces termes tant elle semblait aller de soi. Et c'est une chose qui me donne terriblement envie de la rencontrer, de me retrouver face à cette façon si naturelle de s'impliquer que nul ne songe à la questionner. Je voudrais voir à quoi ça ressemble et je me dis, dans un léger frisson, que ça doit être très contagieux.

C'est à partir de l'année 2000 qu'elle garde les amis qu'elle se fait, qu'elle commence à publier, que les traces se multiplient ; comme si Razan avait décidé que le récit pouvait alors commencer.

À vrai dire elle est aidée aussi par certains amis d'enfance qui choisissent peu à peu – les pressions familiales jouant sans doute leur rôle – de couper les liens qui les unissaient à Razan, de peur que ses activités ne les mettent en danger, et parce que plane autour d'elle une aura d'étrangeté. Razan ne vit pas cette rupture dans la légèreté, elle en conçoit même une forme de souffrance durable, et les reproches incessants de ses parents la mettent à l'épreuve.

Elle reste loyale à sa famille, continue de les voir et comme tous les jeunes Syriens reste chez ses parents jusqu'à son mariage. Une fois partie, Razan fait encore ce qu'il faut pour entretenir de bonnes relations avec eux.

Certains de ses amis croient déceler parfois les traces de son éducation dans une certaine timidité. Une survivance qu'elle cacherait selon eux derrière la rudesse qu'elle réserve à ceux qu'elle ne connaît pas, qu'ils disent entendre parfois, quand elle rit.

C'est maintenant que ça commence. En 2000, sortie de nulle part et diplômée, Razan choisit de faire son stage, obligatoire avant de passer l'examen du barreau, dans le cabinet d'Haytham al-Maleh. Elle défend des prisonniers politiques dans un pays qui ne laisse presque aucune place à cette pratique qu'elle s'applique, pendant dix ans, à transformer et à investir d'une valeur nouvelle. Le monde d'avant obturé, elle apparaît de façon virginale à sa nouvelle famille.

Quand j'ai demandé à sa mère si elle connaissait certains des proches de sa fille, si elle pensait qu'il était important que j'en rencontre certains, elle a répondu : *Malheureusement, je ne sais rien de ses nouveaux amis.*

À soixante-dix ans, Al-Maleh est une figure de l'opposition syrienne, activiste des droits de l'homme, caractériel, ancien détenu politique lié aux Frères musulmans (Razan accroche un portrait du Che au-dessus de son bureau, pour faire bonne mesure). Elle a vingt-trois ans, sa nouvelle vie commence l'année de la mort d'Hafez al-Assad et elle doit éprouver une confusion c'est certain, avoir du mal à séparer son impatience de celle dans laquelle plonge le pays, avoir du mal à distinguer les espoirs et les promesses. Razan est prise dans cette histoire une fois pour toutes, on ne pourra plus décoller sa trajectoire de celle du pays.

(Il y a un passage que j'aime beaucoup dans les *Lettres de Syrie* de Joumana Maarouf, sur la journée du 10 juin 2000. Elle raconte comment elle a trouvé une façon d'échapper au deuil et à la tristesse de rigueur alors que vient de mourir celui qui préside le pays depuis trente ans, dans un culte de la personnalité sans bornes. Dans Damas vide et figée, Maarouf cherche à rentrer chez elle mais les rues sont presque désertes et elle ne trouve pas de bus. Elle croise un homme, lui demande ce qui se passe, il répond avec tristesse et emphase que le président est mort, s'attendant à provoquer chez elle une réaction de désespoir – feinte au moins. *Bon. Mais pourquoi il n'y a pas de bus ?* Elle continue son trajet, heureuse de marcher, de pouvoir demander à nouveau ce qui se passe dès qu'elle croise un passant, de pouvoir savourer de se faire annoncer, encore et encore, la mort du président éternel.)

Le fils succède au père et promet des réformes ; c'est le début du *Printemps de Damas*, des espoirs de changement qui connaissent deux coups d'arrêt : en 2001, puis en 2005-2006 (il faudra y revenir parce qu'on ne peut plus faire grandir Razan dans le vide, la collision s'est opérée). Entre 2000 et 2006, l'espace s'ouvre et se referme à plusieurs reprises et comme tous ceux qu'elle côtoie, Razan croit en la possible réforme du régime. Ils demandent la fin de l'état d'urgence en place depuis trente-cinq ans, la libération des prisonniers politiques, le retour des exilés, le droit de créer des organisations et des partis, et ils se prennent à y croire.

De nombreux prisonniers sont libérés et des forums ouverts, la parole se libère un peu. Bachar al-Assad est jeune, il revient d'Angleterre où il a fait des études d'ophtalmologie, il porte des costumes, a épousé une femme belle et moderne (on raconte que Sarkozy aurait dit du jeune président : *On peut lui faire confiance, vous avez vu sa montre et sa femme ?*). Les premiers forums de discussion ouvrent pour être tous fermés sauf un avant la fin 2001. Le printemps de Damas connaît une première répression, des figures de l'opposition sont arrêtées mais l'espoir ne disparaît pas et l'opposition s'organise, se dissout dans un certain nombre de causes et de secteurs au caractère *a priori* apolitique que le régime tolère ; droits humains, droits des femmes, environnement, journalisme ; une porosité s'établit entre l'opposition politique et les organisations tolérées.

Avec Razan et d'autres, Haytham al-Maleh crée l'Association syrienne des droits de l'homme. Ils envoient une demande aux autorités pour enregistrer l'organisation et aucune réponse n'ayant été reçue après soixante jours, l'association est considérée comme enregistrée par défaut. Le régime procède ainsi, personne ne dit *non* mais personne ne dit *oui*, et à tout moment les membres de l'association pourront être accusés de travailler pour une organisation non autorisée. (Les autorités les ignorent à tel point que le jour où ils reçoivent une réponse du ministère de l'Intérieur sur des cas de disparitions au sujet desquels ils avaient demandé des informations, Razan et ses collègues décident d'encadrer et d'accrocher au mur la réponse, preuve tangible de leur existence qu'ils n'avaient donc pas tout à fait rêvée.)

Razan pénètre la vieille garde de l'opposition syrienne. Des intellectuels, dissidents, activistes ; des *dinosaures.* Tous ont fait de la prison du temps d'Hafez al-Assad, certains y sont retournés avec le fils. Peu de gens trouvent grâce à leurs yeux, ils sont un peu irascibles et confus parfois, des dinosaures revêches marqués par l'expérience carcérale. Razan se rapproche d'eux et se fait accepter, se rapproche parce qu'elle veut apprendre, pousser sa formation qu'elle ne cesse de trouver trop étroite. Elle leur pose toutes sortes de questions, sur des points de droit international ou de grammaire, sans honte et à n'importe quelle heure du jour et de la nuit, avide.
Il y a Yassin al-Haj Saleh, Riyad al-Turk, Ali al-Abdallah, Anouar al-Bouni. Mais aussi Fares Murad et Imad Shiha, qui ont passé près de trente ans chacun dans les geôles du régime et en sont sortis physiquement brisés. Leur expérience obsède Razan qui fait un petit film sur Fares Murad duquel elle se sent très proche (elle tourne quelques documentaires à ses heures perdues, explore tous les moyens, tous les chemins), et qui est plié en deux, cassé par la *chaise allemande* (le détenu attaché à une sorte de planche dont la partie supérieure s'incline et étire la colonne vertébrale, la fait ployer, jusqu'à la rupture parfois).

Elle passe du temps chez Al-Abdallah, sa femme et leurs enfants (la plupart des dinosaures n'en ont pas). Elle y passe la fin du Ramadan, y retourne pour l'Aïd al-Adha, défend le père, les fils, puis quand tous se retrouvent en prison, elle rend visite à la mère malade, jusque dans ses derniers instants, s'occupe des funérailles (une cellule défaite avec méthode et acharnement). Razan entre ainsi chez les gens, s'invente sa place et personne ne peut plus se passer d'elle.

Riyad al-Turk l'adore. Il a passé dix-huit ans en détention, à l'isolement presque tout le temps. C'est une figure mythique de l'opposition et dans deux documentaires qu'Ali al-Atassi lui a consacrés à dix ans de distance, on le voit procéder à une occupation inventée en prison : il dispose avec minutie, sur un drap blanc, les cailloux trouvés dans sa soupe de lentilles pour faire apparaître des dessins, des messages, ajuste les cailloux pendant des heures, retend le drap avec précaution et tue le temps. Il est âpre, à la limite de la folie, mais Razan le touche, noue avec lui une relation forte et singulière *(Riyad l'a vraiment prise sous son aile. Lui qui n'aime personne, elle, il l'aime).*

Et Yassin aussi, bien sûr, qui organise chez lui et Samira des petits dîners que Razan ne manque jamais, Yassin qui la regarde amusé boire trop de gin tonic un soir et se mettre à danser, Yassin qui l'appelle *Razoun*.

J'ai trouvé quelques photos d'elle parmi ces hommes et chaque fois je la découvre avec le même sourire radieux ; elle se sent bien avec ces dissidents plus âgés, peut-être mieux qu'avec les autres.

Elle se lie aussi à des avocats de sa génération, se fait des amis de son âge, des hommes surtout parce qu'il reste plus difficile pour les femmes de rejoindre ces cercles (ce ne sont pas les mêmes amitiés, les codes ne sont pas tout à fait piétinés, il y a toujours un sens de ce qu'on peut dire et ne pas dire à un ami). Il me semble que Razan a une prodigieuse aptitude à l'amitié, une façon de se dévouer et de provoquer la confiance (déjà les confessions de sa sœur, sur le balcon de Damas les soirs d'été), comme si la confiance la précédait. Et une fois acquise, elle ne se dissipe jamais ; même ses amis qui font à un moment ou à un autre le choix de s'éloigner d'elle le disent tous, la confiance ne s'érode pas, survit à l'amitié.

L'absence de confiance est une question centrale en Syrie. Obsédante. Un manque autour duquel tentent de s'articuler les relations et les êtres. Par défaut, on ne fait confiance à personne et c'est là un principe de précaution ancré au plus profond de chacun. (Et même quand on quitte le pays, on continue de promener avec soi sa suspicion. Lorsque j'ai commencé à interroger des Syriens ayant trouvé *refuge* au Liban – je ne parle pas ici de ceux qui se sont engagés et ne se lassent pas de faire des déclarations devant témoins, ce qui nous renvoie néanmoins à la même chose car il faut lier leur plaisir de parler à l'incrédulité dans laquelle il plonge ses racines –, je leur ai demandé si je pouvais les enregistrer. J'ai rapidement cessé de le faire. Souvent aussi, dès que les récits prenaient une tournure vaguement politique je les voyais s'arrêter, comme surpris d'être arrivés si loin, d'avoir franchi sans même s'en apercevoir ce mur érigé en eux depuis si longtemps avant de prendre la peine de vérifier à nouveau qui j'étais, de redire en souriant la peur de parler avant de reprendre leur récit.) La société est quadrillée, on se méfie du chauffeur de taxi, du vendeur de légumes, de chacun, et avec le soulèvement le quadrillage va commencer à se resserrer, de façon mécanique, pour mieux étrangler ceux qui tentent de résister.

En ces temps-là, les réunions de l'association sont publiques et on y organise, entre autres, la défense des prisonniers politiques. Des Syriens de tout le pays signalent des disparitions et les avocats membres de l'organisation suivent leur cas de façon bénévole mais leur marge de manœuvre est presque nulle. Toujours, Razan doit identifier ces zones au sein desquelles l'action est possible. Elle doit s'y installer, tenter d'en repousser les frontières car de l'autre côté on pousse aussi, et elle ne doit jamais cesser de pousser pour ne pas se faire écraser, doit garder toujours le pied dans la porte.
Il faut maintenir à l'œuvre ce principe de tension seul à même de garantir une possible survie. Et entre ces zones, manœuvrer, explorer, dénicher, résister, partout où c'est possible. Le mot arabe *sumud* décrit bien l'attitude de Razan ; il évoque une résistance ferme et solide, une façon de persister, bien campé sur ses appuis.

Razan passe tous ses dimanches dans une ruelle du centre de Damas où se trouve la haute cour de la sûreté de l'État parce que c'est ce jour-là que siège ce tribunal au fonctionnement obscur, né avec l'état d'urgence. Dans cette ruelle, dont beaucoup de Damascènes ignorent même la nature du bâtiment qu'elle abrite, une part importante de la vie de Razan se joue. On y juge des Syriens arrêtés pour raisons politiques, qui ne reçoivent pas de visites, ne voient leur avocat que le jour de la comparution, et sont le plus souvent détenus dans la prison de Sednaya.

Dans la ruelle, les prisonniers sortent du véhicule qui les transporte pour entrer au tribunal, offrant quelques secondes aux avocats et aux familles qui font des signes de la main, négocient avec les soldats pour arracher un instant à la procédure, échangent quelques mots comme ils peuvent, applaudissent.

Les familles ont souvent fait un grand voyage et quelques sacrifices financiers pour être là et trouver ou non ce qu'elles sont venues chercher, fragments d'informations et d'espoir.

Dans la ruelle on organise aussi parfois des sit-in, de toutes petites manifestations à la dérobée.

Le procès se déroule en quatre temps – les questions, le réquisitoire du procureur, la plaidoirie de la défense (une simple lecture d'arguments envoyés au préalable, rien à voir avec notre représentation de la plaidoirie enflammée), le jugement. Pour chaque étape il faut un dimanche, un procès dure deux ans et demi en moyenne, les accusés ne peuvent faire appel et les avocats n'ont pas accès au dossier de l'accusation. J'expose ici ce fonctionnement comme s'il était connu, comme si je l'avais extrait des règles du tribunal mais tout cela ne repose que sur le travail de Razan qui a mené l'enquête, interrogé dès qu'elle l'a pu les détenus libérés et leurs familles pour écrire un rapport détaillé et mettre à mal l'opacité, la dissiper. Dans ce document elle cherche les failles, comme toute bonne avocate, pour démontrer patiemment le caractère illégal du tribunal et de ses jugements. (En découvrant que Robespierre, Danton ou Lénine avaient été avocats, je me suis demandé s'il n'y avait pas une prédisposition chez ces hommes et femmes de loi à *faire la révolution*, qu'elle résidait peut-être dans cette capacité à détecter les brèches dans un système verrouillé.)

Certains accusés choisissent de se faire défendre par des avocats activistes des droits humains comme Razan, mais il leur faut un certain courage car on essaie de les dissuader de faire appel à ces voyous. Il n'est pas rare que lorsqu'une mère se déplace jusqu'à la prison pour demander des nouvelles de son fils, on lui rétorque qu'on était prêt à le relâcher mais qu'il paraît que deux avocats sont venus chez elle la semaine d'avant, qu'on va devoir le garder encore un peu.

Razan écrit et rend ses arguments mais fait tout ce qu'elle peut pour ne pas cautionner la cour qu'elle tient pour illégale. Chaque fois qu'elle plaide, elle rappelle donc son caractère anticonstitutionnel et le juge ne supporte pas d'être mis en face de ce même argument, encore et encore. Le *juge* n'aurait d'ailleurs pas étudié le droit et il est connu pour sa nervosité – une nervosité d'imposteur. *(Un jour il a regardé l'accusé, un Kurde, et lui a dit* : *"Toi, tu m'as l'air d'un type qui a envie d'avoir son propre pays… Allez, douze ans."*)

Razan lui demande, une fois encore, d'avoir accès aux preuves et rappelle, une fois encore, que la procédure n'est pas valide et qu'on ne peut requérir de la prison dans ces circonstances. Le juge se met à hurler qu'elle n'a pas le droit de lui parler ainsi (c'est son existence même qu'elle remet en cause), qu'elle doit apprendre à respecter le tribunal et il finit par ordonner aux gardes de la faire sortir. Le tribunal est au troisième étage du bâtiment, dans les escaliers ils la poussent, l'escortent, finissent par la jeter dehors ; le juge fait en sorte qu'elle ne puisse pas y remettre les pieds et demande sa suspension du barreau.

Mais ça n'a pas grande importance. Elle n'aime pas le temps consacré à la rédaction de ces arguments voués à être débités d'une voix morne durant la plaidoirie, autant d'heures passées à justifier la parodie. Ça lui convient bien de ne pas avoir à retourner dans le tribunal parce que l'essentiel se passe ailleurs ; ce qui compte pour Razan c'est la ruelle. C'est là qu'elle passe son temps, qu'elle rencontre les familles de prisonniers, qu'elle commence à rassembler des informations sur ce qui a conduit les détenus dans les centres de détention et les prisons, sur leurs conditions de détention, sur les tortures, sur ceux dont on est sans nouvelles aussi. C'est là qu'elle commence à mener son travail de documentation, la tâche première. Elle mène des enquêtes, des entretiens, collecte la parole, recoupe, archive, met bout à bout les témoignages sur les arrestations, ce qui a précédé les arrestations, la vie en prison, la torture, les disparitions, la vie autour de ces absences. Elle accumule la matière pour qu'un jour puisse s'écrire l'histoire de ceux que le pays fait taire et pour que, coûte que coûte, s'échafaude le dossier qui pourrait un jour servir à l'accusation. Elle accumule ces témoignages qui finissent par déborder largement l'affaire en cours, fournissent bien souvent la base de ses articles et renseignent peu à peu un savoir hors norme de la société syrienne. Razan écoute, abandonne des grilles de lecture statiques, bâtit une compréhension incroyablement précise du monde dans lequel elle navigue, une compréhension qui lui permet de pratiquer comme personne l'art de la résistance tolérée car elle connaît tous les interstices dans lesquels il est possible de se glisser, toutes les portes dérobées qu'il est possible d'ouvrir et celles qui sont condamnées.

Elle se rapproche de certaines familles de prisonniers, leur rend visite et tisse avec elles un lien singulier. La façon dont Razan s'implique auprès d'elles peut sembler déraisonnable, elle informe les parents, prend de leurs nouvelles, appelle la mère le jour de l'anniversaire du fils détenu, organise une collecte pour la femme d'un prisonnier et ses trois enfants pour qui l'hiver est difficile, passe du temps chez eux. On la voit pleurer parfois avec les familles mais tout le monde sait que Razan pleure beaucoup et qu'enfant déjà, elle pleurait en regardant les nouvelles.

Jusqu'en 2000 le régime s'en prend aux membres des Frères musulmans et aux communistes mais après ce sont les activistes, les Kurdes et surtout les islamistes qui sont visés. Razan pénètre donc ce monde très conservateur, se rend dans des endroits où aucune jeune femme de la classe moyenne damascène n'a jamais mis les pieds, sillonne la ville, se déplace.

Ses collègues – des hommes – racontent qu'elle a pu nouer ces relations singulières parce qu'elle était une femme, que seule une femme pouvait avoir accès à ce monde d'épouses et de mères éplorées mais je crois surtout qu'elle est la seule à nourrir de l'intérêt pour cette société conservatrice et religieuse, très populaire, à comprendre qu'elle ne peut être ignorée. Elle modifie ainsi sa façon de faire son métier, le réinvente. La plupart des avocats militants qui brandissent les droits de l'homme se concentrent sur la défense des droits de ceux qui leur ressemblent, et ils font souvent figure d'exilés dans leur propre société. Mais Razan parvient à ancrer ces grands principes et leur traduction juridique dans la réalité syrienne, à les incarner aux yeux de ceux-là même qui les trouvaient abstraits et suspects.

Ils l'accueillent et souhaitent de tout leur cœur que cette jeune femme pour laquelle ils éprouvent de l'affection retrouve le droit chemin et d'ailleurs ils emploient à son sujet le mot de *mastura* (cachée), qui dans ce contexte signifie quelque chose comme : *Que Dieu lui donne la sagesse de se couvrir.* Pendant toutes ces années, Razan a accès à des zones dans lesquelles les gens de son monde ne songeraient même pas à mettre les pieds, elle y va en bus (elle n'a pas les moyens de se payer une voiture car ses revenus sont très modestes ; Razan ne se fait payer que pour ses articles – qui évoluent, deviennent de plus en plus forts, de plus en plus incontournables –, pour tout le reste, elle ne gagne pas un sou, rien), et elle construit là un savoir intime de ce monde empreint de religiosité, de ce monde dont sont issus ceux qui vont l'enlever.

Certains ne l'accueillent pas volontiers et l'un de ses amis se souvient qu'un soir, alors qu'il venait dîner chez elle, il a frappé à la porte du mauvais appartement dans l'immeuble. Un homme religieux a ouvert la porte et quand l'ami lui a expliqué son erreur, le voisin a explosé : *Allez au diable avec votre Razan Zaitouneh ! Quelle malédiction ! Une fille pareille dans notre immeuble !* Quelques années plus tard, le voisin se fait arrêter et c'est Razan qui assure sa défense.

Dans un article paru en 2007 sur les familles de détenus et disparus, elle écrit : *Un détenu est davantage qu'un nom, une date de naissance, une histoire de détention et un cas. Il est aussi une famille, une maison, des rêves et une infinité de détails minuscules ; autant de choses confisquées jusqu'à nouvel ordre.* C'est ce pas qu'elle fait entre l'affaire et ce qu'il y a autour, les ramifications, ce refus de rester derrière la ligne qui fait que Razan devient Razan. Elle rend visite aux familles et chaque fois qu'elle en revient, c'est comme si elle s'était mise à faire partie intégrante de leurs histoires. *(Nous, les avocats, passons notre temps à ouvrir et refermer des dossiers mais pas Razan. Le cas entre en elle – tous les cas, et il n'y a pas de cas mineur, comme s'il y avait fusion. Jamais elle ne le referme.)*

Razan décortique une photo prise en Iran, sur laquelle on voit des familles rassemblées devant la prison où sont détenus leurs proches, des étudiants arrêtés lors d'une manifestation. Ces mères et pères, frères et sœurs, sont venus réclamer dans un froid glacial la libération de ceux qu'ils aiment. *J'ai regardé la photo, encore et encore, scrutant les détails, la détaillant depuis des angles différents, en vain ; il n'y avait rien d'autre à voir. Chaque fois, je suis ramenée vers ces centaines d'images similaires, comme si ma mémoire conservait un album vivant de ces visages, de leurs expressions et de leurs regards.* Razan tourne autour de la figure du prisonnier, de son expérience, elle élargit le cercle, se laisse fasciner par l'attente, par l'absence laissée. *L'attente est devenue métier. Il n'y a rien de plus noble que la foi et la douleur des parents, des femmes, des enfants de ceux qui restent férocement absents de leur famille.*

Elle suit les ramifications, s'intéresse à l'expérience carcérale, à l'attente, à la vie après la prison, après la torture, passe du temps en compagnie d'anciens détenus et revient à cette question, comme si elle butait sur quelque chose. Ça fait quoi, d'en remonter ? Peut-être y a-t-il là un peu de pensée magique – ils ont raconté, je raconterai, m'en sortirai.

Après avoir conduit de nombreux entretiens, elle estime que les conséquences de la détention avec son cortège d'arbitraire et de tortures donnent lieu à une personnalité endurcie et déconnectée, une instabilité émotionnelle, une capacité amoindrie de jugement et de réflexion, des douleurs aiguës et troubles, une peur et une vigilance permanentes, des comportements violents et des réactions physiques irrationnelles. Elle remarque que la vie de ces anciens prisonniers dépend largement de la cellule familiale qu'ils retrouvent et de la façon dont leurs proches réagissent dans ce pays où l'on ne tient pas en haute estime l'engagement, où l'on n'hésite pas à s'en prendre à la famille, à leur fermer des portes, à limoger parfois un frère ou une épouse pour être bien certain de venir tout à fait à bout de la rétivité. Razan écrit aussi que l'expérience du retour est souvent plus douloureuse pour les femmes car la bienséance exige qu'elles se taisent pour ne pas bafouer les notions centrales de pureté et d'honnêteté, parce que pour chacun il est clair qu'en prison une femme perd sa virginité.

Au cours des années, parmi les détenus et leur famille, le nom de Razan se charge d'une aura particulière. *(Tu arrives au tribunal et il y a la famille du prisonnier. Toutes les femmes portent le hijab, le niqab parfois, et Razan est là, tête nue avec ses cheveux blonds. Ils ont une relation spéciale avec elle : jamais ils n'acceptent quelqu'un comme elle mais ils acceptent Razan. Parce qu'elle est Razan.)*

Après ces heures du dimanche passées dans la ruelle, Razan et ses amis avocats, ses amis militants des droits humains, vont au café tout proche, boivent un thé amer dans ces petits verres resserrés en leur milieu.

À partir de 2003, les détenus islamistes deviennent de loin les plus nombreux, après l'invasion américaine en Irak qui nous lie à distance Razan et moi, nous plonge dans la même histoire et ouvre la possibilité de notre rencontre. En 2001, après le 11 Septembre, les ONG présentes en Afghanistan ont recruté à tour de bras et j'ai trouvé du travail dans l'une d'elles, juste après avoir fini mes études. Il est difficile d'expliquer l'intensité de ce que nous y avons vécu au début, l'intensité de l'espoir qui régnait alors dans la capitale, de la joie. La première fois que j'y vais c'est en décembre 2001 et j'y rencontre S. ; toutes les euphories se mêlent, j'ai vingt-trois ans. Je me souviens d'avoir eu des doutes sur la légitimité de l'intervention contre les talibans mais ils n'ont pas résisté à la force des impressions, à l'enthousiasme partout tangible.

Début 2003, le jeune homme responsable de la sécurité au sein de notre organisation échafaude un plan d'urgence afin de nous préparer à l'opération américano-britannique en Irak et à ses possibles conséquences. La situation s'est déjà tendue en Afghanistan mais on s'attend à des explosions de violence après les premières frappes, à des manifestations improvisées contre la présence occidentale qui pourraient mal tourner, dont nous pourrions être la cible. Nous étions tous très jeunes. Au-delà de mon sentiment de révolte à l'égard de ce que je percevais comme une erreur lourde, je n'ai pu m'empêcher d'éprouver une forme d'excitation quand, le moment des premières frappes venu, nous nous sommes barricadés au bureau pendant trente-six heures, avons passé la nuit comme en colonie de vacances, dans des sacs de couchage dont la disposition ne devait rien au hasard, chacun tentant de profiter de l'occasion. Les peurs qui avaient conduit à notre retranchement me semblaient mal fondées, si bien que je ne percevais plus de toute cette agitation que son côté ludique – un peu de l'excitation des exercices incendie de mon enfance. Je restais persuadée que nos bonnes intentions devaient suffire à nous protéger.

Colin Powell agite ses fioles devant le Conseil de sécurité, il sait qu'il ment, il sait que chacun sait qu'il ment et on en est là de la montée du cynisme. La suspicion devenue si diffuse que ceux qui prennent la parole éprouvent une désinhibition sans limite, n'ont plus besoin de faire semblant d'y croire. Colin Powell ment au Conseil de sécurité, dans le monde entier des gens descendent dans la rue contre l'intervention mais la décision a été prise déjà, bien en amont du spectacle. Sur le moment, en le regardant agiter ses fioles avec cet air vaguement las qu'il ne se donne même pas la peine de camoufler, je me souviens d'avoir pensé que c'était presque beau.

Et puis comme chacun, j'ai commencé à pouvoir me retourner sur une perspective, à faire la somme des expériences de candeur trompée, à en concevoir de l'amertume, à me laisser gagner par la méfiance et l'incrédulité, qui emmurent l'idéalisme et le sérieux, les vouent au sarcasme, à l'ironie. Ce dessillement a été d'autant plus déstabilisant que j'avais placé la parole au centre, parole envisagée dans sa portée politique, comme discours et instrument d'interpellation du réel.

Après les deux jours de camping au bureau de Kaboul la routine a repris ses droits. Mon travail était devenu pénible et ennuyeux – je rédigeais des propositions de projets insipides pour des bailleurs de fonds, des rapports sur des projets que d'autres mettaient plus ou moins en œuvre. Il y avait eu un temps, très court, juste après la chute des talibans, où l'organisation avait lancé des projets qui avaient du souffle mais cette époque était révolue et je m'accrochais aux images surgies pendant ces premiers mois pleins d'espoir, enfermée dans mon bureau à revoir des récits assommants et un peu mensongers, si vagues qu'ils ne racontaient rien. J'avais beau les relire, me concentrer sur la page et m'attarder sur les mots, aucune image n'en surgissait jamais. Je ne voyais rien que les mots, arides et techniques, la langue comme un écran occultant.

Je mettais néanmoins une application étrange à m'acquitter de ces tâches rébarbatives qui faisaient une sorte de négatif au souffle que j'avais ressenti, aux récits que j'avais construits de ce que nous étions en train de vivre. Tandis que je m'enferrais dans cette existence rétrécie et décalée, la situation se dégradait sérieusement autour de nous, les attentats se faisaient plus fréquents, les règles de sécurité plus strictes, les fêtes plus extrêmes. Et je commençais enfin à percevoir, de façon floue encore, l'ambiguïté de ce que représentait notre présence là-bas, le nœud des responsabilités et l'ombre qu'il projetait. La conscience de ces nœuds a grandi, finissant par peser et m'engourdir ; je ne voyais plus qu'eux, me suis sentie de plus en plus incapable de continuer, et j'ai fini par démissionner. J'ai poursuivi pourtant dans cette voie. Deux années pires encore, passées à Vienne au siège d'une agence des Nations unies, à évoquer un terrain lointain dans ce bâtiment des années 1970 – alignement de bureaux identiques, plus ou moins grands (une, deux, trois fenêtres en fonction du grade), dont les occupants paraissaient vaguement assoupis et ne se déplaçaient qu'au ralenti et sans faire de bruit, sur la moquette grise de couloirs sinueux et interminables. Deux années à pondre des notes, des rapports et des comptes rendus que le sens avait désertés, jusqu'à éprouver chaque jour un vertige dont je réalisais le soir, incrédule, qu'il ne m'avait pas encore fait tomber. J'ai eu la chance de pouvoir arrêter.

(J'aime beaucoup cette phrase de Peter Sloterdijk dans sa *Critique de la raison cynique* parce qu'en mettant en place la métaphore médicale, il ouvre sur la possibilité d'une guérison : *Psychologiquement, le cynique des temps présents peut se comprendre comme un cas limite de mélancolie, lequel parvient à contrôler ses symptômes dépressifs et à rester à peu près capable de travailler. En effet, cela compte essentiellement pour le cynique moderne : sa capacité de travailler – malgré tout, après tout et à plus forte raison.*)

J'ai pu quitter le monde professionnel stable que je m'étais choisi et trouver refuge dans l'écriture, commencer à renouer avec la langue – tenter de la débarrasser de son caractère plain et l'étirer, réinjecter du champ, retrouver la possibilité de rendre le cheminement de la pensée. Mais je me suis extraite d'un monde pour n'en rejoindre aucun autre. Vivre loin de Paris me donnait un alibi pour ne pas avoir à trouver ma place dans le *milieu littéraire* et je suis restée suspendue entre ces deux mondes, tentant d'avoir l'air légitime dans les deux mais n'appartenant à aucun, nulle part reconnue comme pair, ne sachant où me mettre.

En 2003, Razan manifeste avec ses amis contre l'invasion irakienne (de toutes petites manifestations, calmes et sans pancartes car c'est ainsi qu'elles sont tolérées, à moins d'être adoubées par le régime et qu'on y brandisse des photos de Bachar al-Assad en plus des slogans du jour). Ils gardent en eux cette détestation de l'arrogance occidentale qui est l'un des socles du régime. L'arabe compte deux mots pour dire la résistance et celle que l'on oppose à l'impérialisme occidental, aux États-Unis et à Israël, concept clef au Moyen-Orient, instrumentalisé sans fin, capital largement disputé, se dit *muqawameh*. Après la mort de Nasser, Hafez al-Assad s'est fait représentant en chef de la *muqawameh*. (C'est l'un des ressorts puissants du discours visant à justifier la répression des élans révolutionnaires, contre une alliance des puissances occidentales et des pays du Golfe, contre la désinformation orchestrée par l'Ouest ; toujours réaffirmer que la Syrie n'est plus un pays colonisé, que les informations provenant des anciennes puissances coloniales ne peuvent être que des miroirs déformants, que la vérité ne peut émaner que du pays lui-même, de ses autorités légitimes présentées comme émanation du peuple souverain.)

Il n'est pas question pour Razan de renoncer à cette idée mais quand elle manifeste en 2003, elle réitère les demandes d'ouverture avec un nouvel argument : il faut éviter que la Syrie ne soit la prochaine cible de cette vague de *démocratisation*. Razan écrit son mémoire sur les crimes et les violations des droits humains commis par la coalition en Irak. *(Aucun étudiant en droit syrien n'avait jamais écrit son mémoire sur une question de droit international et encore moins sur une question de droit humanitaire... Mais c'était le mémoire de Razan.)* Elle fait le lien entre un arsenal juridique perçu comme instrument de puissance occidentale et ses propres convictions anti-occidentales, elle débarrasse l'arsenal de sa dimension utilitaire et finit de grandir les principes qu'elle défend et de leur restituer leur dimension manquante, les fortifie, les rend à nouveau capables de se tenir face au monde, pleinement légitimes.

À cette époque elle quitte le bureau d'Haytham al-Maleh. L'association est dirigée d'une façon quasi dictatoriale, elle est aussi minée par des questions de confiance et d'ego – malédiction qui ne cesse de planer sur l'opposition syrienne. Razan a été l'une des premières à prendre ses distances avec Al-Maleh qui l'a demandée en mariage et aurait même beaucoup insisté, la menaçant de ne pas signer son attestation de stage qu'elle mettra des mois à obtenir. Elle quitte l'association avant que son prétendant de soixante-dix ans ne fasse exploser celle-ci quand il se présente une troisième fois à sa tête, en bafouant les statuts. Elle loue un bureau avec un ami, continue de se vouer à la défense des prisonniers mais de plus en plus au travail de documentation, qu'elle formalise et rend public en créant la première base de données qui tente de recenser les violations des droits commises dans toute la Syrie. Quand l'association se déchire, c'est vers elle que beaucoup se tournent et souvent on observe ce mouvement : Razan se déplace comme si elle avait compris quelque chose avant les autres, capable de remettre en question et de réinventer, sans difficulté. Elle se déplace avec facilité, avec un sens aigu de la conjoncture, preste et lucide.

De jeunes islamistes, plus ou moins radicaux, proches ou non des milieux djihadistes, sont arrêtés en nombre et certains sont accusés d'avoir essayé d'entrer en Irak. Dans le même temps, beaucoup ne rencontrent aucune difficulté pour gagner l'Irak afin de s'y battre. La réalité islamiste et les fantasmes qu'elle produit n'ont cessé d'être instrumentalisés par le régime, ce que Razan observe avec attention, bien consciente de la manœuvre.

(Dès le début des années 1980, Michel Seurat écrivait : *Du côté des observateurs avisés, le stéréotype fonctionnait à plein de l'État laïque et modernisateur en butte à une opposition religieuse obscurantiste, soutenue par les secteurs les plus traditionnels de la société. […] Confrontée à la crise, l'analyse se révèle assurément d'une rare indigence conceptuelle, surtout lorsqu'on l'oppose au foisonnement de la pratique politique d'un pouvoir qui sait, quant à lui, exploiter les clivages de la société avec une dextérité pour le moins fascinante.*)

Elle regarde la manœuvre bien en face, cette manœuvre qui finira par créer, des années plus tard, les circonstances de son enlèvement.

Le régime ouvre les frontières syriennes pour laisser les djihadistes partir au combat contre la coalition, mise sur le chaos qui doit rendre exorbitant le coût de la démocratisation forcée et dissuader les Américains de prendre pour cible les régimes autoritaires voisins. Mais de façon simultanée, Assad joue la carte de la coopération antiterroriste, jette en prison de nombreux islamistes pour incarner un recours. Il encourage aussi un islam officiel, apolitique et docile (Razan rencontre une jeune femme qui étudie dans la plus grande université islamique de Syrie et lui demande ce qu'on lui a appris de l'islam, si on lui a enseigné que leur religion encourage les croyants à se battre contre l'oppression et l'injustice. La jeune femme répond qu'elle retire des hadiths étudiés que si quelqu'un vous fait du mal, il ne faut pas répondre ni l'insulter mais prier pour lui, pour qu'il change). Cet islam soumis rejette toujours plus loin, à l'extérieur même des marges, l'islamisme émergent, étouffe les possibilités d'un dialogue dont le régime ne veut à aucun prix.

Les activistes sont eux aussi instrumentalisés, parce que ces jeux de manipulation sont sans fin. (Seurat encore mais après tout, le fait qu'il ait fini par représenter une menace atteste la justesse de ses analyses et il écrit, à propos du régime : *Il* fait rhizome. [...] *Selon une logique pragmatique d'intégration des multiplicités dans un même espace peuplé d'alliances, de contradictions manipulées, de dépassements.* Et aussi : *Le pouvoir jouait ainsi sur des parallélogrammes de forces très différents à tous les niveaux de la hiérarchie sociale, sur tous les tableaux, tous les plateaux. Il démontrait, par la même occasion, que le problème ne se ramenait pas à la lutte d'une "majorité" contre une minorité dominante.*)

Quand Razan se retrouve du côté de l'accusation pour tenter d'obtenir de lourdes peines dans les cas de crimes d'honneur, le gouvernement dénonce auprès des islamistes ces avocats des droits humains qui sont des agents de l'Ouest, forment une cinquième colonne, ont des mœurs légères et des relations sexuelles avec la terre entière. On retrouve toujours en Syrie ce tropisme de l'insulte sexuelle et c'est l'une de ces injures qui déclenche la révolution quand en 2011 les enfants de Deraa sont arrêtés après avoir écrit des slogans sur les murs de leur école. Les pères vont trouver le gouverneur et cousin de Bachar al-Assad pour demander la libération de leurs garçons – gouverneur Atef Najib, son nom vaut la peine d'être mentionné. *Oubliez vos enfants et faites-en d'autres ! Et si vous n'en êtes pas capables, amenez-moi vos femmes.* Et peu importe finalement que la phrase ait été prononcée ou non, elle est crédible, vraie – on le voit, l'homme de pouvoir secoué par son rire gras séculaire –, la phrase est puissante, s'échappe de la pièce pour être répétée à travers le pays, murmurée d'abord puis prononcée avec plus d'aplomb, ressassée encore et encore car elle offre le point de rupture tant attendu, incarne toutes les humiliations passées. La première revendication des familles qui descendent dans la rue, avant la liberté, avant la chute du régime, est celle de la dignité *(karameh)*.

Finalement, Razan a peu écrit sur les islamistes, peu transmis de son savoir parce qu'il s'agit là d'une ligne rouge pour le régime, l'une de ces lignes nombreuses que Razan sait repérer et qu'on l'aide aussi parfois à repérer (quand l'un de ses amis s'intéresse au prosélytisme chiite en cours dans une zone de Damas, les *mukhabarat* le contactent : *Si Zaitouneh écrit quoi que ce soit à ce sujet, on lui coupe les doigts*). Elle ne peut pas non plus se permettre de raconter qu'elle a pénétré ce monde car certains islamistes pourraient prétendre qu'elle cherche à les envahir pour les *dénaturer*, de l'intérieur. Mais il reste un texte très long, une impressionnante cartographie de l'islamisme en Syrie qu'elle a dressée seule à force de rencontres improbables, d'un long travail minutieux qui n'a intéressé personne.

Elle a rencontré des familles de détenus, d'anciens détenus, mais aussi des responsables de groupes islamistes, a rassemblé une matière énorme sur leur environnement, leurs idées, leur histoire, en partant de rien parce qu'il n'existe aucun document sur les islamistes en Syrie. Peu de témoignages directs et connus sur la répression des années 1980, des murmures, à peine. Ce sont des réalités que les Syriens ne connaissent pas ou si certains sont familiers du mouvement des Frères musulmans ancrés dans les classes moyennes urbaines, qui était le visage de l'islamisme syrien dans les années 1980 et 1990, c'est un nouveau visage que découvre Razan. La nébuleuse qui se développe dans les années 2000 trouve plutôt ses racines dans les classes populaires, rurales ou urbaines pauvres. Elle cherche à arracher ce groupe socio-confessionnel à son invisibilité et finit par comprendre qu'il est la cible systématique du régime depuis le début de la guerre en Irak (beaucoup de ceux qui fuient la Syrie pendant le conflit actuel en font partie). Elle est la seule à le comprendre, la seule à tenter de le dénoncer, et parfois je pense aux conséquences qu'aurait pu avoir, si on y avait prêté attention, ce qu'elle est en train de découvrir seule, en prenant le bus ou des taxis collectifs pour aller rencontrer des petits chefs de groupuscules encore obscurs qui refusent presque tous de serrer la main de cette femme qui va tête nue, en jean et tee-shirt, avec son air de jeune fille blonde dans ces quartiers où personne ne lui ressemble.

Le monde devra accepter tôt ou tard la réalité de ce mouvement fondamentaliste, une réalité qu'on ne peut se contenter de démanteler.

Puisque ces groupes sont présents dans notre société, nous devons travailler avec eux. Ils représentent un phénomène qui demande étude et analyse dans le contexte de la société syrienne, au-delà d'une compréhension qui les perçoit comme un simple courant de pensée balayant le monde entier.

Je songe à la façon dont les choses auraient pu se passer si Razan n'avait été si isolée dans sa volonté de comprendre, de *conjurer l'aura de singularité qui les entoure et fait cavaler l'imagination.*

Elle cherche des signes de leur volonté de coopération, s'émerveille du simple fait qu'ils acceptent de lui parler ou d'une référence faite dans un texte aux organisations de défense des droits humains quand ces groupes refusent presque toujours de reconnaître les partis ou organisations se référant à une autre source juridique que la loi islamique.

Avec les plus extrêmes elle tente de comprendre ce qui pourrait déclencher le djihad en Syrie, ce qui pourrait rendre possible la création, elle emploie les mots, d'un *État islamique*.

Quand elle commence à s'y intéresser, l'islamisme est encore une réalité fragmentée et restreinte mais Razan décèle les ressorts de sa montée en puissance, les met sous les yeux de son lecteur, les liste, avec des tirets pour que ce soit limpide et ordonné.

Les arrestations sont nombreuses, se produisent souvent sur la simple accusation de *background* islamiste, sans aucune preuve d'intentions de commettre des actes illégaux. *Les autorités ne semblent pas conscientes que les campagnes ininterrompues de répression dans ces cercles contribuent à la propagation du fondamentalisme et au renforcement de l'opposition. Pour chaque personne arrêtée, il y a une famille entière transformée en opposants au régime.* Un nouveau tiret : la dégradation constante des conditions économiques.

Elle rapporte cette phrase prononcée par un ancien détenu salafiste djihadiste : *Anéantir Ben Laden n'anéantira pas notre idéologie.* Une phrase qui se pare d'une étrange allure prophétique, une mise en garde restée ignorée. Face à sa lucidité il y a le cynisme du régime, la façon dont il instrumentalise ce phénomène naissant et dans ce gouffre-là éclôt la possibilité de la tragédie parce que personne ne doute du fait que le cynisme finira par l'emporter.

Au gré de cette cartographie elle pointe des ressemblances entre ces islamistes et le régime. En miroir, la simplicité de la rhétorique, le système référentiel qui s'abreuve à une source unique, en négatif du fonctionnement de Razan. Je ne peux m'empêcher de penser à l'enlèvement, à cet intérêt fondamental que finissent par partager le régime et le groupe salafiste qui a pris le contrôle de la ville de Douma : faire disparaître Razan et sa vision nuancée du monde.

Un jour de 2003, Razan et Wael Hamadeh se rencontrent alors qu'ils manifestent pour dire – dans le calme – leur soutien aux Palestiniens. Elle a emmené sa petite sœur et répondu à l'ami qui se souciait de voir une si jeune fille dans une protestation potentiellement dangereuse qu'il valait mieux ça pour la petite que l'ennui mortel auquel elle n'aurait pas manqué d'être confrontée en restant à la maison. Wael est beau garçon (quand elle le rencontre, la jeune nièce de Razan confie timidement à ses parents que ces deux-là auront des enfants magnifiques ; les adultes rient, se moquent, disent qu'elle en pince pour son oncle). Il vient de Douma, travaille pour Syriatel, une compagnie qui appartient au magnat Rami Makhlouf, ce cousin de Bachar al-Assad qui tient une partie importante de l'économie syrienne entre ses mains (la libéralisation économique et le verrouillage, à l'échelle du pays, d'un capitalisme de connivence sont parmi les plus grands changements ayant marqué la transition du pouvoir entre Hafez al-Assad et son fils).

D'après la petite sœur, Wael et Razan sont tombés amoureux sous ses yeux mais elle a tendance à raconter l'histoire de sa sœur comme un roman et je ne sais trop que faire de son témoignage.

Leur relation dure un peu avant que n'ait lieu le mariage. Razan cache son histoire à la plupart de ses amis mais tout le monde voit bien ce qui se trame et ils sourient en repensant à la façon dont les deux amoureux échouaient à dissimuler leurs sentiments, persuadés pourtant d'y parvenir.

Razan vit encore chez ses parents, une nouvelle dispute éclate et elle appelle Wael pour lui dire : *Viens me chercher.* Ce qui revient à lui demander de l'épouser, dans un pays où les jeunes gens ne quittent pas l'appartement familial avant d'être mariés.

Le mariage, petit et discret, a lieu chez les parents de Razan. Il y a très peu de photos, presque toutes restées à Damas et je n'en ai trouvé aucune. Je sais que sa mère a dû batailler pour convaincre Razan de porter une robe de mariée et je me dis que si elle s'est laissé convaincre, c'est sans doute qu'elle en avait un peu envie.

Ils s'installent à Douma qui n'est encore *qu'*une ville de banlieue ; on fait l'aller-retour Douma-Damas chaque jour pour aller travailler et rentrer, sans même y penser. Ils y restent deux ans puis se rapprochent du centre et s'installent à Harasta, avant de finir par acheter, en 2009, un tout petit appartement de deux pièces : un salon bureau et une chambre. (Pour des sédentaires ils déménagent beaucoup. Je crois que Razan aime se déplacer. D'ailleurs elle étend le rayon de ses virées, ne se contente plus de la banlieue de Damas, multiplie les voyages pour aller à la rencontre des familles de détenus et d'anciens prisonniers, prend la mesure du pays et de ses territoires reculés.) Ils ont emprunté pour acheter cet appartement mais ils sont chez eux, ce dont ils se disent fiers. L'appartement est dans le centre de

Damas, tout près de la vieille ville qu'elle adore parcourir à pied, à quelques minutes du Jardin Écologique où elle adore boire le café.

J'ai trouvé trois photos sur lesquelles on les voit côte à côte et sur deux d'entre elles ils posent. Razan a dû prendre le soleil, ou peut-être est-ce juste la bonne humeur, la joie ou l'alcool, ses joues sont rouges et font ressortir ses yeux bleus. Elle adresse un grand sourire à celui qui prend la photo. J'ai l'impression qu'elle doit être sur les genoux de Wael qui sourit lui aussi. Comme sur la deuxième photo, Razan a passé son bras autour du cou de Wael et posé sa main sur l'épaule de son mari. (Il y a une autre image sur laquelle Razan adopte cette même pose mais avec son neveu, sans doute dans une fête foraine, elle doit avoir une vingtaine d'années, a posé son bras exactement de la même façon protectrice.) Sur la deuxième photo, ils sont assis l'un à côté de l'autre, Razan a toujours son bras sur les épaules de Wael, Samira et Yassin sont debout derrière eux. Je ne sais pas dans quelle mesure mon regard a pu s'abîmer en scrutant ces images pendant des mois mais il y a quelque chose ici, dans sa façon d'occuper l'espace, d'irradier et de sourire, qui lui donne une position centrale. On est en 2005. Wael a la même tête sur les deux photos et porte quasiment les mêmes vêtements, une chemise sous un pull polo, la même barbe naissante et la même coiffure. Sur la troisième photo ils ne posent pas. Je l'aime beaucoup. Ils sont assis sur un canapé, Razan a croisé ses jambes sous elle et installé son ordinateur sur ses genoux – une position dans laquelle elle passe une grande partie de son temps. Elle a les yeux baissés vers son clavier et sourit (c'est assez beau ces paupières presque closes au-dessus des pommettes soulevées par le sourire). Wael est tourné vers elle, la regarde et leurs deux mains se retrouvent sur un verre. Est-ce qu'il le lui tend, est-ce qu'elle le lui tend, je ne sais pas mais j'imagine qu'il le lui a donné, pour qu'elle puisse continuer à travailler.

Wael est un homme intelligent et bienveillant, tout le monde en convient. Il a fait le choix de vivre dans l'ombre de sa femme qu'il n'a cessé de soutenir de façon inconditionnelle et cette décision témoigne, dans le contexte syrien, d'un courage hors norme. Il n'y a pas d'autres couples comme le leur ; ils inventent un modèle. Et ce couple d'un type nouveau, cette façon de vivre qu'ils créent ensemble, ils les font accepter par leurs parents, leur famille proche, hors de la sphère des activistes. On semble tout accepter, même le fait qu'ils n'aient pas d'enfants. J'ai découvert qu'à ce sujet Razan tenait deux discours différents (au moins). Elle et Wael rassurent leurs familles, expliquent qu'ils attendent d'être mieux installés, d'avoir leur appartement à eux. Je ne sais pas si les parents y croient ni s'ils osent encore questionner leurs enfants à ce sujet. À certains de ses amis, Razan a confié qu'elle avait décidé depuis longtemps de ne pas avoir d'enfants, et là il y a des sous-discours. Elle met en avant le fait que son combat ne laisse pas de place suffisante, que les risques qu'elle court sont trop grands (et ceux qui rapportent cet argument ne manquent pas de marmonner une phrase hésitante pour dire que, finalement, ils ont bien fait), qu'elle ne tient pas à perdre ce qu'elle partage avec Wael *(Leur vie était simple, ils étaient d'accord sur tout)*, qu'elle se fait une bien trop mauvaise image de la vie de famille parce qu'elle a passé son enfance à voir ses parents se disputer. Et puis il y a ceux qui ajoutent, à demi-mot, que le couple évoquait davantage deux amis que deux amants. Personne ne veut parler clairement de ces choses-là, à cause de la pudeur, de la peur aussi d'écorner l'image de Razan. À demi-mot néanmoins, ce qu'on entend parfois c'est qu'elle avait quelque chose d'asexué (l'un de ses amis revient à l'adjectif *victorien* qui lui permet de ne pas aborder la question du sexe de façon frontale). Je ne peux m'empêcher de déceler dans ces hypothèses, émises avec précaution mais que tout de même je dois mentionner, une trace de machisme indéniable, l'idée qu'une femme engagée et forte doit être asexuée, qu'une femme sortant du cadre inventé pour elle doit être asexuée. (Le regard porté sur elle, par ses amis mêmes, me semble souvent marqué par cette empreinte ; je la retrouve quand ils font part de leur étonnement devant le hiatus femme frêle / courage, quand ils la taxent d'arrogance à la minute où elle prend un peu d'assurance, quand ils ne manquent pas une occasion d'évoquer sa sensibilité et ses larmes.)

Un soir de Noël, Wael et Razan se joignent à la famille chrétienne d'un ami détenu. On leur offre du vin rouge et Razan s'exclame qu'elle adore ça. Wael, lui, ne boit pas d'alcool. La soirée est joyeuse malgré l'absence du père, mari et ami, mais ils ont appris à faire avec ces absences. Quand Razan et Wael ferment derrière eux la porte de leurs hôtes, ceux qui restent se mettent à parler du couple, à voix basse comme on le fait dans ces cas-là. Ils laissent s'exprimer leur incrédulité face à l'attitude de Wael, à la façon dont il n'a pas montré le moindre signe d'agacement quand Razan a accepté un verre, à la façon dont il semblait même parfaitement indifférent au fait qu'elle ait accepté. *(C'était vraiment quelque chose pour un musulman de boire en public, même à Damas. Mais Wael n'avait aucun problème avec ça. Ni avec le fait que sa femme passait ses journées à sillonner les banlieues pauvres de Damas pour rencontrer des familles de prisonniers, des familles inconnues, des femmes mais aussi des hommes.)*

Wael est souvent convoqué chez les *mukhabarat*. On lui demande : *C'est quoi ton problème ? Tu peux pas contrôler ta femme ?*

Cette vision de Wael comme soutien inconditionnel, malgré les regards et les sarcasmes, vaudrait peut-être qu'on creuse mais c'est l'histoire de Razan que je raconte, et d'une certaine façon je suis désolée de ne pas avoir accordé la même attention à Wael, Samira et Nazem, d'avoir dû choisir. Personne ne présente Wael comme un homme faible et écrasé. Il ne s'agit pas de ça. S'il provoque l'admiration c'est bien qu'il semble avoir compris l'importance du rôle que Razan pourrait être amenée à jouer, et avoir éprouvé le désir profond de l'y aider, de se laisser subsumer par elle et son combat, sans revendiquer quoi que ce soit. Parce qu'il a compris qu'elle ne peut devenir Razan sans qu'on l'y aide, que c'est impossible. Parce que peu d'individus au monde auraient pu supporter d'être avec quelqu'un comme Razan et qu'il sait pouvoir y parvenir.

La grande sœur a retrouvé il y a peu une lettre de Razan dans laquelle elle confie son admiration pour Wael et la façon dont il la rend heureuse. *(Je ne sais pas quoi dire, elle l'aime je crois. C'est un homme bon.)*

Tout le monde aime Wael. Les parents de Razan aussi. La mère surtout, à laquelle il rend visite après le début de la révolution quand sa fille, ayant fait le choix de la clandestinité, doit limiter ses déplacements dans la ville. Ensemble, Wael et la mère boivent le café, j'imagine qu'ils parlent de Razan, qu'elle doit lui demander si sa fille mange comme il faut et ne fume pas trop, qu'elle doit essayer de demander une fois encore s'ils auront bientôt des enfants, si tout cela est bien nécessaire, si Razan ne pourrait pas en faire un peu moins, et j'imagine que Wael doit passer son temps à sourire et à la rassurer, à arranger la vérité pour protéger Razan.

Les espoirs de réforme renaissent en 2005, la Déclaration de Damas est signée par de nombreux intellectuels et opposants. Razan hésite, discute avec ses proches. Elle met un point d'honneur à rester neutre politiquement même si elle sait très bien situer sa famille, qu'elle se sent très proche du Parti du peuple de Riyad al-Turk (ancien Parti communiste-Bureau politique) qui compte Yassin parmi ses membres. Mais là elle décide de signer, se rend même à quelques réunions avant de prendre peu à peu ses distances, déçue par les divisions et les intrigues.

Autour d'elle, l'étau commence à se resserrer, lentement. Elle a été repérée par l'appareil répressif dès le début des années 2000 mais plus elle prend de place, plus les hommes des *mukhabarat* se rapprochent, cherchent les moyens de provoquer chez elle une peur inhibitrice. L'appareil prospère grâce à son opacité que Razan cherche à dissiper. Une opacité bâtie sur la fragmentation des chaînes de commandement, difficiles à remonter, sur la multiplicité des services de renseignements – chacun restant dans l'ombre quant aux agissements des autres –, sur l'arbitraire qui mine les procédés et l'ambivalence des mots dont on finit toujours par se demander, pendant des jours, ce qu'ils veulent vraiment dire. L'opacité entretient la paranoïa et fait naître partout la rumeur, son corollaire. Mais pour survivre, Razan doit accepter d'y avoir recours et de camoufler certaines parties de sa vie. Pseudonymes, mensonges par omission, personne ne doit en savoir trop, personne ne doit tout savoir. Elle doit accepter pour elle-même la fragmentation et le cloisonnement car l'opacité a un incroyable pouvoir de contamination et on ne peut la combattre qu'en l'acceptant en partie. (Pour celui qui cherche à reconstituer, cela crée une difficulté singulière. Il faut tourner sans relâche autour du sujet, non pour vérifier les faits mais pour multiplier les perspectives et faire surgir de chacune de nouvelles données, toutes aussi cruciales les unes que les autres, tourner sans relâche dans la peur constante de manquer un angle.)

Quand Razan est convoquée ils la font attendre, une, deux, trois heures, sans rien lui dire, la laissent seule dans une pièce. (Il est certain que son téléphone lui est confisqué. Prend-elle un livre quand elle s'y rend ? À quoi a-t-elle recours pour ne pas perdre son temps ?) Ils finissent par la conduire dans un bureau, lui raconter que le pays est en danger, que les ennemis de la nation sont ligués dans un complot et qu'elle a dit ça, et encore ça, qu'elle participe à la sape, à la grande conspiration. Chaque fois il y a un rapport secret, souvent un article que Razan a signé de son propre nom et qu'ils brandissent comme s'ils détenaient une information ultrasensible sur laquelle ils auraient mis la main au terme d'une enquête experte. Instiller la peur pour qu'elle finisse par se censurer. Ne pas hésiter pour cela à se servir de fausses accusations, à sanctionner ceux qui se refusent à la délation.

Pendant des mois, le régime tente d'infuser la méfiance entre Razan et l'un de ses amis, pour la faire douter de ceux qui l'entourent. Cet ami est militant pour le droit des femmes mais sous un autre nom et de façon secrète il se livre à des activités politiques. Les services de renseignements commencent à le soupçonner et l'invitent de plus en plus souvent à venir boire le café. Des dizaines de fois en quelques mois. À cette époque, il voit beaucoup Razan avec laquelle il travaille à un projet ; ils se retrouvent chez elle, chez lui, chez Yassin. Alors qu'il est en chemin pour la retrouver, elle veut lui demander d'apporter une bouteille de Coca et lui envoie un texto, avec le téléphone d'un ami qui se trouve chez elle pour que les *mukhabarat* ne fassent pas le lien entre elle et lui. Mais lorsqu'il est à nouveau convoqué, on lui demande : *Quand as-tu vu Razan pour la dernière fois ?* Il répond l'avoir vue la semaine précédente. *On le sait ! On peut même te dire ce que tu as apporté chez elle !* Défaire la confiance. Quand l'ami répond à leurs questions, ils rétorquent : *On le sait ! Razan nous l'a dit.* Ils font la même chose avec elle et un jour ils sont convoqués tous les deux à la même heure. Quand il arrive, on ne l'installe pas dans la pièce habituelle mais dans une pièce plus confortable – réservée aux informateurs. Un homme ouvre une porte pour qu'il découvre Razan assise dans une pièce voisine. Il feint la surprise, les hommes des *mukhabarat* prétendent avoir ouvert par erreur *(Oh merde! désolés!)*, un officier entre même dans la pièce pour réprimander celui qui a ouvert la porte, une vraie comédie dont l'ami rit encore.

Razan n'a plus le droit de quitter le pays depuis qu'elle a fait un voyage en Tunisie, en 2001 (elle a reçu une bourse pour passer un mois à l'Institut arabe pour les droits humains et il est amusant de penser qu'elle est allée en Tunisie justement, de penser au lien entre les deux pays, entre les deux jeunesses et leurs envies de changement, à l'émulation qui voyage). À son retour elle est convoquée et on lui fait comprendre que si elle compte quitter la Syrie à nouveau, il faudra qu'elle vienne en demander l'autorisation, avec déférence. Razan refuse de quémander quoi que ce soit. Elle décide de ne plus quitter la Syrie, et d'ignorer les convocations.

Un soir, quand elle sort de son bureau, des hommes la forcent à monter à l'arrière de leur voiture (l'ami qui raconte est à moitié hilare : *Tu ne savais pas qu'elle avait déjà été enlevée?*). Les gens du petit restaurant du bas de l'immeuble ont assisté à la scène, montent dans le bureau et avertissent un collègue de Razan : *L'avocate a été kidnappée!* On comprend que les *mukhabarat* ont fait le coup et elle est relâchée dans la nuit.

Lorsqu'elle s'est retrouvée à l'arrière de la voiture, assise à côté de l'officier, il lui a fait la leçon : *Tu refuses de venir, tu te crois forte mais tu vois, on vient te chercher quand on veut*. Assise sur la banquette, Razan est alerte, sent que le scénario a déraillé, qu'à partir de ce point-là une large part d'incertitude émerge ; elle doit songer à la possibilité d'être arrêtée pour longtemps, possibilité indéniable, plausible. À la possibilité d'être torturée. Peut-être qu'elle tremble un peu, qu'elle a soudain trop chaud ou trop froid, ou les deux à la fois, mais Razan ne se démonte pas, regarde l'officier droit dans les yeux et lui dit : *Je le sais bien. D'ailleurs je me tiens prête, j'ai toujours ma brosse à dents dans mon sac.*

Se tenir prête c'est d'abord se familiariser avec ce qu'implique la détention, avec les techniques de torture, pour réduire la part d'inconnu qui fait monter la peur. Ceux qui en sont revenus confirment l'utilité d'un tel travail de préparation physique et mentale. Ils s'y sont adonnés, le soir en s'endormant, la journée en écoutant les témoignages des anciens détenus, se sont imaginé les actes de violence avec précision pour les délester de leur pouvoir d'intimidation.

Dans un café avec un ami activiste, elle se méfie d'un homme assis à une table voisine, prend la décision de ne pas évoquer le sujet qu'ils devaient aborder, demande à son ami s'il a vu le dernier clip de Nancy Ajram et parle avec lui de la chanteuse pop libanaise pendant l'heure qu'ils passent ensemble.

On trouve sur Internet une vidéo de Razan que j'aime beaucoup. C'est un petit sujet monté par une équipe de France 3, diffusé lors du journal télévisé du soir en juin 2005, dans lequel la journaliste s'intéresse à la jeunesse syrienne. Elle filme d'abord un jeune qui a choisi l'exil puis un autre qui est resté en Syrie mais garde le silence. Et puis, avec ce ton de journal télévisé à la française : *Razan, elle, ose dire qu'il n'y a pas de démocratie en Syrie. Cette avocate de vingt-neuf ans dénonce le pouvoir baathiste qui emprisonne et harcèle les opposants.* On la voit d'abord marcher dans la rue, visiblement amusée par la mise en scène – son sourire en coin –, petite, incroyablement fine, elle porte un jean et une chemise sans manches, grise à rayures blanches (qu'elle porte aussi sur une photo et ça me fait toujours quelque chose de retrouver des éléments de sa garde-robe, un foulard, un bijou ; elle se rapproche). Elle ne s'est pas spécialement apprêtée, n'a pas lissé ses cheveux ramassés en une queue de cheval basse. On la découvre ensuite seule dans son bureau. *Son combat l'a totalement isolée. Sa famille la réprouve, ses amis ont fui* (on aurait presque l'impression que Razan est seule au monde). Paquet de cigarettes posé sur la table basse, elle fixe la caméra et s'exprime en arabe : *Je me suis préparée psychologiquement à être arrêtée à n'importe quel moment. Je n'ai pas peur. Les dernières années, j'ai été constamment convoquée par les services de sécurité et ces derniers mois ils sont venus interroger mes proches, mes voisins.*

Et puis elle prononce ces derniers mots, en anglais, dans un sourire incroyable : *I will never leave my country – never.*

Derrière la chaise sur laquelle est assise Razan se trouve une peluche énorme, qu'elle n'a pas pu oublier là, dont elle devait très bien savoir qu'on la verrait à l'image. Je ne sais pas bien identifier l'animal, une sorte de rongeur. Vraiment gros. J'ai demandé à certains de ses amis proches ce que cette peluche faisait là et ils n'en avaient pas la moindre idée, ne semblaient pas vraiment étonnés par sa présence. *(Razan aime beaucoup les animaux, tu sais.)*

Peut-être s'agit-il d'une blague faite à quelqu'un (un jour elle fait parvenir un lion en peluche à un ami exilé aux États-Unis – *assad* signifie *lion* en arabe). Ou alors, il s'agit là de ce que l'on pourrait considérer comme la preuve d'un goût un peu douteux.

Dans le creux des confessions, il apparaît que Razan a parfois de drôles de penchants, en matière de musique notamment. Elle a formé seule ou presque son système de références, ses goûts et ses idées – il n'y a eu personne, aucun parti, aucune famille, aucune structure pour lui dire : *Ça, c'est acceptable.* (J'ai le souvenir de mon éditeur, penché sur mon premier manuscrit trop plein de références et faisant le tri : *Alors* L'Effrontée, *on garde.* India Song, *très bien.* Vigny ? *Ah bah non, ça c'est pas possible.*) On dirait en anglais que Razan a des goûts *cheesy*, un peu ringards. Un peu *kitsch* en fait.

Razan aime James Blunt dont elle n'hésite pas à utiliser l'une des chansons dans le film qu'elle consacre à Fares Murad. *You're Beautiful* sert donc de musique de fond au court métrage qu'elle réalise sur cet homme sorti physiquement brisé des prisons d'Assad, dans lesquelles il a passé près de trente ans. Le résultat est assez pénible à voir et à entendre mais je compatis à cette confusion référentielle. Razan est bien consciente du côté affreusement ringard de James Blunt (sa sœur se moque gentiment quand elle demande qu'on lui fasse parvenir le dernier album). Mais elle se refuse à faire semblant de ne pas aimer, admet se laisser émouvoir par les paroles niaises et les mélodies larmoyantes.

Je suis allée rechercher ce texte de Kundera dans *L'Insoutenable Légèreté de l'être* : *Le kitsch fait naître coup sur coup deux larmes d'émotion. La première larme dit : Comme c'est beau, des gosses courant sur une pelouse! La deuxième larme dit : Comme c'est beau, d'être ému avec toute l'humanité à la vue de gosses courant sur une pelouse! Seule cette deuxième larme fait que le kitsch est le kitsch. La fraternité de tous les hommes ne pourra être fondée que sur le kitsch.*

Le kitsch est l'une des conditions de la communion et il repose sur une incapacité à (ou un refus de) prendre de la distance par rapport à ses sentiments ou aux paroles de James Blunt ; il repose sur l'absence d'ironie, sur une certaine pesanteur. Et il me faut citer cet autre passage de Kundera : *Ceux qui luttent contre les régimes totalitaires ne peuvent guère lutter avec des interrogations et des doutes. Ils ont eux aussi besoin de leur certitude et de leur vérité simpliste qui doivent être compréhensibles du plus grand nombre et provoquer une sécrétion lacrymale collective.*

Elle regarde *Dr House*, tombe amoureuse de l'acteur principal (ça lui est déjà arrivé avec Richard Gere), en parle avec un enthousiasme ému – cet enthousiasme dont on est sûr que rien ne viendra jamais à bout quand on l'exprime. Wael joue le jeu, s'indigne en souriant et feint la jalousie.

Entre deux phrases vouées à bâtir la légende, émerge la tristesse profonde de Razan qui appréhende sa société avec une lucidité malade mais semble inapte à s'y fondre. *(Elle se sentait assez isolée, n'arrivait pas à s'adapter. Je crois qu'elle était très affectée par ce qui arrivait aux prisonniers politiques, par la brutalité du régime et l'injustice. À tel point qu'elle ne parvenait pas à mener une vie normale. Elle sortait très peu. Je crois qu'il lui était impossible de vivre sa vie comme si tout cela n'avait pas lieu.)*

Elle répète à ses amis qu'elle n'ira pas *faire la fête* tant qu'il restera un seul prisonnier politique dans les geôles du régime.

Razan éprouve une vraie difficulté à rencontrer de nouvelles personnes, difficulté perçue comme le signe d'une arrogance parfois, d'une dureté tant elle peut se montrer désagréable, blesser même. Une difficulté à faire avec ce moment où elle a l'impression de ne plus tout à fait s'appartenir, et qui ne laisse personne indifférent, qu'elle soit perçue comme une singularité gênante ou comme le signe d'une discrétion attirante, d'une capacité à ne pas trop en dire tout en donnant l'impression de tout comprendre.

La tristesse de Razan est intimement liée à ce qui la meut. Elle est ce qui reste, la trace face à laquelle Razan ne veut pas se retrouver. Chaque cas, chaque histoire, chaque famille rencontrée abreuve un peu la tristesse. On sait qu'elle pleure souvent devant le tribunal, puis encore en écrivant ses plaidoiries *(Pas des larmes de fragilité, non. Des larmes de colère. C'est une femme dont on sait qu'elle ne vivra pas longtemps. Elle s'use).* Elle choisit MadamBlue comme pseudonyme Skype. Référence à la couleur de ses yeux ? À celle de son foulard préféré ? À cette tristesse lourde ? Cette sorte d'état dépressif chronique qui relève d'une inaptitude profonde et déclenche la fuite en avant, appelle l'hyperactivité comme remède : fuir ces cas en se plongeant dans de nouveaux cas qui creusent un peu plus la blessure. *(Elle brûle de l'intérieur.)*

Par défaut elle ne vit rien dans la légèreté, et l'un des enjeux pour Razan est de trouver des échappatoires à la pesanteur. Quand elle n'y parvient pas quelque chose semble se dérégler. L'équilibre est subtil. Il faut se méfier de la colère qui vient quand il n'y a plus de moyens de se délester de l'amertume qui s'infiltre, use, étouffe l'ardeur et entrave la lucidité. (L'enjeu devient vital avec la révolution, quand elle parvient de moins en moins à dégager du temps, quand elle fait le choix de la clandestinité, qu'elle travaille dix-huit heures par jour, se nourrit de cigarettes et d'images de violence.) Mais avant 2011, Razan réussit à trouver ces espaces de légèreté, à les entretenir et à les préserver, elle se délecte peut-être même un peu de parvenir à maintenir l'équilibre, puise là une confiance renforcée. Comme avec le reste, elle déploie un talent fou à se repérer et se mouvoir et on la suit du regard comme on suivrait une championne de patinage artistique ou une gymnaste, en retenant un peu son souffle mais en croyant à peine à la possibilité de la chute, se forçant juste un peu à y croire, pour le frisson.

Une photo incarne à mes yeux cet état de légère euphorie que doivent provoquer en elle, par moments et malgré la tristesse, son habileté et ses succès. Elle a été prise à l'occasion d'un petit dîner organisé pour ses trente ans. Dans un salon typique (étriqué, meubles en bois vernis, rideaux soyeux et lourds, bibelots), Razan porte ses cheveux comme dans une série américaine, bras nus (un fort joli grain de beauté orne son épaule gauche qui semble là presque charnue), elle porte un bouquet de fleurs et un objet – à la fois cadre photo et horloge –, offre un sourire radieux, puissant, qui vient gommer toute trace de tension dans le visage, qui semble l'emporter un instant sur le reste.

Pendant ces dix ans qui précèdent la révolution, Razan a appris à repérer les lignes invisibles que le régime trace partout, et à jouer les équilibristes. Elle a développé une conscience extrêmement aiguë de cet environnement syrien, des règles et dynamiques diaboliquement obscures qui l'organisent, a dû apprendre à osciller face aux risques encourus, savoir les ignorer quand elle en a développé une connaissance redoutablement précise. Incandescente, elle attire autant qu'elle repousse. *(Je limitais nos rencontres parce que j'avais peur, j'étais lâche, je ne voulais pas qu'elle m'entraîne.)* On dit aussi de Razan qu'elle a pris conscience de son importance, qu'elle a laissé grandir en elle une arrogance ou qu'elle fait de moins en moins d'efforts pour la cacher. Je crois juste qu'elle se sent prête et qu'elle ne supporte plus d'attendre que ça ait lieu. Qu'elle est consciente de ce qu'elle a patiemment échafaudé, de la crédibilité qu'elle s'est bâtie, et qu'elle s'impatiente de faire jouer ce crédit. Elle ne sait pas bien quelle forme ça prendra, croit que ce sera progressif mais elle s'impatiente, trouve que ça ne va pas assez vite.

La répression du printemps de Damas reprend et le dernier forum, le forum Al-Atassi, où se rendaient Razan et Wael une fois par mois, est fermé en 2005, ses figures les plus emblématiques arrêtées. Razan et d'autres se retrouvent au jardin Al-Madfeh, dans le centre de Damas. (*On pensait que si on était suffisamment nombreux à manifester pour demander leur libération, on pourrait faire fléchir le régime!* Il rit.) Ils sont une poignée, quelques dizaines seulement. Les forces de l'ordre arrivent, bien plus nombreuses, les manifestants se mettent à courir et à prendre la fuite, se dispersent et disparaissent.

Razan va de moins en moins dans les cafés car elle y décèle trop de présences suspectes, préfère voir ses amis militants chez elle. Leur offrir un Nescafé et fumer avec eux en parlant de la situation du pays.

Dans ce grand cycle des espoirs ascendants et réprimés, il y a des soubresauts qu'elle capte et grâce auxquels elle continue de se lier, de trouver des points d'ancrage partout dans la société, pour s'arrimer. En 2004, des révoltes agitent les régions kurdes et jusqu'à la fin de la décennie la cause mobilise. Des étudiants kurdes de Damas contactent Razan quand ils cherchent à rencontrer des opposants, à créer des ponts entre leur mouvement estudiantin et l'opposition. Elle n'a que deux ou trois ans de plus qu'eux mais ils se tournent vers elle comme vers une figure d'autorité, l'invitent à des réunions secrètes. Elle répond à leurs questions sur l'opposition, sur la façon dont fonctionnent les différentes organisations, évoque les tensions, les querelles, *comme dans les partis politiques.* Quand certains se font arrêter elle les défend ; des liens indéfectibles se mettent en place. Elle va à Qamishli avec Wael et Yassin, en profite pour découvrir cette partie du pays. Il paraît qu'il existe une photo du couple prenant la pose devant le Tigre mais personne ne sait où elle se trouve.

La Syrie s'agite aussi à Darayya et il faut retenir le nom de cette ville de la banlieue de Damas, qu'on appelle la Ghouta (Darayya dans la Ghouta occidentale, Douma dans la Ghouta orientale). Au début des années 2000, un groupe de jeunes étudiants lance dans la ville des campagnes anti-corruption et se familiarise avec les techniques de protestation non violentes. Yahya Shurbaji est au cœur du mouvement. On le voit sur une vidéo, parfaitement mis, avec son air de gendre idéal ou de premier de la classe, expliquer à un commerçant pourquoi il faut refuser de verser des pots-de-vin. Il se fait arrêter en 2003 et tous les autres membres du groupe avec lui (on prend tout le monde même celui qui se trouve là par erreur, on fera le tri plus tard mais il vaut mieux ratisser large). Ils sont relâchés par petits groupes dans les quatre années qui suivent. Razan assure leur défense, les rencontre et tombe sous leur charme. *(Yahya a été torturé avec ses camarades, durement torturé, par les* mukhabarat *de l'armée de l'air. Quand elle entend ça, Razan est interpellée. C'est son moment. Elle va les voir et ces rencontres l'animent ; elle comprend que son idéal compte, qu'il résonne.)*

Razan devient très amie avec Yahya, s'éprend de sa façon de faire, calme, maîtrisée. Il croit pouvoir imposer par son comportement ostensiblement courtois – il refuse jusqu'à l'insulte – de nouvelles normes, chasser la violence là où elle s'est implantée, en chacun. Razan est fascinée par la façon dont ces jeunes agissent au grand jour et refusent fièrement l'opacité. Elle admire Yahya, ses pratiques – admiration teintée d'une certaine tendresse. Je crois qu'elle le trouve candide mais n'échappe pas à la fascination et au réconfort que cette candeur provoque en elle. Au début de la révolution, elle ne cessera de s'émerveiller de ce que Yahya parviendra à produire dans le pays.

Au tribunal on leur demande : *Comment vous appelez-vous entre vous, "Camarades"? "Frères"?* Le détenu répond : *On dit juste "Jeunes"* – Chabab.

Razan regarde la jeunesse comme on regarde un phénomène extérieur ; elle se place à côté, ne se sent pas d'appartenance.

Que fait le mouvement démocratique syrien quand il s'agit d'aider la jeunesse à inventer des cadres adéquats à ses actions ? Et pourquoi la jeune génération a-t-elle abandonné le mouvement démocratique ? Elle sait que la façon dont la vieille garde se détourne de la jeunesse ouvre la voie aux mouvements islamistes et à l'émigration.

(En 2012, Al-Atassi tourne son second film sur Riyad al-Turk. C'est un document un peu étrange, filmé par Skype parce que le réalisateur ne peut se rendre à Damas. Ce qu'il voudrait c'est que l'opposant prenne sa part dans le mouvement, qu'il se lève, accepte un rôle et cesse de jouer avec ses cailloux. D'après Turk, ce sont les jeunes qui ont saisi *le cœur brûlant de la lutte*. Eux, les vieux, n'ont pas su. Le réalisateur lui demande quelle sera la première chose qu'il fera, si la révolution devait réussir, et le vieux dissident répond que s'il y a suffisamment de place pour lui il s'assiéra sur le trottoir, qu'il regardera ces jeunes gens et les applaudira – *Cela me suffira*.)

Razan voit cette jeunesse comme un géant prêt à émerger de son hibernation, un peu coincé entre le régime que son potentiel réveil effraie, une opposition trop absorbée par ses propres contradictions, et une société qui préfère l'immobilité à la rébellion, paralysée par l'idée du *bain de sang*. *Mais les trois parties n'ont pas compris qu'après avoir vaguement ouvert un œil le géant se lèvera, que cela est imminent. La seule chose difficile à prévoir est la nature de l'étincelle et l'ampleur du mouvement. Et puis, on ne peut prévoir les formes négatives que cet éveil prendra peut-être.* Elle écrit ce texte en 2005 et tout y est.

Razan entre deux âges qu'elle cherche à rapprocher, toujours entourée et seule dans ce rôle d'intermédiaire, de façon inévitable. Comme si elle flottait, sans pair, unique dans sa génération.

Sa fascination la conduit à établir des liens avec d'autres jeunesses, des jeunesses d'ailleurs, surtout après les manifestations iraniennes de 2009, qui jouent un rôle fondamental dans la mise à mal de l'incrédulité, comme si on prenait alors la mesure, que l'on comprenait qu'un soulèvement pouvait aussi se produire au Moyen-Orient. Razan et ses proches réfléchissent au rôle joué par les réseaux sociaux, à la possibilité de dépasser le vieux cadre imposé par les partis. Ils se forment, lisent, s'intéressent aux techniques de protestation pacifique et rencontrent des jeunes qui viennent d'autres pays arabes. Razan à la croisée de ces jeunesses, des jeunes et des dinosaures, entre un réseau bien établi et des forces neuves, dynamiques, peu organisées mais qu'elle a cartographiées et comprises, dont elle sent très tôt les vibrations, une oreille posée sur les pulsations du pays.

Quand elle se met à évoquer la possibilité de partir un jour découvrir l'Italie, elle commence à suivre des cours d'italien sur Internet. Razan devient même assez forte et un soir, tandis qu'elle dîne dans un restaurant avec deux amies, elle croise une Occidentale avec laquelle elle se met à parler italien. La femme la complimente sur son niveau, Razan rougit un peu. C'est ce qu'elle s'est inventé comme échappatoire, ce qu'elle fait quand elle ne travaille pas, qu'elle parvient à arracher quelques minutes : elle apprend l'italien dans la perspective d'un voyage extrêmement improbable – *Juste pour l'idée.*

Dans la ruelle, Razan a rencontré de nombreux étrangers. Des diplomates qui sont autorisés par le régime à assister aux sessions pour qu'ils voient les islamistes se faire juger et en retirent de la satisfaction. Souvent en fait ils prennent des notes et les partagent avec les activistes, avec Razan notamment. Elle rencontre des journalistes, des employés d'organisations internationales de défense des droits humains, de différents groupes dont la Croix-Rouge internationale (il semblerait qu'elle ait été choisie pour faire passer des lettres de détenus de Guantánamo à leurs familles ; quel degré de confiance faut-il avoir suscité pour se voir confier une mission de ce genre ?). Personne n'est clair sur le détail de ses connaissances et on ignore comment elle s'y est prise exactement mais chacun sait qu'en 2010, elle collabore avec des tas d'organisations, que ça s'ajoute à sa charge de travail, qu'elle est devenue celle à qui l'on s'adresse si on a besoin d'informations, qu'elle connaît un monde fou. *(Je savais que Razan était devenue quelqu'un d'important.)*

Ses rapports avec les étrangers – diplomates, journalistes, activistes – gênent le régime parce que la méfiance de l'étranger est centrale en Syrie. Toute relation avec un étranger est suspecte car un étranger ne peut être présent dans le pays ou s'y intéresser que pour des raisons douteuses et cachées (la culture de l'opacité va jusque-là : le monde entier doit agir de la même façon, cacher ses vraies motivations, il ne peut en être autrement). Un étranger ne peut être là pour se contenter de faire ce qu'il prétend faire. Travaille-t-il pour son gouvernement ? Un autre gouvernement ? Est-il là dans l'intention de corrompre la culture syrienne ? On ne peut venir à bout du faisceau de questions car ces interrogations justifient l'existence même de ceux qui les élaborent.

En 2010, elle commence à prendre des cours de danse. L'amie qu'elle a réussi à traîner avec elle la première fois se souvient qu'elle a choisi le *chacha* et le *merengue (C'est assez ironique parce que ces cours qu'elle aimait tant avaient lieu à l'Institut culturel russe)*. Razan raconte qu'elle est affreusement mauvaise mais qu'elle adore ça, comme si ça lui était égal dorénavant de ne pas être la meilleure, qu'elle parvenait même à tirer une certaine fierté d'être capable de cette indifférence. Elle confie à son amie se sentir vivante pendant ces leçons et semble ne plus tenir en place, ressentir un besoin urgent de mise en mouvement. Il est temps, ça vient.

Elle n'arrête pas de mener cet énorme travail de documentation auquel elle donne différentes formes. La base de données qu'elle ne cesse de perfectionner, mettant en place une méthodologie qui se fait de plus en plus précise, de plus en plus rigoureuse et qui lui permet, dès le début de la révolution et de sa répression, de créer les centres de documentation des violations qui occuperont une place centrale dans l'appareil révolutionnaire.

Et puis bien sûr elle écrit, tout le temps. On finit de prendre la mesure de l'ampleur du travail mené par Razan, le travail acharné, sans relâche ; je l'imagine encore à l'œuvre, une fois la nuit venue, comme dans les films américains, fumant beaucoup et buvant du café jusqu'à pas d'heure. Et de façon confuse je me projette dans ce vieux rêve que je sens encore vibrer quelque part, me titiller, la femme au travail, le labeur et les cendriers qui débordent, l'effort, la tête bien faite à l'œuvre. Ce rêve d'une tâche monumentale qui s'accomplit dans une interminable séance d'étude et de travail ; on est à plusieurs, ensemble on passe au-dessus de la fatigue, on s'en défait, on est porté par la dignité de la tâche, rien ne peut nous arrêter.

Elle écrit des rapports rigoureux, qui révèlent l'esprit de la juriste en quête d'une brèche pour attaquer et faire des recommandations. Jusqu'à la fin elle écrit ces rapports, comme pour se convaincre qu'il reste une perspective. Pendant dix ans elle a cru en l'idée d'un régime à réformer, a cru que son devoir était de travailler dans le cadre offert par le gouvernement pour le pousser au changement en se concentrant sur certaines failles, en les dénonçant et en inventant des solutions précises.

Je me prends à aimer les démonstrations implacables de ces rapports, à admirer l'esprit, le déploiement austère, sans détour, chaque élément à sa place, chaque élément indispensable. Je me prends à en aimer la langue rigoureuse, la beauté froide et les tirets.

Et puis il y a les articles dont j'ai fait lire certains à des amis, pour qu'ils me racontent l'impression qu'ils leur faisaient. J'ai reconnu sa personnalité dans ce qu'ils m'ont confié, sans avoir besoin de puiser dans ce que je savais d'elle pour la reconnaître, et cela ne m'a pas surprise, qu'elle y soit. Des textes *inclassables*, qui ne relèvent ni tout à fait du journalisme, ni tout à fait de la littérature, ni tout à fait de l'essai politique mais qui s'inventent un lieu propre, au point de convergence. Qui fonctionnent souvent de la même façon, partent de quelques histoires particulières, s'appuient sur le récit pour développer une analyse de la société syrienne et du régime. On leur trouve parfois quelque chose de *romantique*, en tout cas ils sont toujours très imagés *(C'est souvent le cas, avec la littérature arabe)* car il faut mettre en place un dispositif pour faire émerger le sous-texte. Il est évident qu'elle savait parfaitement ce qu'elle pouvait dire et ne pas dire, qu'elle en jouait pour faire émerger une vision entre les mots, qu'elle élargissait là aussi l'espace imparti. Elle se montre terriblement lucide, voire prémonitoire. Dans ses textes sur le soulèvement iranien de 2009, elle évoque autant le régime syrien que les autorités de Téhéran, revient sur le rôle crucial d'Internet et de la jeunesse dans le déclenchement des événements, d'une façon qui sonne comme l'annonce de ce qui va se passer deux ans plus tard de la Tunisie à la Syrie, voire comme un appel.

Yassin tente de m'expliquer comme Razan écrit bien, parce qu'il y a chez elle un équilibre idéal entre son *sens de l'homme* et son style, et toujours, ses textes ont quelque chose de politique, *au sens le plus noble.*

Les articles prennent de plus en plus de place. Elle manœuvre pour trouver des journaux où faire paraître ses papiers et Yassin l'aide, au début, à décrocher des piges dans des publications étrangères qui finissent par la salarier. Ses articles représentent sa seule source de revenus – pour tout le reste je l'ai dit elle ne gagne rien, rien du tout –, ils lui rapportent peu mais assez pour vivre d'une façon modeste, en accord avec ses principes. Les textes sont pleins d'images et d'indignation, d'ironie, de métaphores. D'humour aussi, grinçant le plus souvent mais pas toujours (quand le gouvernement syrien décide d'arabiser tous les noms des magasins de Damas qui sont écrits dans une autre langue – en anglais surtout –, Razan écrit un article qu'elle intitule : "Damas, capitale mondiale des décisions pertinentes").

Et elle oscille. Entre la volonté de se concentrer sur ce qu'elle éprouve pour le dire au plus juste et sa volonté de servir, d'adopter une attitude constructive. Elle passe des articles aux rapports sans difficulté, ce sont les deux versants d'un même travail, d'une même forme de présence.

En 2008 elle publie un très bel article, "Écrire sur une corde raide", sur ce que c'est que d'écrire dans un pays comme la Syrie. *Quelques règles pour écrire au milieu de ce cirque. Une mauvaise conjonction de coordination ou une* kassra *mal placée peuvent vous faire perdre l'équilibre. Le flou est parfois une solution.* J'ai demandé à un jeune homme franco-syrien s'il voulait bien traduire ce texte. Il m'a avoué, une fois l'article traduit, avoir d'abord décidé de bâcler le travail avant de se laisser emporter par l'écriture de Razan, sa tentative de raconter son travail d'équilibriste tout en se retrouvant à nouveau pour ce faire, sur la corde raide. (Vertige de la mise en abyme.) Il m'a dit la difficulté qu'il y avait à bien comprendre le texte, le flou volontaire, les phrases peu articulées dont il fallait remonter ensemble les éléments, les images parfois mystérieuses. *Le flou est parfois une solution. Les termes pompeux aussi, une langue complexe, ou l'immersion dans la poésie, les sous-entendus. L'écrivain sourit en lui-même à mesure qu'il sent s'accroître la maîtrise de son art. Il se frotte les tempes quand de nouveaux interdits apparaissent* (en arabe, l'image de qui se retrouve face au casse-tête est celle d'une personne frottant ses deux paumes l'une contre l'autre).

Razan compare les écrivains syriens qui écrivent en étant à l'intérieur du pays à ceux qui sont dehors, et pense que le lecteur comprend mieux la plume de l'écrivain de l'intérieur que celle des autres, ceux qui *parlent comme s'ils se parlaient à eux-mêmes, sans retouches ni détours, sans efforts pour garder l'équilibre. Ils franchissent toutes les lignes rouges, tous les interdits, les mots tempêtent pour dire la colère. Chez le lecteur de l'intérieur, cela crée le plus souvent de la peur. Ces écrivains agitent d'un coup de crayon toute la peur transmise et héritée, ils la portent bien haut, dressée comme un mur entre leurs mots et les yeux du lecteur. Cette peur fait douter le lecteur. Il pense que ce sont là des exagérations, voire des mensonges ; ils écrivent ce qu'ils peuvent mais le lecteur lui aussi lit ce qu'il peut.*

Pour les écrivains de l'intérieur comme ceux de l'extérieur, Razan mobilise l'image de la prison comme figure centrale. Pour les premiers il s'agit de l'éviter, pour les seconds de s'en venger. Dans les deux cas, l'écrivain n'est pas libre. *Soit l'ombre de la prison le guette, soit l'ombre de la revanche sur la prison le guette.*

Ce n'est qu'à la fin, dans un tout petit paragraphe, que Razan cite les noms de quatre écrivains de l'intérieur récemment arrêtés. Et on peut penser que cet article est sorti tout entier du désir irrépressible de coucher ces quatre noms sur le papier, pour leur rendre justice, sans s'attirer les foudres du régime.

L'écrivain se demande parfois si ça vaut la peine de danser au bord du précipice. Je ne sais pas si Razan s'est vraiment posé la question, a vraiment contemplé l'idée de ne pas écrire. Je crois plutôt qu'il y a une forme de plaisir et d'addiction à jouer ainsi sur la corde. Je crois que sa survie repose sur le frisson qu'elle ressent là, seul à même de contrebalancer la pesanteur de la tristesse.

À la fin de l'article le doute s'est volatilisé, elle ne fait plus semblant, évoque le rapport entre les mots et la réalité, la lutte qu'elle voit à l'œuvre dans les tentatives d'asservissement réciproques et sans reprendre son souffle elle conclut : *Et l'histoire continue.*

*

La révolution a vraiment commencé à Deraa, en mars, mais avant cela, il y a eu de l'agitation à Damas : une manifestation éclair dans un souk de la vieille ville en février et puis surtout les sit-in devant les ambassades de Tunisie, d'Égypte et de Libye, quand les soulèvements ont commencé dans ces pays – juste pour dire qu'on les soutenait, les revendications ne ciblaient pas encore le régime. Le plus important pour moi a été le sit-in qu'on a fait devant l'ambassade libyenne. Il y a eu deux soirs de suite. Le premier, les *shabbiha* et les *mukhabarat* rôdaient mais on a fini par s'asseoir avant qu'ils ne nous tombent dessus. Certains ont été arrêtés.

Le jour suivant, ils ont bloqué les rues et on n'a pas réussi à arriver jusqu'à l'ambassade alors on s'est réunis tout près, dans le jardin d'Al-Madfeh. On a eu une heure ou deux avant d'être chassés et on s'est mis à chanter, à inventer des slogans. On se sentait très différents cette nuit-là. Certains des slogans qui sont ensuite devenus très populaires ont été inventés ce soir-là, ils ont surgi comme ça, de façon spontanée, comme l'un de mes préférés : *Il est traître, celui qui tue son peuple !*

Il n'y a presque pas d'images de ce rassemblement parce que ça ne se faisait pas encore de filmer. On a commencé quelques jours plus tard mais là on n'avait pas encore le réflexe, pas dépassé l'idée que c'était impossible, trop dangereux.

On a commencé à réfléchir avec quelques amis opposants à la spécificité de la situation syrienne et nous sommes arrivés à la conclusion que c'était trop tôt. On a décidé de ne pas encourager le mouvement mais, bien sûr, si le *peuple* devait se soulever, si la révolution devait commencer pour de bon, nous n'aurions pas d'autre choix que d'en faire partie.

Il y avait un appel à manifester pour le 15 mars, au souk Al-Hamidiyeh. Moi, pour être honnête, je n'ai pas pris ça au sérieux, j'ai pensé que personne n'irait et je ne me suis pas déplacé. Vers midi ma femme m'a appelé : *Ça a commencé !* (Il rit.) Je n'y croyais pas. *Mais si ! J'ai même une vidéo !* Elle me l'a envoyée et là j'ai entendu ce chant qui m'émeut encore, chaque fois que je l'entends : *Où êtes-vous ô Syriens ? Où êtes-vous ô Syriens ?* (Il chantonne.) J'ai essayé de la rejoindre au souk mais quand je suis arrivé il n'y avait plus rien, la manifestation avait été dispersée et il ne restait que les *shabbiha*.

Le lendemain, le 16, un sit-in était organisé sur la place Al-Marjeh, en plein centre-ville pour demander la libération des prisonniers politiques. On avait tous rendez-vous à midi exactement et on m'avait dit de venir accompagné car les gens seuls se faisaient arrêter les premiers ; j'y suis allé avec ma femme. Cinq minutes avant midi, un ami m'a appelé pour me dire qu'il se faisait arrêter, qu'ils allaient l'emmener et que j'allais aussi me faire arrêter si je venais. On y est allés malgré tout mais on est arrivés deux ou trois minutes après midi et le sit-in avait déjà été réprimé ; tout allait très vite, la possibilité de la protestation s'ouvrait pour se refermer aussitôt.

Des banderoles déchirées jonchaient le sol, on pouvait voir ce qui s'était passé juste en regardant les visages. J'ai repéré plusieurs amis mais on faisait semblant de ne pas se connaître parce qu'ils arrêtaient encore tous ceux qu'ils suspectaient. Une manifestation pro-Bachar s'était improvisée sur la place. Ils brandissaient des photos de lui et criaient : *Allah, la Syrie, Bachar et rien d'autre !* Quelques minutes plus tôt, les nôtres avaient crié : *Allah, la Syrie, la liberté et rien d'autre !* Ces gens-là n'ont jamais rien inventé.

L'une de nos amies a été arrêtée, puis un autre, puis ma femme – qui était enceinte d'ailleurs –, je l'ai suivie et j'ai dit que j'étais avec elle alors ils m'ont arrêté aussi. Deux jours plus tard j'ai été envoyé dans la prison d'Adra où on n'avait accès qu'aux nouvelles du régime

– c'était déjà pas mal, dans la plupart des centres de détention on n'a accès à rien du tout. Selon eux tout allait bien, la Syrie n'était ni l'Égypte ni la Tunisie mais malgré la propagande, on sentait que quelque chose se passait. Quand j'ai été libéré, le 31 mars, il y avait eu Deraa et la révolution était en marche.

*

C'est une période très courte. Éclair. Avant Deraa, avant de plus grands espoirs qui ne se déploieront qu'en se liant de façon inextricable à la répression, au décompte des morts et des disparus, à l'incrédulité face à la violence employée pour punir le peuple soulevé. L'effroi viendra se mêler à l'espoir de façon inextricable mais avant, pendant quelques semaines, à Damas, il y a ce frémissement qui touche surtout des gens éduqués, plus ou moins liés au noyau dur des activistes. Ils tentent, mettent le pouvoir à l'épreuve, n'en reviennent pas eux-mêmes de pouvoir ainsi se rassembler et chanter, poussent l'avantage mais pas trop, trouvant tout cela prématuré mais ne pouvant s'empêcher de guetter l'étincelle qui doit venir, ils le savent, du *peuple*. Les rassemblements sont brisés mais ils ont lieu, réunissent à une fréquence inhabituelle un nombre inédit de manifestants.

Ils manifestent devant les ambassades des pays dans lesquels on se soulève puis ils se retrouvent, Razan, Yahya et beaucoup d'autres. Ils cherchent le déclencheur, croient qu'il est de leur devoir de le trouver, finissent par plaisanter en se demandant lequel d'entre eux doit aller s'immoler et devant quel bâtiment. Ils tâtonnent, rencontrent des leaders kurdes, ont l'idée de profiter des célébrations de leur Nouvel An, le 21 mars, pour trouver l'étincelle, mais ils n'auront pas besoin d'attendre jusque-là.

Le 16 mars, Razan et ses amis organisent le premier rassemblement au mot d'ordre purement syrien et, bien sûr, ils choisissent la cause des prisonniers politiques. Ils n'utilisent pas de pseudonymes pour signer l'appel qu'ils lancent aux familles de détenus sur Facebook, et ceux qui répondent le font aussi avec leur vrai nom. Razan comprend que le mur de la peur est en train de se fissurer. Trois cents personnes se rassemblent place Al-Marjeh, des activistes mais aussi des familles de prisonniers, fatiguées, venues de loin parfois. L'incrédulité en prend un coup tandis que ce message fait son chemin : ça pourrait avoir lieu, ici aussi.

Les figures de la répression font leur apparition pendant ces quelques semaines. On voit surgir les silhouettes connues, de l'armée, des renseignements, mais aussi ces *shabbiha* que les Damascènes découvrent au cœur de leur ville alors qu'ils étaient cantonnés jusqu'alors à la côte, aux terres alaouites. Des hommes dont le nom renvoie à une réalité fantomatique, dont on connaissait l'existence, liée aux trafics mafieux dans l'un de ces univers parallèles qui font la Syrie ; ils étaient là mais on l'ignorait avant leur surgissement au début du mouvement insurrectionnel et très rapidement le vocable se fond dans l'imaginaire révolutionnaire, devient indissociable de sa cruelle répression, englobe de plus en plus d'hommes aux appartenances miliciennes troubles, tous liés au régime.

(Dans *Feux croisés*, Samar Yazbek évoque à de nombreuses reprises ces hommes qu'elle découvre, stupéfaite. *Tout à coup, j'aperçois dans les rues d'étranges silhouettes que je n'avais jamais vues auparavant. Des colosses au torse bombé, au crâne rasé, au regard inquisiteur, en tee-shirt noir à manches courtes qui exhibent des bras musclés et tatoués. Ils avancent en roulant des mécaniques, déplaçant un air lourd. Silhouettes effrayantes. Où donc étaient-ils avant d'envahir la ville ?* Yazbek y revient sans cesse, hantée par ces visages et ces corps brutaux partout infiltrés, prêts à surgir dans l'espace quadrillé du soulèvement. *Subitement, d'étranges individus sont apparus et se sont mis à donner des coups aux gens. Prise de panique, j'ai crié : "Il est traître, celui qui tue son peuple !" Les manifestants encaissaient les coups et l'humiliation avant de disparaître les uns après les autres, happés par les hommes qui s'étaient répandus dans les rues. Des hommes aux grosses bagues, aux bras musclés, aux yeux fatigués, à la peau calleuse, formaient comme un barrage humain, se jetaient sur les manifestants, les tabassaient, les jetaient par terre, les écrasaient sous leurs pieds. D'autres attrapaient les protestataires et les entraînaient au loin avant de les faire disparaître.* On apprend très vite à reconnaître ces nouvelles créatures – *Habillés en civil et portant des chaussures de sport qui semblaient être leur signe de ralliement.* Ils sont indéfectiblement liés au régime, à certaines familles alaouites, et leur soutien est total, jusqu'à la mort.)

En plus de la violence physique ils ont recours à une violence verbale, langage obscène, éternelles insultes à caractère sexuel mobilisant presque toujours les femmes de la famille de celui qu'on insulte. (Yassin raconte ceci dans un texte sur la prison de Palmyre : *Les gardiens semblaient éprouver une joie immense lorsqu'ils demandaient aux détenus de quelle couleur était le sexe de leur mère.*) Ces comportements en annoncent d'autres, qui se multiplieront avec la répression, feront une arme centrale de la menace à l'intégrité physique de la femme et du viol, pratiqué souvent devant témoin, sous les yeux du frère, du père ou des enfants.

Les arrestations se multiplient mais la mort reste absente des manifestations. Certains des amis de Razan sont arrêtés mais après tout, depuis dix ans, on s'y est habitué ; ils finiront par être libérés. On ne parle pas encore de *révolution* mais on s'interroge, on sent que l'affrontement change de nature et d'ampleur. On y revient encore à ce *rien* qui suffirait à tout enclencher, on lui tourne autour.

Razan et ses amis manifestent, observent, fébriles, tentent d'analyser la situation sans y voir clair, tergiversent, redoutent que la révolution ne vienne trop tôt. Ils ont peur de ne pas être prêts, ignorent tout de l'ampleur des bouleversements et de la violence qui les attendent, cessent le travail souvent pour lever la tête et demander aux autres : *Non mais c'est pas possible, vous êtes sûrs qu'on est bien réveillés ?*

Le 18 mars a lieu la première grande manifestation à Deraa.

Je n'ai plus besoin d'aller fouiller le compte Facebook de la sœur aînée pour trouver des photos de Razan prises à la fin des années 2000 ou au tout début des années 2010. D'une image à l'autre, elle révèle des visages différents – rien ne semble avoir été orchestré par Razan quand il s'agit de sa personne publique, elle n'a pas cherché à dessiner un personnage, à mettre en avant un visage plutôt qu'un autre, à tenter au contraire d'en faire disparaître certains. Ils sont tous accessibles, sans hiérarchie.

La photo d'elle que je préfère est en noir et blanc, prise en gros plan. Razan est saisie dans un éclat de rire, son visage de trois quarts mais ses yeux, droit dans les vôtres et pleins de joie.

(Dans le très beau film d'Omar Amiralay sur Michel Seurat, il y a cette phrase d'un ami du chercheur : *Tu te souviens à quel point ses yeux et son corps exprimaient la douceur, la réserve. Tu te souviens aussi sans doute qu'à l'intérieur de lui-même c'est tout le contraire qui se passait. Il y avait un feu, une passion qui animaient sa vie.*)

Sur une autre, de profil, cheveux tirés, un large bandeau à damier noir et blanc sur le haut de la tête (bandeau que l'on retrouve souvent), elle joue avec son pendentif, le triture sans ménagement, tant et si bien qu'il vient faire une petite entaille à l'arrière du cou. Le regard fixe, ses yeux bleus levés, sourcils bien dessinés, froncés. L'air dur, redoutablement dur.

Et puis il y a les dernières images, les captures d'écran des dernières vidéos, le dernier visage. Celui de Douma. Razan épuisée, voûtée et cernée. Des ravages incroyables, en quelques mois seulement. L'air d'une petite vieille. Dans cette dernière vidéo surtout, filmée cinq jours avant l'enlèvement et qu'elle ouvre sur ces mots : *My name is Razan Zaitouneh, human rights activist from Damascus.*

Mais là, si l'on revient à cette phase éclair, entre les premiers rassemblements et Deraa, entre les premières manifestations de soutien au mouvement révolutionnaire qui s'est mis en branle ailleurs dans le monde arabe et la répression, quelques jours seulement avant qu'elle n'écrive, évoquant la destruction soudaine du mur de la peur : *Le régime est nu*, il faut convoquer le visage radieux. Rien d'autre n'a d'importance pour elle que l'espoir d'en finir avec l'oppression et là l'espace est en train de s'ouvrir et elle en a la certitude, rien ne pourra le refermer. Le moment est venu, elle le sait. Et elle s'en défendrait c'est certain mais on peut le dire : *son* moment est venu.

Rétrospectivement, elle identifie la manifestation de la place Al-Marjeh comme le premier coup sérieux porté au mur de la peur, avant Deraa. Mais cela elle n'a pu le faire qu'après. Pendant ces quelques semaines qui précèdent les premiers morts et la violence de Deraa, nul n'a conscience du fait que la révolution est en cours. C'est mystérieux, ça relève d'une alchimie complexe, ne s'annonce qu'une fois passés certains événements. À quelques jours près, ils n'ont pas encore conscience de *faire la révolution*.

Elle relève la tête, sourit, tire sur sa Marlboro Lights et sourit de nouveau : *Non mais c'est pas possible, vous êtes sûrs qu'on est bien réveillés ?*

*

Un jour, je suis allée manifester dans Damas, sur la place Al-Marjeh – c'était l'une de ces manifs éclair comme il y en a eu quelques-unes dans la capitale, avant Deraa. J'avais couvert mon visage d'un foulard pour qu'on ne puisse pas me reconnaître sur les photos et les vidéos que prenaient les *mukhabarat*. En arrivant sur la place, je me suis retrouvée face à une femme qui avait elle aussi couvert son visage mais que j'ai reconnue tout de suite : c'était l'une de mes meilleures amies ! Quelle joie ! Mais cette joie n'a duré que cinq minutes. Après, tout le monde s'est mis à courir pour échapper aux policiers antiémeutes et aux services des renseignements. Je suis grosse et je cours mal. Des femmes sur leur balcon commençaient à me pointer du doigt et à appeler les forces de l'ordre : *Celle-là, elle était avec eux ! cette salope qui vient ici pour se trouver un mec !*

Je me suis cachée dans l'entrée d'un immeuble. J'ai entendu qu'ils attrapaient un type tout près, qu'ils commençaient à le frapper et à l'insulter. Je tremblais comme une feuille et j'ai pensé : *Personne ne viendra t'aider*. J'ai rassemblé toutes mes forces et suis sortie très naturellement de l'immeuble, comme si je sortais de chez moi. J'ai pu partir mais je savais que je ne retournerai pas dans ce genre de manifestations.

Je me souviens, quand j'avais huit ou neuf ans – je me souviens très précisément –, j'ai demandé à mon père : *Mais si le régime est si horrible, pourquoi est-ce que personne ne fait rien pour s'en débarrasser ?* Il m'a répondu qu'un jour le temps viendrait et qu'alors le régime volerait en éclats. Quand la révolution a commencé je me suis souvenue de cette conversation mais je me suis sentie incrédule ; jamais je n'avais pensé que cela pourrait arriver de mon vivant.

J'aime regarder le changement. Me regarder changer. Nous regarder changer.

Après Deraa, les manifestations ont vraiment commencé, un peu partout. Il y avait des pauvres, des riches, des femmes voilées, des femmes non voilées, des religieux, des laïques. Toutes sortes de gens. Mais on ne faisait pas connaissance. On ne se parlait pas parce qu'on avait mieux à faire... tu imagines ? On pouvait danser et chanter dans la rue !

Mon mari et moi, nous allions séparément aux manifestations. Que se serait-il passé pour nos enfants si nous avions été arrêtés tous les deux ? Une fois seulement nous sommes allés protester ensemble. Mais alors qu'on s'approchait du lieu de rassemblement par des ruelles, on a croisé un homme. On ne se connaissait pas mais il a su qu'on allait manifester, on avait appris à se reconnaître – quelque chose dans les yeux, dans la façon de se déplacer –, en nous croisant il nous a glissé : *Partez*, et on a rebroussé chemin.

J'avais un code avec une amie. Pour dire qu'on allait manifester on disait : *Je vais manger un* shawarma, et après on se demandait : *Alors, il était bon ce* shawarma *?*

J'ai assisté à quelques grandes manifestations hors de Damas, sous protection de l'Armée syrienne libre – c'était quelques mois après le début de la répression et on avait commencé à s'organiser. Je me souviens de la première, à Birzeh. J'y suis allée avec quelques amis, on s'est garés et puis on a commencé à marcher dans un quartier pauvre, dans des rues très étroites, entre des petites maisons en mauvais état. Et là on les a vus. Le bas de leurs visages était caché. Ils se tenaient à des points bien précis, l'air puissant. J'ai demandé à mes amis qui étaient ces types et ils m'ont répondu fièrement : *C'est l'Armée syrienne libre !* Je suis tout de suite tombée amoureuse de ces hommes, sans même voir leurs visages !

Tout d'un coup, on est sortis du dédale des ruelles pour déboucher sur une place noire de monde où j'ai vu le drapeau de la révolution flotter pour la première fois. Les drapeaux n'avaient jamais rien signifié pour moi. Je pensais qu'il n'y avait que dans les films hollywoodiens qu'on s'émouvait pour un drapeau. Mais là... J'en ai saisi un et j'ai commencé à l'agiter. Ils ont dit aux femmes de se mettre dans un périmètre à part. J'ai demandé pourquoi et ils m'ont expliqué que si la manifestation était réprimée, ils pourraient nous protéger en priorité, nous, les femmes. Vraiment, on planait. Pendant plus d'une heure on a chanté, dansé, et chaque fois qu'un slogan insultait Bachar je sursautais : *Mais ils vont nous entendre !*

C'est là que pour la première fois j'ai entendu le slogan *Le peuple veut la chute du régime !* Au début, tout ce qu'on avait demandé c'était la liberté et la dignité, mais là... J'avais l'impression qu'on atteignait le summum. Vraiment, on planait. Quand je suis rentrée de Birzeh j'ai dit à mon amie : *Tu ne peux pas imaginer le* shawarma *que je viens de manger, hum... un vrai délice.*

Toute ma vie j'ai détesté mon pays et j'ai nourri l'envie de le quitter. Mais quand la révolution a commencé, je n'ai plus désiré qu'une chose : rester. Je pensais que le pays pouvait à nouveau devenir mien.

Je me souviens que dans nos manifestations, avec des slogans et des pancartes, on saluait les Yéménites qui étaient eux aussi descendus dans la rue, et qu'ils faisaient la même chose en retour. La Syrie était un pays si fermé, complètement replié. Et il faut comprendre à quel point, chez nous, il y a les Syriens et il y a les étrangers ; le monde se pense vraiment comme ça. Et là c'était incroyable : on parlait au monde, le monde nous répondait et on se comprenait !

Je ne savais rien de la Syrie avant. Je vivais à Damas, dans mon quartier classe moyenne, entourée de gens qui nous ressemblaient. Je connaissais Lattaquié et Zabadani où je passais mes vacances et c'était tout. Je n'étais pas impliquée dans des activités sociales qui m'auraient permis d'en apprendre davantage et d'ailleurs, chez nous, ces activités sont plutôt réservées aux hommes, par le biais des mosquées. Et puis pour tout dire, je ne tenais pas tellement à en savoir plus. Mais là j'ai découvert mon pays, des endroits dont je n'avais jamais entendu parler, des villages, des façons de faire et de réfléchir.

Tu dois savoir qu'avant la révolution, on détestait les gens de Deraa, cette ville du Sud, de la province du Hauran. On les trouvait *low class* et vulgaires. On se moquait de leur accent. C'était une insulte de traiter quelqu'un de *Haurani* et si l'un de nos amis avait le malheur de se marier avec une personne de Deraa, on se moquait de lui jusqu'à la fin de ses jours ! C'est comme avec Homs, il y a des tas de blagues qui courent à Damas sur la stupidité de ses habitants. Je t'en raconte une. On demande à un Homsi pourquoi sa ville s'appelle Homs et il répond : Parce que ses habitants sont des Homsi. Alors on lui demande : Et pourquoi Damas s'appelle-t-elle Damas ? Alors il dit : Eh bien… parce qu'il n'y a pas de Homsi là-bas ! Mais quand la révolution a commencé… On est tombés amoureux des gens de Homs et de Deraa. On a découvert leur façon de faire. Chaque région a une façon particulière, un accent particulier, une manière de danser et de chanter. C'est à Deraa qu'ils ont inventé ce slogan sur les autres villes *Avec toi jusqu'à la mort*, qu'on chantait en ajoutant le nom de la ville qui subissait à ce moment-là les foudres du régime. Et puis ensuite chaque coin de Syrie a montré sa façon de faire et c'était comme si nous nous rendions dans chacun de ces lieux, tellement reculés parfois.

On a découvert combien les gens étaient malins et créatifs. Certains ont lâché du haut du mont Qassioun des milliers de balles de ping-pong sur lesquelles ils avaient écrit le mot *Liberté*. Elles ont roulé jusqu'au palais présidentiel – il faut imaginer les types de la sécurité courir derrière ces petites balles pour les ramasser !

Tu connais les gens de Kafranbel ? Personne ne savait qui ils étaient. C'est une petite ville du Nord, près d'Idlib, quelques milliers d'habitants qui cultivent des oliviers. Eh bien depuis cinq ans, chaque semaine, ils publient sur Facebook une photo, une vidéo, un dessin, un message, en arabe et en anglais. Des trucs vraiment drôles parfois. Non mais tu veux bien m'expliquer d'où sortent ces gens ?

Quand j'entends les chansons du début de la révolution, je suis à nouveau transportée vers ces semaines folles, les plus belles de ma vie. Il m'arrive encore de pleurer en revoyant ces vidéos. *Allez dégage, Bachar ! Yalla irhal ia Bachar !* Les paroles des couplets étaient tellement drôles, tellement malignes, tous les types du régime en prenaient pour leur grade... D'ailleurs, celui qui a écrit cette chanson a été retrouvé dans l'Oronte, la gorge tranchée et les cordes vocales arrachées.

DEUXIÈME PARTIE

Razan n'avait plus l'air triste.

Razan souffrait beaucoup.

Elle va manifester et il en reste ces images fugitives dans quelques vidéos, sur lesquelles on la voit taper des mains et chanter parmi les autres, sa joie bien visible, rayonnante.

Ses textes changent presque tout de suite pour laisser toute la place aux témoignages, s'incliner devant la parole révolutionnaire. *J'aime beaucoup interroger les jeunes qui ont participé aux premières manifestations sur la façon dont ils ont surmonté leur peur pour affronter cette répression monstre ; au début, cela relevait du pur miracle.* Fascinée par ce moment où l'on dépasse la peur pour se mettre à chanter, ce moment où l'on ose, où l'on franchit les portes de la mosquée (tous les cortèges s'élancent le vendredi depuis les mosquées, seuls lieux de rassemblement tolérés par le régime depuis la mise en place de l'état d'urgence en 1963), où l'on retrouve la ville dans laquelle rien n'a encore changé, la ville baignée de son atmosphère sonore habituelle, minée par la présence de ceux qui veulent votre peau et où pourtant : on se retrouve dans la rue et on se met à crier, à pleins poumons, des choses complètement folles. (J'ai un goût particulier pour les slogans qui tentent d'atteindre les forces de l'ordre, de les convaincre de refuser les ordres. *Il est traître, celui qui tue son peuple ! L'armée, le peuple, main dans la main !* J'aime entendre cette croyance en la fonction performative du langage.)

Les slogans avant d'être hurlés, de briser le fond sonore des jours, ont été écrits sur les murs et c'est comme ça que tout s'est emballé, à Deraa, quand les enfants ont écrit les messages entendus sur les chaînes satellitaires.

Razan s'absente de ses textes, s'efface, cède la parole d'un bout à l'autre de ses articles : *Dès que la manifestation prend, tu fais partie des* infiltrés*, les voix rugissent autour de toi, tu visualises ton corps porté par les slogans, tu visualises le mur de la peur et les stigmates de l'humiliation se brisent. Tu es là, et rien ne peut t'en faire sortir ; ni les forces de sécurité, ni les* shabbiha*, ni les balles des snipers, ni les chars. Tu as l'impression que tu vas continuer à te tenir là, grand, continuer à marteler tes slogans de façon hystérique parce que, pour la première fois de ta vie, tu peux entendre ta voix.*

On raconte que des gens se mettent à pleurer à l'écoute de leur propre voix, quand ils prononcent dans les cortèges le mot *liberté (huria)*, que certains font une expérience proche du dédoublement en s'entendant ainsi crier. On raconte aussi que ces manifestations provoquent un sérieux phénomène d'addiction.

Le sentiment de renaissance est présent dans tous les récits de ces journées. Pour le comprendre il faut convoquer à nouveau l'atonie dans laquelle était prise la société syrienne, la léthargie générale. Des millions de gens soudain arrachés au sommeil descendent dans les rues, pleins de la joie d'en être sortis, de la colère d'y avoir été plongés, de l'énergie du jour nouveau. *La Syrie est sur le chemin d'un réveil complet.*

Avec la première grande manifestation du 18 mars, la répression commence à Deraa, sérieuse et sanglante. Razan ne s'y trompe pas, comprend qu'il n'y aura pas de retour possible et que la révolution a commencé, qu'elle et ses amis ne peuvent rester sur le côté ni tenter de maîtriser tout à fait le cours des choses, qu'ils doivent appeler à descendre dans la rue même si, dorénavant, on y meurt. Elle se dispute de façon assez virulente avec un ou deux amis qui refusent de voir le caractère irrépressible du soulèvement, que celui-ci effraie. Mais c'est Razan, elle les convainc et elle fait plus même, les rassure et les encourage à se remettre à la tâche, leur insuffle le courage qui leur manque – on l'entend encore poindre aujourd'hui dans leur voix, quand ils se souviennent.

Le 18 mars à Deraa, *vendredi de la fierté*, les forces de Bachar al-Assad tirent sur la foule ; il y a quatre morts et de nombreuses arrestations. Les cortèges funéraires sont l'occasion de nouvelles protestations, réprimées, et partout la même spirale se déploie.

Yassin a compté, ce 18 mars 2011, il reste exactement mille jours avant l'enlèvement.

Le 21, Razan écrit le mot *révolution* pour la première fois. *Les cadavres et le sang comme preuves des mots de liberté enfin hurlés. La révolution vaincra, comme un feu dans une forêt trop sèche.*

Elle a lieu depuis que se mêlent la révolte et sa répression, le désir de liberté et la violence qui l'accueille, les pulsions de libération et la mort, depuis que répression et violence ont été dépouillées de leur pouvoir dissuasif pour attiser autre chose, une force qui irrigue chacun et que chacun nourrit, depuis que tous sentent couler cette force et éprouvent leur appartenance au *peuple*, quand la violence de la répression se met à nourrir le soulèvement, à le faire gonfler, on ne peut plus douter du caractère inexorable de la révolution ; on renoue avec l'imaginaire des grandes révolutions, les images du torrent impétueux que rien ne peut arrêter.

La révolution a lieu depuis que les lignes de fractures se brouillent et s'ouvrent, que les vieux deviennent jeunes, que la légèreté contamine la pesanteur et l'euphorie la douleur, que les faibles se sentent puissants. C'est le grand renversement, la résistance à l'ordre des choses.

Il faudrait raconter la répression et la violence pour bien comprendre la force qui anime les insurgés, parce qu'elles vont ensemble, mais je voudrais retarder encore un peu cette évocation.

On écrit *Voiture de Bachar* sur une benne à ordures, les insurgés scandent *Les microbes syriens veulent un nouveau docteur*, reprenant le mot employé à leur sujet par le président (ancien ophtalmologue) lors de son premier grand discours sur le soulèvement, ou encore *Les microbes syriens saluent les rats libyens* (chaque dictateur a les références qu'il peut), on se donne rendez-vous pour briser les statues sur les ronds-points et on rit de plaisir quand on découvre que le pouvoir a pris la peine de remplacer les monuments détruits la veille.

La résistance est inventive par nature, laisse une large place à la facétie et l'affrontement prend parfois des airs de partie de cache-cache. Révolutionnaires et fidèles du régime transforment les inscriptions laissées par les uns et les autres. (Maarouf raconte que les officiers, après avoir découvert que leurs hommes et les *shabbiha* faisaient du recel avec les pots de peinture qu'on leur avait donnés pour recouvrir les slogans des insurgés et leur substituer des messages loyalistes, leur ont distribué du goudron chaud, moins cher et impossible à revendre. *Aujourd'hui, dès que les tagueurs écrivent un mot, les autres le recouvrent d'une grande tache noire répugnante.*)

Je m'en remets à Genet, pour dire la beauté de cette façon de résister : *Il faudrait peut-être reconnaître que les révolutions ou les libérations se donnent – obscurément – pour fin de trouver ou de retrouver la beauté, c'est-à-dire l'impalpable, innommable autrement que par ce vocable. Ou plutôt non, par la beauté entendons une insolence rieuse que narguent la misère passée, les systèmes et les hommes responsables de la misère et de la honte, mais insolence rieuse qui s'aperçoit que l'éclatement hors de la honte était facile.*

Dès les premières semaines, Razan fait le choix de la clandestinité. Certains racontent qu'elle y a été acculée par une interview donnée à une chaîne internationale parce que le journaliste, ne comprenant rien aux dangers auxquels il l'exposait en lui demandant de répéter ce que revendiquaient les manifestants, l'aurait poussée à prononcer des mots intolérables pour le régime.

Mais de toute façon la traque a commencé parce qu'elle se retrouve tout de suite au cœur de la machine révolutionnaire. Elle a œuvré à la création des comités de coordination locaux, mis enfin à profit le réseau qu'elle s'est bâti. Le premier comité est monté à Darayya et puis ils essaiment partout. Ils ont pour tâche première d'organiser les manifestations mais ils servent aussi de lieux de discussion pour échanger sur le devenir du mouvement, prendre des décisions, se positionner car la révolution doit ouvrir sur quelque chose de nouveau qui reste à inventer. On y gère les relations avec les médias et rapidement une division prend en charge l'organisation de l'aide humanitaire aux premières familles de déplacés, aux premières familles touchées par la mort d'un proche, prend en charge la mise en place de structures de santé parallèles car le régime commence à cibler les hôpitaux et le personnel médical de façon systématique. En quelques semaines, il a fallu créer un espace de confiance alors que personne n'avait confiance en personne depuis longtemps, recréer partout du lien entre les uns et les autres et c'est en grande partie à Razan que l'on doit ce tour de force. Le fonctionnement se met en place, les salles de tchat sont ouvertes comme autant de salles de réunion dans lesquelles le mouvement s'improvise et grandit.

J'ai la conviction qu'elle est aussi traquée pour son rôle d'inspiratrice, parce qu'elle parle, écrit, élabore un premier récit de ce qui se passe et que ce récit est puissant, qu'à son tour il pénètre le mouvement et le nourrit. (*Les gens du régime disaient que les islamistes détournaient la révolution mais les premiers à l'avoir fait, c'était nous. Au début, les gens demandaient la dignité et le changement et puis ils ont demandé la liberté. Les démocrates ont été les premiers* hijackers *de la révolution.)*

Pour protéger Razan, un système se met en place avec une troublante facilité, comme si tout avait été pensé jusque-là pour permettre à ce dispositif de voir le jour. Des appartements lui sont prêtés, on fait le vide autour d'elle, seule une poignée de fidèles sait où elle se trouve et plusieurs lignes de défense sont formées par ceux qui savent, puis par ceux qui savent qui sait et par lesquels il faut passer pour se rendre jusqu'à elle. Wael et Nazem semblent avoir été les seuls à avoir su à tout moment où elle se trouvait et avoir eu une vision d'ensemble du dispositif. La clandestinité renforce son aura et partout on parle d'elle, on se demande où elle se trouve, si elle fera ou non une apparition à une prochaine manifestation, à une prochaine rencontre. Elle sort encore parfois, autant qu'elle peut même, refuse l'enfermement. *Je ne peux pas rester collée devant ma télévision, à regarder. C'est dans la rue qu'il faut être.*

Et puis on lui rend visite. Surtout ses amis et ses camarades, sa famille vient très peu. Il faut changer de voitures plusieurs fois pour parvenir jusqu'à elle (le dernier conducteur est souvent Nazem) et une amie raconte qu'elle ne parlait à personne de ces visites, pas même à son mari, pour ne pas prendre le risque de l'exposer. Razan met à l'épreuve la solidité du réseau qu'elle a établi au fil des années et il semble sans faille. Autour d'elle chacun joue son rôle, l'un cède son appartement pour quelques jours, un autre fait ses courses (la nourriture devient une obsession pour ses proches qui mentionnent tous leur impression qu'elle a cessé de se nourrir de façon convenable), quand un dernier tient bon sous la torture.

Elle change de planque dès qu'une arrestation menace de venir à bout des lignes de défense, parfois plusieurs fois par mois, se retrouve de passage dans chaque lieu qu'elle doit à peine pénétrer, se contenter d'habiter en surface. Je crois savoir que la plupart du temps elle est dans le centre, là où il y a le plus de monde, le plus d'agitation. Toujours au cœur de sa ville.

Au mois d'avril, les *mukhabarat* font une descente dans l'appartement dont elle était devenue propriétaire avec Wael. Ils sont déjà partis se mettre à l'abri mais le petit frère de Wael y dormait. Quand il entend les hommes frapper à la porte il les fait attendre *(C'est toujours comme ça qu'on s'y prend)*, appelle Razan et la prévient qu'il va probablement se faire arrêter. Il est emmené à Mezzeh, chez les *mukhabarat* de l'armée de l'air, connus pour leurs manières particulièrement violentes. Ils le gardent quarante jours et l'interrogent presque uniquement sur Razan *(Après quelques heures de torture on parle tous, même pour raconter n'importe quoi)*. Il peut leur révéler l'adresse de son appartement, elle n'y est plus.

On vient la trouver, comme l'ambassadeur de France qui prend quatre ou cinq voitures – quand il se remémore ces moments, on voit bien qu'il conçoit de la nostalgie pour l'excitation de ces journées-là, comme tout le monde. Il tombe sous le charme, y retourne. Elle lui demande de faire entrer dans le pays du matériel médical pour les centres de santé clandestins. Il est un peu circonspect, demande comment il peut faire et Razan, d'une voix douce mais intraitable : *Il faut trouver. (Avec ce ton… face auquel on ne voit pas bien comment se dérober* – en même temps qu'il cherche ses mots il ferme son poing et fait un geste dur, résolu –, *une capacité à vous clouer…)* Il se démène, ment aux autorités, sème ceux qui le surveillent et parvient à lui faire parvenir une tonne de matériel. Quand il revient la voir, fier et prêt à recevoir des remerciements, elle lâche avec ce ton qu'on imagine presque hypnotique : *C'est bien, mais il faut faire plus.*

C'est encore le début, la révolution est *fraîche*, Razan et ses amis passent des heures à parler, à compter les manifestants, toujours plus nombreux d'un vendredi à l'autre. La joie l'emporte encore sur l'effroi qui avance, l'effroi rampant dans lequel point l'idée que tout pourrait sombrer dans la violence, être avalé dans la spirale destructrice que le régime cherche à mettre en place, mais on secoue un peu la tête et on feint de l'ignorer. L'espoir, assailli de toutes parts par une répression protéiforme et cruelle, résiste parce qu'il s'enracine dans une joie teintée d'un sentiment d'incrédulité très puissant, qui la rend vivace parce qu'elle est redécouverte à chaque instant. Semble donc inoxydable.

Chacun parle du moment où la liberté adviendra avec une certitude que personne ne peut ressentir, à moins d'être un révolutionnaire syrien.

Un ami qui connaît sa planque débarque chez elle et la force à sortir pour l'emmener manger un plat de *fettucine* aux champignons, ses *pasta* préférées.

Elle résiste un peu puis se laisse convaincre en râlant pour la forme, incapable de ne pas sourire à l'idée de s'attabler dans ce restaurant qu'elle aime bien – mais juste un peu, une heure pas plus.

Elle consacre une grande partie de ses journées au travail de documentation et reçoit chaque jour des vidéos, des récits, qu'elle met un point d'honneur à toutes regarder, à tous lire. Ils convergent vers elle pour alimenter le Centre de documentation des violations qu'elle vient de fonder.

Le 23 mars, la mosquée Omari est prise d'assaut à Deraa. Des dizaines de personnes sont tuées dans la mosquée et dans les rues alentour tandis qu'elles tentent de prendre la fuite. Razan parle au téléphone à un jeune homme qui se trouve sur place et se souvient déjà avec nostalgie du 18 mars, quand il a été hissé sur des épaules et s'est mis à lancer des chants, repris par les manifestants. *C'était le plus beau moment de ma vie, je le raconterai aux gens, à mes enfants et à mes petits-enfants. Et le même jour, tu m'as appelé pour la première fois.* Razan pleure en silence en écoutant son récit, *ponctué par les coups de feu et les hurlements venant de la mosquée.*

La répression à Deraa trouve son incarnation en avril, quand Hamza al-Khatib est arrêté pendant une manifestation. Hamza a treize ans et il est accusé par les forces de l'ordre d'être un terroriste (on lui aurait aussi reproché d'avoir essayé de violer les femmes de plusieurs soldats). Deux photos de Hamza ont été vues partout en Syrie. La première est une photo scolaire prise sur l'un de ces fonds typiques, coloré et presque psychédélique. Hamza a treize ans mais il fait partie de ces garçons qui continuent de pencher du côté de l'enfance et j'imagine que ça devait sans doute l'ennuyer, qu'il devait en avoir marre de ne pas changer. Il porte un pull au col polo, est enrobé, a la peau glabre et mate, un regard et un sourire un peu pincé qui trahissent un léger malaise et suffisent à vous donner envie de lui dire que tout ira bien. Sur la seconde on découvre le corps de Hamza tel qu'il a été rendu à ses parents. Ce que l'on voit et ce que l'on sait se mêle : visage noir d'ecchymoses, brûlures aux pieds, coudes, genoux et visage – probablement causées par coups de fouet et décharges électriques –, poitrine percée de deux impacts de balles, cou brisé, ongles bleus, sexe tranché. De cette image, Riyad al-Turk avoue qu'elle l'a fait pleurer et il ajoute : *C'est la pire chose que j'aie jamais vue.*

Très vite Deraa est assiégée, bombardée ; le régime met à l'épreuve une stratégie qu'il suivra sans ciller avec toutes les villes soulevées. L'opposition ne s'est pas encore armée et l'écrasement du soulèvement ne prend *que* deux mois. À l'été 2011, les insurgés commencent à faire le choix de la militarisation.

Après des années d'une guerre qui aurait dû tout ensevelir sous sa noirceur, des années passées sans plus pouvoir prendre la rue, ceux qui se souviennent aujourd'hui du temps des manifestations (j'en ai vu plus d'un faire cette expérience de remémoration sous mes yeux, j'ai vu leur visage se transformer sous son effet) sont capables de convoquer et de revivre leur jubilation tant elle a été puissante, de revivre l'incrédulité, l'impression qu'ils ont eue de pouvoir se réapproprier leur vie et le pays (avant de trouver les mots, une femme commence par faire le geste de saisir et de ramener vers elle avec ses deux mains), la liesse – toujours les danses et les chants, au premier plan. Et puis, plus ou moins rapidement, la peine vient contaminer le souvenir. Et la façon dont la mémoire de ces temps-là se déplie semble suivre chez chacun un parcours fixe (une femme se met à pleurer quelques secondes après avoir évoqué dans un sourire béat la chanson *Ia eif!* – "Quelle honte!". Elle a parcouru le chemin en silence puis : *J'aime repenser à cette chanson qui était l'une de mes préférées mais chaque fois je finis par retomber sur ces paroles de la fin : "Les jeunes hommes ont manifesté, ils ont vu les armes et se sont dit : « Ils ne vont pas tirer, ce sont nos frères! »"*).

Razan raconte dans un article l'histoire de Manhal, qui se cache dans les champs près de Saraqeb pour ne pas être de nouveau arrêté. Il a été libéré un jeudi, ce qu'il voit comme un bon signe car il a pu aller manifester dès le lendemain. Il tente de reprendre des forces en puisant dans les premières images, qui conservent encore de leur pouvoir – *on m'a hissé sur les épaules des gens et promené ainsi dans Saraqeb. J'ai commencé à chanter "Pacifique, pacifique!". Devant moi les forces de sécurité, derrière moi le parti Baath et je suis parmi les miens. Mes amis m'embrassent et des vieux se mettent à pleurer. À tout moment je m'attends à ce qu'une balle heurte ma tête. J'étais habité par un sentiment de renaissance et par la certitude que la mort pouvait arriver à chaque instant.* La transe, sur le fil.

Il y a un texte de Jonathan Littell que j'aime beaucoup, dans ses *Carnets de Homs*. Après avoir dit la violence, les cadavres des enfants sur le carrelage froid des morgues et les hôpitaux bombardés, il raconte les manifestations auxquelles il a assisté à Homs, cette ville dont des quartiers entiers ont été réduits à néant et qui est venue – après Deraa et avant Alep – incarner le caractère impitoyable du régime. *On rejoint les autres cortèges de Baba Amr au milieu d'une grande rue pour une manifestation monstre : des milliers d'hommes chantent les slogans, dansent en lignes, et poussent le* takbir *; puis vient la musique, les tambours aussi, avec des danses en cercles autour, les jeunes continuent aussi de danser le* zikr *en ligne, en criant des slogans. Au centre de la manifestation, un grand ovale humain se forme autour de deux activistes perchés sur une échelle avec des micros, qui lancent les slogans. Autour d'eux, il y a des tambours et les premiers danseurs, des panneaux en anglais adressés à la Ligue arabe ; sur tout un côté sont groupées les femmes, une mer de foulards blancs, rose pâle ou noirs. Beaucoup d'entre elles portent des bébés et des ballons en forme de cœur. Elles applaudissent avec enthousiasme, crient, poussent des youyous et scandent aussi des slogans. Des hommes agitent des chaussures. Les toits et les balcons sont bondés. Sur l'un d'eux, des activistes filment. Tout ça dans une ambiance de liesse folle, électrique, les gens sont survoltés, un niveau d'énergie joyeuse et désespérée comme je n'en ai jamais vu [...]. Ce qui est extraordinaire avec ces manifestations, c'est la puissance qu'elles dégagent. C'est une liesse collective, populaire, une liesse de résistance. Et elles ne font pas que servir d'exutoire, de moment de défoulement collectif pour toute une tension accumulée jour après jour durant onze mois ; elles redonnent aussi de l'énergie aux participants, elles les emplissent quotidiennement de vigueur et de courage pour continuer à supporter les meurtres, les blessures et les deuils. Le* *groupe génère l'énergie, puis chaque individu la réabsorbe. C'est à ça aussi que servent les chants, la musique et les danses, ce ne sont pas que défi et mots d'ordre, ce sont aussi – précisément comme le* zikr *soufi dont elles prennent les formes – des générateurs et des capteurs de force. C'est comme ça que les gens tiennent et continuent à tenir, grâce à la joie, au chant et à la danse.*

Tandis qu'elle se cache, durant cette première année révolutionnaire, Razan a réussi à manifester quelques fois. Je retiens le récit qu'elle fait d'un rassemblement dans la banlieue de Damas, à Zamalka, qui vient d'être *libérée*. Elle décrit le checkpoint pour y parvenir, comme une ligne de démarcation temporelle entre la Syrie d'avant et la Syrie d'après la révolution. Il faut marcher dans la ville désertée pour y arriver et Razan compare l'excitation de l'approche à celle qu'elle ressentait petite, dans le bus de l'école qui l'emmenait de Damas vers la côte. *Nos yeux fixes collés à la vitre pour ne pas manquer la ligne bleue que dessinerait la mer, en surgissant au loin.* Elle raconte comment jeunes et vieux sont pris dans un continuum qui vient à bout des résistances quand la jeune génération entonne *Maudite soit ton âme, Hafez!* et la façon dont un feu d'artifice fait partir un peu son esprit, quelques minutes, lui faisant imaginer *ce jour que l'on anticipe*. Mais l'ombre plane déjà, immense. Comme dans toutes les manifestations, la foule commence à scander le nom des villes et villages qui ont payé cher leur soulèvement, en signe de solidarité et de salut. *Quand on est arrivés à Darayya, j'ai tant crié que j'en ai perdu la voix.* (Cette image vient se ranger à côté de celle de Razan un peu en retrait et souriante, qui est la seule à nous être parvenue.) *Quand on est arrivés à Darayya, j'ai tant crié que j'en ai perdu la voix. Yahya me manque tant.*

Depuis le début de la révolution, Yahya Shurbaji se bat pour que le soulèvement reste pacifique à Darayya. Il est constant, fidèle aux pratiques de non-violence et à sa foi en leur efficacité. Il reste persuadé (malgré la militarisation en marche) qu'il vaut mieux rester sur le terrain de la non-violence parce qu'il s'agit là d'un champ d'affrontement inconfortable pour le régime, inconnu. (Des soldats qui courent derrière des balles de ping-pong sur les pentes du mont Qassioun.) Le territoire de la non-violence va jusqu'aux offrandes faites aux soldats, les yeux dans les yeux, leur tendre des fleurs et des bouteilles d'eau à l'été 2011 quand les manifestations se déroulent sous une chaleur écrasante. Il apprend aux jeunes manifestants à ne pas répondre aux insultes des soldats et des miliciens du régime et Razan découvre qu'il obtient des résultats, semble étonnée de constater que les jeunes de Darayya n'ont presque plus recours aux insultes sexuelles, même quand les *shabbiha* leur demandent : *Habitants de Darayya, où sont vos femmes ?* La façon dont Razan regarde Yahya m'intéresse. Elle écrit qu'elle le voit comme un rêveur mais ne peut s'empêcher d'admirer sa confiance en la nature humaine qui ne semble pas du tout l'habiter, elle.

(Dans le film consacré à Seurat par son ami Omar Amiralay, il y a ce témoignage : *Michel était un innocent mais au sens où l'entendait Malraux qui le distinguait du naïf. L'innocent sait que le mal est dedans ce monde mais il conçoit toute sa vie de façon à en venir à bout. Le naïf ne soupçonne même pas le mal et il est tout étonné quand il le rencontre. [...] Mais l'innocence de Michel était aussi une innocence doublée d'une traînée d'angoisse parce qu'il n'était pas certain qu'on pouvait venir à bout de ce mal.*)

Razan regarde Yahya. Sa foi et son intégrité l'émeuvent chaque fois. Elle est fascinée de les déceler, de les voir subsister malgré la cruauté, de voir naître encore d'autres émotions que la colère et la tristesse. Au début d'un article sur Yahya, Razan met son lecteur en garde, admet que cette histoire de révolutionnaires qui offrent des roses aux soldats peut sembler d'un idéalisme forcené et candide. Mais le geste est partout repris et imité, partout commenté, sans ironie ni commisération.

Le régime ne supporte pas ce geste, ne supporte pas ces jeunes hommes qui avancent vers les forces de l'ordre, désarmés, torse exposé, tentant de capter le regard des soldats d'Al-Assad qu'ils considèrent comme des victimes – ils expriment leur empathie à l'égard de ces jeunes des classes populaires qui n'ont pas vingt ans, font leur service, gagnent une misère, vivent sous le regard inquisiteur des officiers et loin de leurs familles depuis des mois parce qu'il vaut mieux déraciner les soldats quand on veut qu'ils puissent tirer sur la foule, qu'ils n'aient pas besoin de s'en prendre au fils du voisin. Il doit bien y avoir un moyen de s'adresser à eux. Et d'ailleurs ils sont déjà nombreux à faire défection, à passer du côté de l'opposition, choqués par la cruauté de la répression et le décalage des moyens utilisés. Pour le régime il n'y a pas de plus grand danger que les insurgés qui ressemblent à Yahya et ils seront systématiquement ciblés : Yahya et les autres, encore quelques mois et ils auront tous été éradiqués, la révolution se sera armée, violence contre violence ; le régime à nouveau sur son terrain, en position de force.

Le 6 septembre 2011, Yahya Shurbaji et Ghayath Matar, l'un de ses amis de Darayya, disparaissent au cours d'une manifestation. Quelques jours plus tard, le corps de Ghayath est rendu à sa famille, affreusement mutilé. Aucune nouvelle ne filtre sur Yahya mais Razan ne doit pouvoir s'empêcher de penser qu'il a connu le même sort que son camarade. Son air de premier de la classe et sa courtoisie n'ont dû lui être d'aucun secours. Ils ont même pu aggraver les choses, provoquer un acharnement singulier. Quand elle apprend la nouvelle, Razan tombe malade, traverse l'une de ces crises profondes qui la rendent presque amorphe, méconnaissable. Et puis elle reprend des forces et quand elle va manifester à Zamalka elle se met à hurler le nom de Darayya avec la foule, comme une furie.

Elle était l'une des seules mais jamais Razan n'a cru que le régime tomberait aussi vite que ceux d'Égypte et de Tunisie, notamment parce que les défections sont vouées à rester individuelles puisqu'aucun corps constitué ne peut faire relais, tant le dispositif mis en place par le régime est efficace, le quadrillage serré. Elle a toujours pressenti la souffrance qui les attendait – après la disparition de Yahya et la mort de Ghayath, l'intuition se mue en certitude et il lui faut intégrer ce savoir à la lutte, inventer un dispositif qu'il lui faudra souvent réactiver. Elle perd beaucoup de ceux qu'elle aime, devient le témoin d'horreurs incessantes mais toujours elle a recours au dispositif qui lui permet de se remettre à la tâche, de remonter. À aucun moment elle n'est pétrifiée par l'horreur, non, elle accuse – on la voit accuser – puis elle remonte. Mais chaque fois plus usée, plus creusée. Je ne sais pas si elle aurait pu continuer beaucoup plus longtemps. *(Depuis le début de la révolution on pouvait appeler ma sœur à n'importe quelle heure, elle était debout. Quand je lui parlais, j'essayais de ne pas trop lui poser de questions sur ce qu'elle faisait. On parlait de musique, de séries. Je remarquais bien à quel point sa voix… je connais sa voix – oh! comme je la connais… –, j'entendais bien la tristesse, surtout après la disparition de Yahya.)* Elle s'abîme. Animée par l'intense avidité qu'elle éprouve pour l'avenir, elle continue à revenir de sa tristesse, à garder foi en la révolution, à se remettre à la tâche tandis que les désillusions sont toujours plus brutales et la répression toujours plus inhumaine. Il n'y a qu'à regarder son corps évoluer pour douter de la pérennité de ce dispositif qui fait la beauté de Razan, parce que sa force est fondue dans sa capacité à ressentir, dans son empathie et sa présence.

En octobre 2011, Razan reçoit le prix Anna-Politkovskaïa, décerné chaque année depuis 2007 à : *Une femme qui défend les droits de l'homme dans une zone de conflit et qui, comme Anna, prend le parti des victimes dans ce conflit, s'exposant ainsi personnellement à de grands risques.* (Le même mois elle reçoit aussi le prix Sakharov.)

Dans une vidéo, Razan remercie ceux qui lui ont remis cette récompense. Elle n'a jamais recherché cette reconnaissance qui l'embarrasse, parce qu'il vaut mieux ne pas être sollicitée trop souvent et ne pas se disperser. (L'ambassadeur français raconte comment il a convaincu son ministre de diffuser un message vidéo de la dissidente à l'ouverture de la conférence ministérielle des Amis du peuple syrien, qui se tient à Paris en 2012. Quand il écrit à Razan pour lui faire part de son idée, elle lui répond qu'elle doit lui parler et lors d'une conversation Skype houleuse, elle lui explique qu'elle refuse, que la révolution ne peut s'incarner en une personne, que c'est l'aventure d'un peuple. Il devient fou parce qu'il a déjà vendu l'idée et que tout le monde sera là, *même Hillary Clinton.* Il n'a pas douté un instant qu'elle donnerait son accord car il fait partie d'un monde où on ne refuse pas ce genre d'honneurs, où l'on ne peut même qu'en avoir envie. Il déploie ses arguments, finit par l'accuser de trahir la cause et après un moment elle doit en avoir marre et capitule, lui dit qu'elle va envoyer quelque chose. Quelques jours plus tard il reçoit une vidéo dans laquelle Razan baisse la tête et marmonne. On ne voit pas son visage, on l'entend à peine, les images sont inutilisables. J'adore l'imaginer en train de lui faire ce mauvais coup, je suis certaine qu'elle a dû rire. Il lui répond qu'il n'est pas dupe, lui envoie une nouvelle salve d'arguments culpabilisateurs et, à son grand soulagement, Razan accepte enfin. Elle ne manque pas néanmoins de le faire attendre jusqu'à la dernière minute pour lui envoyer son message : limpide, précis, puissant.)

Dans la vidéo qu'elle enregistre après avoir reçu le prix Politkovskaïa, elle est assise à son bureau, porte un tee-shirt à manches courtes noir, un casque sur les oreilles, ses cheveux sont tirés, elle est cernée, pas maquillée. Il y a une évolution nette entre les vidéos de ce temps-là et celles d'avant ; le manque de sommeil bien sûr mais sans doute autre chose, le temps qui vient à manquer tout à fait et l'obsession de ne plus en perdre du tout. Mais plus encore, tandis que les regards se braquent sur elle, Razan semble se défaire de toute envie d'apparat et on ne peut s'empêcher d'y voir une sorte d'élévation, d'auguste détachement. Elle s'adresse à la caméra de son ordinateur, dans cet anglais dont je trouve qu'il ne lui rend pas justice, un peu approximatif, plombé par un accent assez lourd et un débit ralenti, cet anglais que l'un de ses amis trouve sensuel et qui tranche avec l'impression de maîtrise et de fluidité qu'elle donne en arabe.

Elle remercie au nom du peuple entier, un sourire énigmatique aux lèvres, ce sourire qui toujours flotte sur les lèvres des Syriens tandis qu'ils vous racontent les pires histoires.

Et puis elle évoque Ghayath Matar et Yahya Shurbaji. Toujours en souriant, elle explique qu'ils ont disparu le 6 septembre et à ce moment de son récit Razan flanche, baisse la tête, essuie ses larmes d'un geste brusque du poing, sans ménagement – même là : pas de concession –, elle redresse la tête, le sourire est revenu mais une larme toujours visible sur sa joue (elle doit faire partie de ces rares personnes qui ne se regardent pas tandis qu'ils s'adressent à la caméra de leur ordinateur), elle explique que Ghayath est mort sous la torture et que Yahya a disparu. Et Razan prononce ces mots : *Until this moment, we don't know anything about him.*

Dès qu'elle regarde cette vidéo, l'aînée repense à toutes ces fois où elle a vu sa sœur pleurer devant les nouvelles.

Dans ce film, Razan évoque aussi Hamza al-Khatib et les ombres s'étendent.

Le prix est décerné le jour de l'assassinat d'Anna Politkovskaïa. Razan est la cinquième à recevoir le prix, la deuxième à disparaître. Celle qui reçoit le prix en 2015 est une autre Syrienne et elle dit en l'acceptant : *Il est douloureux de marcher dans les pas de Razan Zaitouneh, de me tenir à sa place en recevant ce prix sans qu'elle puisse se trouver à mes côtés.* Filiation troublante, généalogie dont les noms des disparus connus de Syrie, ceux-là et ceux d'avant, forment les repères (quand on devine partout, entre ces marques, les disparus que personne ne sait nommer). Ici il me faut mentionner Michel Seurat une fois encore parce qu'il reste le premier de cette famille telle qu'elle s'est constituée en moi, avec les journaux télévisés de mon enfance, le premier à s'être perdu dans ces lieux souterrains dont on ne revient pas. Et il en est remonté en fait, pour une unique soirée que ses geôliers lui ont accordée on ne sait trop pour quelles raisons, avant de le faire redescendre. Une soirée irréelle que raconte ainsi sa femme, Marie Seurat – témoignage rare autant qu'étrange, comme échappé d'un récit mythologique –, dans le film d'Amiralay : *Ce qui s'est passé cette nuit-là était inimaginable. Tu te rappelles notre maison à Beyrouth ? Tout était vert. Le canapé était vert, la moquette verte, le tissu sur les murs, vert. Et lorsqu'il est arrivé, il était vert. Sa peau était verte, sa bouche était verte, et c'était comme dans un mauvais rêve [...] Il m'a prise dans ses bras comme il ne l'avait jamais fait auparavant. C'était une étreinte brutale, insupportable. Il s'agrippait à moi comme s'il s'agrippait à la vie tout entière.*

À l'automne 2011, Razan ne fait pas encore partie de cette famille, elle s'active à la lisière – accumule la matière, surveille, discute, décide, se faufile, habile, échappe à ceux qui la surveillent, se terre, resurgit, fait des apparitions sur les grandes chaînes internationales ou à l'arrière-plan d'une vidéo de manifestations, se terre à nouveau, doit les rendre fous – et j'imagine qu'elle se force à ignorer qu'elle aussi peut tomber. Elle continue de jeter sa lucidité sur les événements, comprend que la militarisation de l'opposition est inévitable et que le rôle des islamistes sera crucial. Sa connaissance de la société syrienne, la façon dont elle en a bâti son savoir, sa curiosité, son indépendance par rapport aux écoles de pensée l'ont sans doute aidée à percevoir ce que les autres n'ont pas vu, n'ont pas voulu voir.

Dans son texte de remerciement pour le prix Politkovskaïa, Razan dit : *J'aimerais réciter les noms des martyrs, un par un*. Le travail de documentation a changé de rythme et à présent c'est chaque jour qu'il faut dénombrer les détenus et les morts, les disparus et les massacres. Elle conclut ainsi son message – comme si elle avait désormais tellement l'habitude de vivre avec les morts qu'elle ne craignait plus de s'adresser à eux : *Et donc, Anna Politkovskaïa, on continue*. J'y entends un écho à son texte "Écrire sur une corde raide", qui s'achevait sur ces mots : *On continue*. Et s'il fallait tout résumer, tout compresser, sans doute faudrait-il garder ces deux mots-là.

En cette fin 2011, c'est au tour de la ville de Homs de subir l'acharnement du régime et quand les villes sont ainsi assiégées, bombardées, que des massacres y sont perpétrés, des quartiers rasés, c'est tout un bloc de la mémoire syrienne qui se trouve réactivé. À la fin des années 1970 et au début des années 1980, Hafez al-Assad fait face à une révolte fomentée par les Frères musulmans. La répression est féroce, les disparitions nombreuses, et le massacre de Hama y met fin pour de bon en 1982. Massacre au bilan incertain, tenant toujours dans une fourchette étrangement ample : entre dix mille et quarante mille morts. Le silence a engourdi les comptes, on se tait et on ne saura jamais. On se réfère à ce qui s'est passé au début des années 1980 en utilisant ces simples mots : *Les événements*.

(Il y a ce passage chez Yassin al-Haj Saleh : *L'objectif de ces monstrueuses représailles était de fabriquer une mémoire de la peur, avec tous les réflexes qu'elle conditionne. L'amnésie publique a une autre face, c'est le souvenir privé. Il faut que la mémoire du massacre reste vivace en chacun, mais qu'elle se transmette dans les murmures, qu'elle ne sorte pas des foyers. Car c'est ainsi que peut perdurer l'effet d'horreur propre à une terreur indéfinie, à un événement fantomatique aux contours imprécis, incompréhensible. Si l'espace public avait pu appréhender cet événement, il l'aurait ordonné, délimité. Il lui aurait ôté sa dimension fantomatique pour en faire un événement historique, possible à appréhender sans* sorcellerie *ni* épouvante. *Mais dans l'espace public, le massacre de Hama* n'a pas eu lieu.)

Des images restent et reviennent qui hantent depuis lors l'imaginaire syrien. Comme on a mis le feu aux canalisations dans lesquelles certains avaient trouvé refuge, comme les avocats sont retrouvés morts, la langue tranchée, comme des corps de tous âges sont disposés en tas, par dizaines, *en pyjama ou en* galabiya*, en sandales ou pieds nus*, comme *du seuil des maisons au caniveau, le sang coulait comme un ruisseau* (Seurat), comme des quartiers entiers sont anéantis, les mosquées détruites. Le massacre frappe les esprits, piège la société syrienne et la force à un sommeil plein de visions de cauchemar.

Le frère d'Hafez al-Assad, Rifaat, qui a coulé des jours heureux entre l'Espagne et la France après avoir été chassé de Syrie par son frère, conduit les opérations de Hama. Le frère de Bachar al-Assad, Maher, se charge de Deraa et de Homs ; c'est ainsi que l'on se répartit les tâches entre frères, de père en fils.

Contemporain du massacre de Hama, Seurat écrit : *L'année 1982 a laissé une marque indélébile dans la mémoire du peuple syrien, lequel ne savait pas jusqu'à cette date – naïveté ou "normalité" ? – que tout était possible. Tout, c'est-à-dire le bombardement aveugle de Hama, la quatrième ville de Syrie avec un quart de million d'habitants, durant tout le mois de février. Plusieurs mois après le drame, une chape de terreur couvre toujours l'opinion et il est impossible d'obtenir des informations précises à ce sujet.*

Tout est possible. Chaque Syrien doit avaler et digérer cette idée, la faire pénétrer au plus profond de lui-même.

En 2011, le *Tout est possible* reste valide mais le silence ne l'emporte plus. La réactivation de la mémoire de Hama va en pétrifier certains mais en pousser d'autres à documenter, compter, nommer, à se jeter sur l'histoire avec frénésie. Dans l'un des chants qui rencontre un grand succès chez les révolutionnaires, on répète, dans une volonté de réaffirmer son historicité et la conscience de celle-ci face à un pouvoir qui, depuis le massacre de 1982, voudrait entrer tout entier dans le slogan *Assad pour l'éternité*, on répète donc, dans la rue, sur les places, portés par la liesse et l'ardeur de celui qu'on a hissé sur les épaules des autres pour qu'il puisse lancer les chants : *Pardonne-nous, Hama!*

*

Je viens de Deraa. On est cinq filles et six garçons et mon père est mort quand on était très jeunes. Mes frères ont dû chercher du travail – ce n'est pas de leur faute s'ils n'ont pas trouvé autre chose! Ils sont tous devenus gendarmes. Avant que les problèmes ne commencent à Deraa, un de mes frères nous a raconté qu'il avait reçu l'ordre de confisquer les cartes d'identité des gens qui achetaient de la peinture. Il nous a prévenus : *Les gens vont commencer à écrire sur les murs.*

Une de mes sœurs vit aux Émirats mais elle est rentrée à Deraa pour accoucher. Son mari l'a appelée, paniqué, pour lui demander de revenir au plus vite. Il lui a dit : *Il y a eu la Tunisie et la Libye. Ça va commencer en Syrie et ça va être pire!* Nous, on rigolait : *Quoi? Mais jamais!* On trouvait ça vraiment bizarre.

Mon frère nous a parlé d'une petite manifestation qui avait eu lieu à Damas mais on n'y a pas fait attention.

Les événements ont commencé quand j'étais à Damas, pour rendre visite quelques jours à l'un de mes frères.

Ma famille n'habite pas dans le centre de Deraa mais dans un quartier qui s'appelle Cheikh Meskine. C'était la campagne avant mais c'est devenu la banlieue de Deraa.

D'après ce que j'ai entendu, tout a commencé avec des enfants qui ont écrit des choses contre le régime sur le mur de leur école. Le directeur de l'école a appelé le cousin du président qui était gouverneur de Deraa. C'est ma sœur qui nous a raconté tout ça. Elle nous a raconté que les enfants ont été arrêtés et que les parents ont commencé à manifester pour réclamer leur libération.

On a appelé ma sœur infirmière pour lui demander ce qui se passait parce qu'elle allait travailler tous les jours dans le centre, à l'hôpital. Elle nous a répondu : *C'est le bordel, il y a des manifestations et ils tuent des gens !*

Ma sœur a travaillé avec des médecins qui ont vu les enfants quand ils ont été relâchés. Ils avaient été torturés, elle a dit par exemple que leurs ongles avaient été arrachés.

Un vendredi, les parents et d'autres gens s'étaient rassemblés dans une mosquée. Les forces de l'ordre ont éteint les lumières avant d'entrer et de tabasser les gens. Il y a eu des morts.

L'affaire grossissait chaque vendredi un peu plus. Celui-là avait perdu un tel, un autre avait perdu un tel. Les choses ne pouvaient plus en rester là. J'ai peur de raconter (elle sourit). Le président a fait venir à Damas des gens importants de Deraa et les a reçus. Les gens sont rentrés et ils étaient très contents parce qu'ils avaient été bien reçus. Mon frère a appelé ma sœur pour lui demander si les choses s'étaient passées comme ça, si tout allait se calmer à présent. Ma sœur a éclaté de rire... *Ils se sont bien moqués de nous ! Des enfants sont morts, des parents sont morts, les choses n'en resteront pas là !*

On avait très peur parce qu'on ne savait pas du tout ce qui allait se passer ensuite.

Quelque temps plus tard, l'électricité a été coupée dans notre quartier et on n'avait plus de téléphone, seulement la ligne fixe qui fonctionnait pour appeler d'autres téléphones fixes du quartier. Ça a duré quatre jours. On avait tellement peur. Les plus âgés disaient : *Ça va être comme à Hama, ils vont venir nous assassiner.* Je ne savais pas ce qui s'était passé à Hama, c'était une vieille histoire. J'ai appris, et j'ai eu très peur.

Pendant ces quatre jours, ma sœur n'a pas pu aller travailler. Et puis elle y est retournée et elle nous a raconté ce qu'elle avait vu, qu'il y avait des morts partout dans l'hôpital, que les chambres froides étaient pleines, qu'on ne pouvait plus entreposer les corps. Ce jour-là elle était comme folle, elle criait, elle répétait qu'elle ne pouvait pas en croire ses yeux.

Un jour, on a entendu dire que des jeunes qui avaient été arrêtés pendant les manifestations avaient été libérés. On les a vus sortir de prison à la télévision, retrouver leurs familles. On était très contents à ce moment-là, on pensait que les choses allaient se calmer. On a même célébré leur libération à Cheikh Meskine.

Un peu plus tard, je suis allée dans le centre de Deraa avec ma sœur. On a discuté avec l'un de ses collègues. On lui disait : *Ah ! enfin, les choses se sont un peu calmées, quel soulagement !* Mais son collègue nous a dit que c'était n'importe quoi, qu'ils avaient fabriqué ces images, que le régime avait rassemblé des jeunes, leur avait donné des drapeaux et avait tout mis en scène. Il vivait à Deraa même, il savait.

En fait, les manifestations prenaient plus d'importance et d'autres gens nous ont parlé des massacres qui avaient eu lieu pendant les quatre jours sans électricité. Des gens qu'on connaissait l'avaient vu sur Al-Jazeera et Al-Arabiya. Une cousine m'a dit : *Si tu voyais ces images, tu n'en croirais pas tes yeux.* Des jeunes hommes étaient tués, beaucoup. Des garçons aussi.

À Cheikh Meskine, la coupure de courant n'a duré que quatre jours mais à Deraa même, ça continuait. Ils étaient encerclés. À un moment, le lait pour les bébés a commencé à manquer. Le siège a duré plusieurs mois je crois. Une amie de ma sœur donnait de la *moujaddara* à son bébé de quelques semaines parce qu'il n'y avait plus de lait. Des lentilles et du riz ! J'ai entendu raconter que les snipers visaient les barils d'eau.

Et puis les choses ont empiré. Les manifestations se sont répandues dans le reste du pays, pour soutenir Deraa, même à Cheikh Meskine. À ce moment-là, tout le monde sortait manifester. On se moquait des hommes qui ne sortaient pas, on leur disait : *T'es pas un homme, toi !*

Après quelque temps, à Cheikh Meskine, ils ont commencé à tirer sur les gens.

L'un de mes frères a été tabassé par des manifestants. On lui a demandé : *Mais pourquoi tu travailles pour le régime ?*

Plus tard, les femmes et les enfants ont commencé à manifester eux aussi. Parce qu'ils étaient très en colère, ils ont commencé à descendre. C'est à ce moment-là que je suis tombée amoureuse. Mon futur mari faisait son service juste à côté de chez nous. Il est venu demander ma main tout seul, sans sa famille parce qu'ils avaient tous peur de venir à Deraa. Mais ils ont fait appel à des gens pour enquêter un peu sur ma famille, savoir si elle était comme il faut. Je n'aurais jamais dû l'épouser... Il a fallu que je quitte Deraa. Et puis il était déjà marié. Avec sa cousine, que tout le monde dans la famille aime beaucoup bien sûr. Moi j'ai toujours été une intruse là-bas. J'ai dit à mon mari que quand on rentrerait en Syrie – *inch'Allah* – on s'installerait à Deraa. La ville me manque trop et je déteste son village ; il n'y a rien là-bas.

On a fait un petit mariage sans sa famille puis on a pris un bus pour aller s'installer chez lui, près d'Alep.

Deux mois plus tard mon frère m'a rendu visite et je suis repartie avec lui passer deux semaines à Deraa. La situation avait empiré. Un jour à Ezra, dans la banlieue de la ville, il pleuvait beaucoup. Les gens sont sortis, les forces du régime ont tiré et on raconte que le sang s'est mêlé aux ruisseaux de pluie dans les rues. Après, les gens sont moins sortis.

À Alep, la situation a commencé à empirer aussi. Je me souviens qu'il faisait très froid, et j'étais enceinte. On n'avait plus de gaz, plus de mazout. Mon beau-père nous a conseillé de partir au Liban. Mon mari est parti. Moi j'étais enceinte de cinq mois peut-être et je suis rentrée à Deraa parce que je voulais accoucher chez mes parents. Je n'aurais pas dû y aller.

La situation était très mauvaise à Cheikh Meskine. Il y avait des snipers, on avait l'impression qu'ils tiraient dans la maison, on vivait loin des fenêtres. Ma mère habitait une maison arabe traditionnelle : ouverte et sans cave, dangereuse.

Quand mes neveux avaient faim je me souviens que mon frère sortait, prenait ses jambes à son cou pour aller acheter à manger.

L'un de mes neveux a entendu des coups de feu, il a passé la tête par la fenêtre pour voir ce qui se passait et il est mort.

Il y avait beaucoup de militaires dans notre quartier. Des tirs tout le temps. Du régime et des autres, qui ne s'appelaient pas encore l'Armée libre mais les gens racontaient que des militaires quittaient l'armée avec leurs armes.

Je n'ai pas pu aller à l'hôpital pour accoucher. Une voisine sage-femme est venue aider. Ça s'est passé le soir. C'était toujours le soir qu'il y avait le plus de tirs. Un jour, peu de temps après la naissance de ma fille, j'étais chez mes parents et des voisins nous rendaient visite. Comme il y a eu des tirs tout près, j'ai été prise de panique. Je suis sortie de la pièce en courant, et en oubliant ma fille !

Je me souviens d'un soir chez mon frère. Ma fille était toute petite – elle est née toute petite, à sept mois peut-être, elle ne faisait qu'un kilo et demi ou quelque chose comme ça. J'étais seule avec ma belle-sœur et ses enfants. Il y a eu des bombardements terribles. On a eu tellement peur. Toute la nuit. La femme de mon frère me disait : *Tu as de la chance, ta fille est toute petite, tu peux la cacher n'importe où et tu n'as qu'à la tenir contre toi pour la rassurer.* Ma belle-sœur a pleuré toute la nuit et elle n'avait pas de mots pour apaiser ses enfants qui ont beaucoup pleuré eux aussi. Toute la nuit jusqu'au matin – on ne bouge pas, on écoute.

*

Autour de Razan, les absences se multiplient. Il y a ceux qui sont poussés au départ, ceux qui disparaissent, ceux qui meurent, ceux qui sont arrêtés et pour certains, elle le sait, ils sont arrêtés pour leurs liens avec elle. L'un de ses proches est resté quatre-vingt-sept jours en détention. Trente-trois chez les redoutés *mukhabarat* de l'armée de l'air, trente-trois chez les hommes de la 4ᵉ division gérée par Maher al-Assad, vingt et un dans la prison d'Adra. *(Bon… disons que c'était une expérience intéressante.)* Ils l'interrogent sur Razan, cherchent à savoir où elle se trouve. Il ne l'a pas vue depuis qu'elle se cache, ne lui a jamais demandé où elle était. *(Je savais qu'il ne fallait pas que je sache.)* Quand il sort, c'est Razan qui recueille son témoignage et documente ses séances de torture.

Il y a eu Ghayath, la disparition de Yahya, et puis un cortège interminable. Elle écrit parfois sur ces amis disparus, s'étonne de la mort d'Ahmad Kousa, tué dans le camp palestinien qu'il habite, par un sniper. S'étonne du calme de sa mort. *Il ne pouvait pas se contenter de partir !* Avec toutes ces morts viennent les regrets parce que ce n'est pas parce qu'un ami meurt chaque semaine que l'on change sa façon d'être avec ses amis, on n'y survivrait pas. *Deux jours avant sa mort je lui ai dit : "Arrête de te plaindre, Ahmad." Il m'a répondu : "Je ne me plains pas, tu m'as posé une question et j'y réponds." Il s'inquiétait pour le camp ; il était à la fois triste et en colère. Je m'inquiétais pour lui mais n'arrivais pas à le dire de façon simple. Je voulais qu'il me laisse tranquille, j'étais fatiguée, et il m'a laissée. Pourquoi est-ce que je n'arrive pas à apprendre des événements, apprendre que je ne dois pas me fatiguer, que je dois dire aux gens combien je les aime. J'aurais dû apprendre à ne pas les contrarier tandis qu'ils sont sur le point de se faire tuer par un sniper sans pitié. Ahmad m'a punie par sa mort trop calme.*

Elle évoque un songe étrange, le raconte d'une façon sobre, le restituant dans tout son mystère et je la cite ici sans chercher d'explications, reconnaissante de pouvoir découvrir l'image qui la hante, dans sa beauté intouchée : *Chaque nuit, une vieille femme des temps passés se réveille en moi. Ses lamentations m'effraient, elle retire son voile et frotte ses cheveux dans la poussière tandis qu'elle pleure et dit : "Je porte le deuil d'Ahmad et, tout comme lui, je n'ai pas de maison."*

Wael prend des risques étranges, continue d'aller chaque semaine dans les bureaux de Syriatel pour poser de nouveaux jours de congé. Razan lui dit que c'est absurde mais il semble tenu par l'idée qu'il doit garder sa situation, que les choses doivent rester bien en ordre, comme s'il pensait que tous ces bouleversements n'allaient pas durer. Un jour les hommes des *mukhabarat* l'attendent, et l'embarquent quand il arrive. Razan comprend vite quand elle essaie de le joindre et que son téléphone ne sonne pas, et une fois de plus elle sort sa valise, réunit ses quelques affaires, ses deux ordinateurs, son foulard préféré, son chat, et elle gagne un autre refuge.

Wael est détenu pendant quatre-vingts jours. Avant d'être envoyé dans la prison d'Adra, il passe un mois très dur à Mezzeh où il est torturé, comme les autres. (*Lourdement torturé.* C'est Yassin qui parle. *Les détenus avaient faim et étaient torturés chaque jour. Pas pour obtenir des informations. La torture pour la torture, comme l'art pour l'art.*) Yassin voit Razan pendant cette période, qui lui dit qu'elle n'a pas peur pour Wael, qu'ils se sont préparés. Elle semble d'acier mais à un autre moment, elle lui confie redouter la torture, pour elle-même. Je crois qu'elle ne dit pas tout à Yassin parce que c'est Yassin et qu'il a passé seize ans en prison ; elle ne va pas se mettre à se plaindre. Comme les autres, Wael est interrogé sur Razan, c'est elle qui est visée, qu'on cherche à atteindre, à pousser au départ ou à la faute.

Une de ses amies lui rend visite juste après la libération de Wael. C'est en plein été, il fait une chaleur étouffante mais Razan porte une paire de chaussettes épaisses. Son amie lui demande si elle n'a pas trop chaud, si elle va bien, si ça n'a pas été trop dur *(Je ne l'aurais jamais interrogée sur ce que lui avait fait la détention de Wael si elle ne m'avait pas donné cet indice)*. Razan se contente de ces quelques mots qui prennent valeur de confidence : *Je n'arrive pas à me réchauffer.*

Quand Wael quitte Adra, sa famille vient le chercher (Razan suit tout cela depuis sa cache du moment, hors de question pour elle de sortir). Il passe quelques jours à Douma avec ses frères et ses parents avant de trouver un moyen de retourner à Damas, auprès de Razan. Lui et son jeune frère ont été détenus un moment au même endroit mais ne se sont jamais vus. Un soir, ils confrontent leurs souvenirs et reconstituent ensemble le plan de la prison en évoquant la longueur des couloirs, le nombre de portes, la couleur des ampoules, les bruits et les cris, et au terme de ce long exercice mental ils comprennent qu'ils ont été détenus dans deux cellules voisines.

Razan connaît par cœur ce qui arrive aux détenus. Tout ce savoir qu'elle a accumulé… Peut-être regrette-t-elle parfois d'être devenue experte de cet *underworld*, de savoir comment dans les cellules collectives des centres de détention on fait des rotations entre ceux qui sont debout, assis et couchés, qu'un *tasseur* bouge les corps des hommes couchés pour gagner autant d'espace que possible et qu'ils finissent par ressembler à des *cigarettes rangées dans une boîte*. Que la nourriture sent mauvais ou qu'on meurt parfois dans ces pièces du manque d'oxygène, que les attaques de panique ne sont pas rares, que les cris qu'elles arrachent sont parfois pires que ceux de la torture. Peut-être regrette-t-elle sa propre folie documentaire.

Un soir, quand il arrive chez Razan, l'ambassadeur français la trouve un verre d'alcool à la main, incapable de cacher sa mine réjouie. Il fait nuit déjà, les rideaux sont tirés, l'appartement est faiblement éclairé. On peut imaginer qu'elle a mis de la musique, Vaya con Dios peut-être, ou Marcel Khalifé (tout de même, elle n'écoute pas que James Blunt). En ayant du mal à contrôler son sourire elle s'excuse parce que se réjouir de la mort d'un homme… Kadhafi vient de mourir et les possibles semblent s'ouvrir à nouveau ; on se reprend à y croire.

Les photos de César paraissent au grand jour en 2015, des dizaines de milliers de photos de corps torturés, affamés et affublés d'un numéro, prises par ce photographe officiel qui appartenait à l'unité de documentation de la police militaire. À l'hôpital militaire 601, à Mezzeh, à Tishreen, il a pris plus de cinquante mille photos de milliers de cadavres différents, pour les dossiers. L'obsession documentaire du régime va si loin qu'elle aveugle ses sbires ; jamais ils ne semblent avoir pensé que ces images pourraient leur jouer des tours si elles sortaient. Avant tout il faut archiver, classer, documenter – en miroir. Cinquante-cinq mille photos de corps torturés à mort, des yeux crevés, des vieux, des enfants.

Le régime a créé une cellule de crise chargée de lutter contre le soulèvement et les rapports s'empilent là-bas aussi sur qui fait quoi, avec qui et où. Il faut accumuler des preuves, obtenir des aveux – peu importe lesquels –, constituer des dossiers, dresser la cartographie de cette opposition pacifique et laïque à même de déstabiliser le pouvoir, organiser la répression pour la décapiter au plus vite.

Des bureaux bondés de ces dossiers truffés d'aveux extorqués et de délations erronées, prêts à raconter une histoire vertigineusement différente de celle dans laquelle je tente d'avancer, si on se mettait, avec une infinie patience, à les mettre bout à bout et à tenter de les recouper.

On force les parents de Hamza al-Khatib à signer un papier pour que le corps de leur fils leur soit rendu. Ils doivent souscrire à la version selon laquelle leur fils a été tué par des terroristes et peu importe que personne n'accorde aucun crédit à ces mots.

Année après année, avec patience, les hommes des *mukhabarat* tissent une histoire parallèle, alternative.

À la fin de *La Coquille*, le livre magnifique de Moustafa Khalifé (qu'il me faudra citer plus longuement parce que la réalité qu'il relate forme dans mon esprit une sorte d'emblème autour duquel je ne peux cesser de revenir et d'enrouler le reste), le narrateur, qui a été arrêté en 1982 pour des propos tenus dans une fête à Paris quand il y faisait des études de cinéma et a passé treize années dans la prison de Palmyre, la pire du système concentrationnaire syrien, raconte cette scène qui a lieu juste avant sa libération, dans le bureau d'un centre de détention damascène :

— *Nous avons décidé de te remettre en liberté, parce que tu es un nationaliste et parce que ton oncle a rendu de grands services à la patrie, etc. Seulement nous allons te demander deux petites choses. C'est la routine : il faut que tu signes un engagement comme quoi tu ne feras jamais de politique, et aussi que tu écrives un télégramme de remerciement à M. le président, que Dieu le garde.*

— *Un télégramme de remerciement?*

— *Oui, un télégramme dans lequel tu remercies le président.*

Le 30 mars 2011, Bachar al-Assad prononce un discours devant l'Assemblée pendant lequel il est interrompu plus de quarante-deux fois par des applaudissements. L'un des députés se serait écrié : *La Syrie est trop petite pour toi, c'est le monde qu'il faut que tu diriges!*

Et Al-Assad reprend : *Votre cohésion face à la sédition me donne confiance en l'avenir. Et puisque vous avez scandé en chantant votre volonté de sacrifice pour votre président, il est naturel que votre président se sacrifie pour son peuple et la patrie. Je resterai donc le frère et l'ami fidèle qui marchera avec son peuple, le guidera sur le chemin de la reconstruction, pour retrouver la Syrie que nous aimons et dont nous sommes fiers, la Syrie qui ne cède pas face à l'ennemi.*

Ce discours marque aussi bien les insurgés que les fidèles du régime. Il fait date et tous y font référence, comme si la révolution avait si bien scindé la société que les mots avaient dorénavant deux faces. (Joumana Maarouf raconte à propos d'un *shabbiha* qui l'a frappée et qu'elle retrouve par hasard dans un bus : *Son téléphone sonne toutes les minutes, et en guise de sonnerie, on entend se répéter un passage du discours du président, proclamant avec son zozotement : "Œil pour œil, dent pour dent."*)

Un écrivain américain qui connaît assez bien Bachar al-Assad se souvient d'avoir passé avec lui la journée du plébiscite présidentiel de 2007. Ces élections sont organisées tous les cinq ans et n'ont pas le moindre enjeu mais l'auteur raconte que le président semblait prendre au sérieux la mascarade et je crois qu'il y a sans doute, chez lui et les piliers les plus solides du régime, une véritable forme de folie.

Au cœur de leur discours on retrouve la rumeur. Quelques jours après les premières manifestations de 2011, on entend dire qu'un émirat salafiste a été créé dans le pays, que certains *infiltrés* sont déguisés en officiers du régime pour donner l'ordre aux hommes de tirer sur la foule et créer le chaos. Après la découverte des corps massacrés à l'arme chimique dans la banlieue de Damas en 2013, la porte-parole du régime laisse entendre que les centaines d'enfants morts sont des Alaouites enlevés sur la côte du pays par les salafistes, et dont les corps ont été ramenés dans la Ghouta pour organiser la mise en scène macabre.

Dans cette réalité parallèle, la joie des manifestants, la façon dont ils bondissent sans retenue, chantent comme des possédés ne peuvent s'expliquer que par la prise de médicaments hallucinogènes, du Captagon sans doute.

Les rumeurs ont cours du côté de l'opposition aussi et Maarouf rapporte celle-ci, qui circulait au début du soulèvement : *On parle de machines sur la côte, qui hachent les corps et les jettent aux poissons.*

Malgré la répression, le soulèvement continue de se déployer et de générer sa part de créativité enthousiaste, de prendre de l'ampleur, de s'étendre, de gagner les régions les plus reculées et les plus invisibles du pays. Il emporte dans un même mouvement, malgré l'image que cherche à en peindre le régime, des Syriens de toutes générations, de toutes classes sociales et de toutes confessions (même s'ils sont moins nombreux dans les rangs des minorités alaouite, chrétienne et kurde et que la répression les touchera moins durement, afin de renforcer le caractère sunnite de la révolte pour donner vie au récit d'un régime faisant rempart au terrorisme islamiste). Des hommes et des femmes aussi, qui ont recours dans les villes les plus conservatrices à différentes pratiques de protestation. Razan et ses amis se retrouvent pour continuer à imaginer la suite, à comploter dans la clandestinité et à rêver d'une société plus juste et plus libre en fumant des tas de cigarettes. J'imagine l'atmosphère de ces jours et de ces nuits, la réclusion, l'aura du secret, l'impatience, l'atmosphère baignée d'une odeur singulière de pièce close qu'on ne peut jamais aérer, de tabac froid et de fatigue.

Le 31 décembre 2011, ils se demandent ce qu'ils pourraient faire de spécial pour ce Nouvel An particulier. Ils refusent de se retrouver une fois de plus chez l'un ou chez l'autre ; c'est dans la rue qu'il faut célébrer. Ils décident d'aller à Birzeh et je crois que c'est dans cette manifestation qu'on la voit sur le côté, en col roulé et veste, un grand sourire aux lèvres, un peu en retrait, battant des mains et chantant doucement. Ils bravent les barrages, le froid, et vont puiser des forces à Birzeh, sous la protection des hommes de l'Armée syrienne libre. Ensuite ils vont tous dîner chez l'un des leurs et alors ils en conviennent : ils se souviendront de cette soirée comme d'un paradis, ce sera le point vers lequel se retourner et lever les yeux, en cas de besoin.

Pour la première fois, Razan se retrouve au cœur de l'opposition politique, au cœur des animosités et des intrigues. Entendre un Syrien de l'opposition parler d'un autre Syrien de l'opposition est souvent assez triste. Les querelles sont légion et les inimitiés virulentes. Il y a ceux qui se répandent tout de suite et ceux qui font comme s'ils n'avaient que du bien à dire d'un tel mais ne perdent pas une occasion de lâcher un détail perfide à son sujet. Ils sont peu nombreux, se connaissent tous, reprochent aux autres leur ego et leurs ambitions, leur goût pour l'intrigue, leurs liens avec telle ou telle puissance étrangère (depuis les années 1980 une grande partie des opposants, dont les Frères musulmans, ont été forcés au départ, la diaspora syrienne s'est déployée, de nouveaux réseaux ont vu le jour qui liaient ces exilés à différents pays hôtes, à différents intérêts).

Depuis des années ils se partagent un terrain minuscule. Avec la révolution, de nouvelles structures apparaissent mais les vieilles histoires sont nombreuses, réactivées par la perspective de l'exercice du pouvoir. La plupart de ceux avec lesquels j'ai discuté sont conscients de ce travers, l'expliquent par la longue atonie de la vie politique syrienne qui aurait rendu difficile la discussion.

En prenant de la place, Razan devient une cible de choix. Certains témoignages se font troubles, chargés, les sous-entendus s'invitent.

Pendant des mois elle tient les comités d'une poigne ferme, finit par prendre seule des décisions cruciales. La vision qu'elle élabore sur la protection internationale va à l'encontre de ce que souhaitent la plupart des autres opposants, qui appellent de leurs vœux une intervention à la libyenne quand Razan fait du droit à l'autodétermination la notion centrale. Elle fait quand même adopter par les comités un texte plaidant pour le déploiement d'une force onusienne et un recours auprès de la Cour pénale internationale. La confiance qu'elle manifeste à l'égard des institutions internationales et des cadres juridiques dont s'est doté le monde semble encore tenir et, à l'automne 2011, elle se tourne vers ces institutions pour les interpeller. (*Ce système international comptait pour elle. C'est pour ça que…* L'ami de Razan ne finit pas sa phrase parce que c'est d'une tristesse sans fond, l'histoire de cette confiance et de sa trahison.)

Elle n'écoute pas, prend des décisions de façon isolée, compte trop sur sa capacité à rallier à elle ceux qui la regardent avec admiration et considèrent ses positions comme forcément justes. (*Elle voulait bien qu'on ne soit pas d'accord avec elle, mais Razan restait persuadée que son point de vue finirait par l'emporter.)* Et sur beaucoup de sujets elle semble même ne pas prendre la peine de s'expliquer, de convaincre. C'est là le revers de ces trop grandes lucidités, de celles qui frôlent l'aptitude à la prophétie, elles peuvent basculer parfois dans l'incapacité à entendre, peuvent se mettre à foncer dans des murs sans même s'en apercevoir.

L'opposition ne tarde pas à se déchirer. À l'intérieur, les comités se scindent, à l'extérieur, les enjeux au sein de la diaspora semblent plus dramatiques encore et des tensions jouent entre l'intérieur et l'extérieur. Razan aurait peut-être dû se protéger davantage et ne pas mettre le pied sur le terrain politique, continuer à se concentrer sur son travail de documentation, sur l'aide humanitaire et l'écriture. Certains l'ont dit mais ça me semble condescendant et ce sont les mêmes qui l'accusent d'être devenue trop arrogante.

La politique consomme trop de temps au détriment du reste. Il faut parler beaucoup, mettre les uns et les autres d'accord, se tenir informé des petites histoires et des tensions à l'œuvre et il n'est pas concevable pour Razan de faire un tel usage de son temps ; c'est inacceptable.

La perfidie des attaques à son sujet éclate parfois, au creux d'une conversation policée et pleine d'admiration, dans un détour. Un opposant me raconte comment il l'a encouragée à postuler pour recevoir un prix revenant à un militant des droits de l'homme. Elle finit par accepter et l'opposant conclut : *Tu vois ce que je veux dire, elle était devenue cette personne qui n'hésite pas à postuler pour recevoir des prix.*

Certains l'accusent d'avoir été dans la main des Français et des Américains mais il me semble qu'elle fait juste preuve de réalisme parce que les temps l'exigent, qu'elle a compris le rôle incontournable qu'elle joue, saisi l'ampleur de son capital symbolique et qu'elle cherche à le mettre au service de la cause, sans scrupule. Qu'à aucun moment on ne peut dire qu'elle s'est compromise même si ses relations avec l'ambassadeur de France prennent un tour personnel, qu'il vient parfois avec une bonne bouteille de rouge, qu'elle est hilare le jour où elle lui ouvre la porte et qu'il s'est enfoncé un bonnet jusqu'aux yeux dans l'idée de se camoufler et que, la fois suivante, elle lui fait cadeau d'un bonnet plus seyant.

D'autres ont cherché à mettre en scène l'opposition qui a vu le jour entre Razan et une autre figure de la révolution, Suhair al-Atassi, et ici je ne peux m'empêcher de voir la marque d'un prisme phallocrate, de l'excitation lubrique et dédaigneuse que provoquera toujours chez certains hommes la perspective d'un bon combat entre deux femmes.

Ce qui est sûr, c'est que les opposants se déchirent, que c'est trouble et glauque à souhait.

Chaque fois que l'on éreinte Razan devant moi, que l'on se contente même de l'écorner, j'éprouve une petite douleur, le sentiment qu'une injustice est commise, une lâcheté. Parfois j'ai l'impression qu'il s'agit d'un malentendu mais je ne peux faire entendre ma version des faits puisqu'après tout, je n'y étais pas. Mais au-delà de cette douleur (qui relève d'une réaction assez puérile, de celles que l'on a quand un membre de sa famille subit une attaque), j'aime assez bien que surgissent sur Razan ces différents discours, ces contradictions et ces inimitiés parce qu'elle s'épaissit sous mes yeux. Les mots attestent son caractère complexe et tous ses traits, dont les plus beaux.

Il n'empêche, Razan est entrée avec la révolution dans le temps des ennemis et c'est violent parfois quand ceux-là sont d'anciens amis, parmi les plus proches, parmi les dinosaures même. Elle n'en revient pas de s'être brouillée avec Riyad al-Turk au sujet de la représentation des Syriens en exil et répète devant Yassin : *Mais c'était mon père, mon père !*

Les hommes des renseignements se rapprochent. Chaque nuit, des maisons sont fouillées, des activistes arrêtés. Les comités de coordination sont devenus si bien structurés qu'il suffit d'arrêter un membre pour en faire tomber cent cinquante. C'est une hécatombe.

Les checkpoints se multiplient, le quadrillage se resserre, les informateurs prospèrent. (Joumana Maarouf rapporte ces propos tenus par une collègue dans la salle des profs : *En ce moment les services de sécurité croient tout ce qui est écrit dans les rapports. Si jamais ça me prend de vouloir vous nuire, je peux écrire un rapport sur vous et l'envoyer aux services de renseignements, surtout à ceux de l'armée de l'air. Mon Dieu, ceux-là, d'ici qu'ils fassent leur enquête et découvrent que mon rapport était faux, vous serez déjà six pieds sous terre! Cela se finit dans des rires peu rassurés, puis chacune retourna à son travail.*)

Razan ne sort presque plus jamais, dort de moins en moins. Ils remontent les fils, commencent à comprendre qui fait quoi, qui connaît qui, dressent la cartographie de l'opposition. Les arrestations se font de plus en plus nombreuses et de façon de plus en plus systématique, on n'en revient pas. D'ailleurs les arrestations n'ont pas le même goût que celles des débuts de la révolution. *En ces temps-là, les détenus faisaient le signe de la victoire quand ils étaient relâchés, qu'ils quittaient leurs donjons, leurs souffrances se perdaient dans les rires et les discussions comme s'ils revenaient d'un voyage. Les modalités de détention n'ont pas vraiment changé depuis... toujours les tortures infernales et cette manie des gardiens de briser les os, pourtant, quelque chose a changé.*

Le frère de Wael est arrêté une nouvelle fois avec une dizaine d'autres jeunes gens, tous des amis de Razan qui partageaient un même bureau. *(La deuxième fois... c'est la deuxième fois qui est dure.)* Quand il sort il ne fait pas le signe de la victoire et ne pense plus qu'à quitter la Syrie.

Zahran Alloush est libéré de la prison de Sednaya en juin 2011. Il est né à Douma, a quelques années de plus que Razan, a étudié le droit islamique à Damas, s'est fait arrêter par le régime en 2009 pour son activisme salafiste et, s'il l'a nié jusqu'à sa mort, tout porte à croire qu'il est responsable de l'enlèvement de Razan, Samira, Wael et Nazem.

Razan vit encore clandestinement à Damas. La nébuleuse de l'Armée libre finit de se constituer un peu partout dans le pays, agrégeant déjà des forces aux objectifs difficilement conciliables, adoptant parfois des pratiques criminelles et violentes. Mais la répression n'a pas encore réussi à tuer l'espoir. Durant cette période, les portes de la prison de

Sednaya s'ouvrent à plusieurs reprises pour libérer des détenus islamistes et, en juin 2011, c'est au tour de Zahran Alloush.

Sednaya est une petite ville située à moins de quarante kilomètres de Damas et dans laquelle se trouvent un magnifique couvent datant du vi[e] siècle et l'un des pires lieux de détention que compte la Syrie. On trouve des images satellites des deux bâtiments carcéraux – le rouge et le blanc –, au sommet d'une montagne nue, mais la prison et ses détenus, entre dix et vingt mille, restent dérobés aux regards. Au printemps 2011, le bâtiment rouge est quasiment vidé, les détenus islamistes qui s'y trouvaient sont tous libérés ou transférés. Ils sont *remplacés* dans les mois suivants par ces opposants que le régime veut à tout prix faire disparaître et pendant des années, les lundis soir – et parfois les mercredis –, des prisonniers sont transférés du bâtiment rouge aux sous-sols du bâtiment blanc pour y être pendus.

Quand Razan interviewe Yassin sur ses années de détention, elle mentionne *La Coquille*, le livre de Moustafa Khalifé qu'il me faut maintenant présenter. L'auteur a donc passé treize années en prison, presque toutes à Tadmor (Palmyre en arabe), dans la *prison du désert*. Il est chrétien, rentre en Syrie après avoir passé quelques années à étudier en France et se fait arrêter à l'aéroport, en 1982. Pendant ses premières séances de torture à Damas, il comprend qu'on le soupçonne d'être lié aux Frères musulmans et n'en revient pas, clame son innocence et affirme être chrétien, athée même. Il est envoyé à Palmyre où il subira, en plus de la violence de ceux qui administrent la prison, la cruelle indifférence de ses camarades prisonniers, tous islamistes, qui ne s'en prendront pas au chrétien mais au *mécréant*.

Le systématisme de la violence dans la prison de Palmyre la rend largement comparable aux camps de concentration nazis ou aux camps du Goulag soviétique et je ne réussis pas à m'expliquer le silence qui recouvre ces crimes si ce n'est en convoquant un certain racisme doublé de néocolonialisme : c'est ce dont ces peuples ont besoin, d'un pouvoir dur, c'est ça ou la *régression islamiste*. Dans l'archipel syrien, la prison de Palmyre et le traitement qu'on y réserve aux détenus sont à part. Les prisonniers sont quasiment tous islamistes, dix mille dans les pires moments.

(Yassin al-Haj Saleh évoque ces détenus et leurs conditions de détention particulièrement difficiles. Il fait ici référence à l'accès aux livres, dont les prisonniers islamistes de Tadmor ont été systématiquement privés : *Il serait intéressant de se demander ce qu'aurait pu être l'apport des prisonniers islamistes à la vie culturelle syrienne, si ces derniers – dix fois plus nombreux que tous les autres réunis – avaient bénéficié des mêmes conditions de détention que nous. Nul doute qu'ils auraient donné des dizaines d'éminents intellectuels.*)

Dans *La Coquille*, un passage me fait penser à Razan, passage dont j'imagine qu'elle l'a lu et qu'il a dû lui faire quelque chose. Khalifé raconte comment dans chaque cellule (trois cents hommes dans la sienne) un groupe de détenus se retrouve responsable de la documentation et se charge de produire la mémoire de la prison : *Tout ce qui se passe à l'intérieur de la prison, les nouvelles fournées, qui est mort, le nombre de ceux qui ont été exécutés, leurs noms, les nouvelles de l'extérieur rapportées par les nouveaux arrivants, toutes ces choses sont colportées de cellule en cellule grâce au morse. Dans chacune, il y a un groupe de prisonniers spécialisés dans l'envoi et la réception des signaux. Derrière eux se tient le groupe des* mémoriseurs. *On désignait un groupe de très jeunes gens qui mémorisaient, outre le Coran et les hadiths du prophète Mohammad, ce que l'on pourrait appeler le registre de la prison : les noms de tous les membres des mouvements islamistes qui étaient entrés ici. Dans notre cellule, il y avait un jeune de moins de vingt ans qui savait plus de trois mille noms : le nom du prisonnier, de sa ville ou de son village, sa date d'incarcération, ce qu'il était advenu de lui... Il y en avait qui étaient spécialisés dans les meurtres et les exécutions.*

J'ignore pourquoi le livre de Khalifé n'occupe pas sa juste place dans cette littérature concentrationnaire, pourquoi il n'est pas venu se ranger entre Levi et Chalamov, entre Delbo et Soljenitsyne. (Razan nourrissait un grand intérêt pour ce genre de littérature.) Si l'on veut tenter de comprendre *la Syrie* je crois qu'on ne peut pas faire l'économie de cette lecture, qu'il faut que voyagent certaines images de cet *underworld* qui, de façon diffuse, imprègnent tant l'imaginaire syrien, qui participent de la peur de tous et de la colère longtemps bâillonnée d'un grand nombre. Il faut poser, établir la noirceur que certains tentent à présent de gommer.

Aussi parce que c'est le récit d'un homme qui en est revenu et qu'il signe la possibilité même d'en revenir.

Lorsque Palmyre a été conquise par l'État islamique, ses hommes se sont empressés de détruire la prison symbole, honnie, réduisant à néant la possibilité d'un travail de recherche des preuves, la possibilité d'un jour ancrer la mémoire diffuse et incertaine de tant de cruauté dans un lieu qui en attesterait la réalité et en deviendrait le gardien, se faisant ainsi complices du régime dont ils reproduisent la culture du secret.

J'insère donc ici de longs extraits du texte de Moustafa Khalifé, qu'il n'a pas été simple de choisir tant l'intensité du récit est tenue, tout du long.

Notre cellule est proche du portail arrière de la prison. C'est par là qu'arrivent les repas. Un camion russe se gare à l'arrière et les municipaux *viennent descendre ces immenses marmites de ravitaillement. C'est aussi par ce portail, et dans le même véhicule, que l'on emporte chaque jour les cadavres, un peu après minuit. Nous tendons l'oreille. Au bruit que font les corps jetés contre le plancher du camion, nous savons combien de prisonniers sont morts. Le jour de la visite du lieutenant-colonel, les veilleurs comptèrent vingt-trois chocs de cadavres. Grâce aux équipes de morse, d'une cellule à l'autre, tous furent identifiés et les informations furent gardées en mémoire.*

J'ouvre la bouche. Il me demande de l'ouvrir plus. Je l'ouvre plus. Il renâcle puissamment. Trois fois de suite. Sans rien voir, je devine que sa bouche est pleine de glaire. Je sens sa tête s'approcher de moi… Il crache tout le contenu de sa bouche à l'intérieur de la mienne. Réflexe naturel, elle veut se débarrasser de ça ; je suis pris d'une envie de vomir. Mais il est plus rapide que moi : il me ferme la bouche d'une main pendant que l'autre fond comme un éclair sur mes organes génitaux.

Il m'attrape les testicules et les presse violemment. La douleur qui monte de mon bas-ventre me fait presque perdre conscience. Ma respiration est coupée deux, trois secondes, cela suffit à me faire avaler son crachat quand je reprends mon souffle. Il continue à m'écraser les testicules jusqu'à ce qu'il soit bien sûr que j'ai tout avalé.

Des mois que j'épie ce qui se passe dans la cour à travers ce trou. Je connais les visages de tous les policiers. J'assiste aux exécutions… Huit potences. Les lundis et les jeudis. Je distingue parfois très clairement ce que disent les policiers. Depuis un certain temps, on se demandait pourquoi on n'entendait plus crier "Allahou akbar!" au moment des exécutions ; à présent, je sais : une fois que les condamnés à mort sont sortis de la cellule, les policiers referment la porte et les bâillonnent avec un gros ruban adhésif, comme si ce cri était un défi et une provocation pour le tribunal de campagne et l'administration de la prison. Les potences ne sont pas fixes. Elles ne ressemblent pas aux potences ordinaires : d'habitude, c'est le condamné qui se hisse vers la potence ; ici, c'est elle qui descend vers lui. Les municipaux les plus costauds la penchent jusqu'à ce que la corde soit à la hauteur du cou, l'attachent bien autour, puis ramènent la potence en arrière. Le condamné s'élève avec elle, les jambes flottantes. Quand il a rendu l'âme, ils le redescendent à terre. Arrive la deuxième fournée, puis la troisième… La plupart de ceux que j'ai vu exécuter étaient calmes. J'ai vu aussi beaucoup de cas où l'amour de la vie et la faiblesse humaine transparaissaient. Chez certains, les sphincters urinaire et anal se relâchaient ; cela mettait les policiers en rage, car l'odeur était insupportable, alors ils insultaient et frappaient le coupable.

Nous sommes sortis déshabillés et pieds nus. On nous avait même fait enlever nos caleçons. On nous a mis en rangs, puis on nous a ordonné de nous écarter de deux pas les uns des autres, et de ne pas profiter du fait qu'on était nus pour se sodomiser... Il y a quelques jours, on a su par un message en morse de la cour n° 2 que le sergent "Espèce de Pédé" avait forcé un prisonnier à sodomiser son frère! (Pourquoi les policiers insistent-ils tant sur ce sujet?) Les policiers, les sergents et l'adjudant portent tous des capotes militaires et ont la tête enroulée dans des écharpes de laine. L'adjudant fait les cent pas devant la colonne; les policiers vérifient l'alignement. "Tiens-toi droit! Baisse la tête!" Le vent vient du nord. Il ne souffle pas très fort mais il est glacé. Je pense qu'il doit faire quelques degrés au-dessous de zéro. Ils nous aspergent d'eau de la tête aux pieds, nous ordonnent de ne pas bouger. Les policiers nous tournent autour et passent entre les colonnes avec leurs fouets et leurs gourdins. L'adjudant entame un long discours. Beaucoup de ses phrases, ses expressions, ses gestes ressemblent trait pour trait à ceux du directeur de la prison, et il se tient comme lui. Les trois quarts de son discours sont des injures. Il commence en reprochant aux prisonniers de l'obliger à rester ici pendant que les autres font la fête. [...] Le corps... L'engourdissement qui croît et se diffuse. La douleur qui se répand et devient plus profonde. Les dents qui claquent. Un même tremblement de la langue au rectum. Le nez, les oreilles, les mains, les pieds, tout cela n'appartient plus au corps. Des larmes coulent, de froid, de pleurs. Elles se figent sur les joues et aux commissures de la bouche qui tremble. Et la question revient : "Quand est-ce que je vais tomber par terre?" Quelqu'un tombe avant moi. Les policiers s'arrêtent tous de marcher. Les mains sortent des poches. Quelques-uns se précipitent pour le traîner devant la colonne, là où les sergents sont attroupés. Un sergent fait :

— Allez… Réchauffez-le.

Les fouets s'abattent partout sur son corps raidi. Je suis tombé… Je suis tombé sans perdre connaissance, et ils m'ont traîné devant la rangée. J'avais subi et vu subir toutes sortes de douleurs physiques. Mais se faire fouetter dans le froid, sur peau humide, est une chose qui ne se décrit pas.

Avec la lueur de l'aube, quand le dernier prisonnier fut tombé et réchauffé par les policiers, la séance a pris fin. Nous sommes rentrés dans la cellule au pas de course, à la cadence des fouets. Nous courions d'un pas leste. J'aurais cru que je ne me relèverais jamais du sol, mais aussitôt que l'ordre de rentrer a retenti et que j'ai vu s'agiter les fouets, j'ai bondi sur mes pieds. Je me suis toujours demandé d'où pouvait venir cette force. Était-ce de la résistance ? Cette fois-ci, j'ai observé sur les visages une joie réelle d'avoir réchappé à l'inconnu qu'ils avaient tant redouté. Mais derrière la joie, il y avait une nouvelle couche de haine noire, cette haine qui s'accumulait et s'épaississait à mesure que la douleur et l'avilissement augmentaient.

De la même façon, quand je lorgnais à travers mon trou dans le mur : la promenade des autres cellules, les punitions, la torture, tout était devenu banal, routinier. Je continuais pourtant à regarder chaque jour, assidûment, dans l'attente de quelque chose d'insolite, de nouveau. Or en général, il y avait du nouveau. La torture a beau être standardisée, et tous les tortionnaires ont beau avoir été formés à la même école, il reste toujours quelque chose de la personne, de l'individu... Chaque sergent, chaque policier met un peu de lui-même dans ces pratiques uniformes. On peut dire qu'il y ajoute une touche de créativité. C'était il y a plus d'un an, pendant la promenade d'une cellule. Un sergent se tenait à l'ombre du mur. Une souris est passée devant lui, alors il l'a écrasée avec sa botte. Elle s'est aplatie et elle est morte. Le sergent a sorti de sa poche un mouchoir en papier et l'a attrapée par la queue avec le mouchoir. Il s'est approché des rangées de prisonniers qui tournaient autour de la cour. Il en a pris un au hasard et l'a obligé à avaler la souris. Le prisonnier a avalé la souris. Depuis cette époque, les sergents et les policiers passent une bonne partie de leur temps à chasser les souris les cafards et les lézards puis forcent les prisonniers à les manger. Tous s'y sont mis, mais l'invention du procédé, sa création, *revient au premier sergent qui l'a fait.*

À sa première séance d'exécutions, le sergent Samer "le Tordu" – que j'observais toujours avec attention – avait vomi avec une telle violence que j'avais cru qu'il allait perdre ses entrailles. Il s'était assis par terre et avait gardé ses mains sur ses yeux jusqu'à la fin de la séance. Deux de ses collègues l'avaient aidé à se relever et l'avaient sorti de la cour en le soutenant par les aisselles. À la dernière séance à laquelle il assista, il était très actif. Il tenait à la main un bâton de plus d'un mètre de long et plaisantait avec ses collègues. Il n'arrêtait pas de sourire. Quand la première fournée a été achevée, il s'est planté devant un pendu et l'a fait balancer. Puis il a posé son bâton à terre, s'est mis en position de boxeur et a commencé à donner des coups de poing contre le cadavre comme sur un sac de sable.

Cela fait dix hivers que je suis assis au même endroit, entre les mêmes murs ; et toujours cette porte noire à côté de moi. Autour de moi, beaucoup de visages ont changé. De la brigade des fedayin, qui allaient chercher les repas et se portaient volontaires pour être punis à la place des vieux et des malades, et qui étaient déjà là quand je suis arrivé, il ne reste personne. Pendus, tués, morts de maladie, ils ont tous disparu. [...]

Nous ne savons absolument rien de ce qui se passe dans le monde. Même les nouveaux venus n'arrivent pas directement de la vie normale. La plupart ont déjà passé deux, trois, voire quatre ans dans les centres des Renseignements généraux. [...] Pourtant les prisonniers restent des jours entiers à leur demander ce qu'il s'est passé de neuf dans le monde : comparées à celles d'il y a dix ans, les nouvelles qui datent de deux ou quatre ans sont des nouvelles fraîches.

"Le Monstre" était planté devant le deuxième cadavre à partir de la gauche. Un homme corpulent. "Le Monstre" frappait le corps avec un énorme gourdin et les policiers le regardaient faire en rigolant. À chaque coup de gourdin, il criait d'une voix puissante :

— Vive le président ! Notre âme, notre sang, nous te les offrons, président !

Nouveau coup de gourdin sur le cadavre.

— Espèce de chien, tu complotes contre le président...

Encore un coup de gourdin.

— Sale pédé, notre président est le meilleur qui soit.

Un coup de gourdin.

— Écartez-vous connards, écartez-vous !

Un coup de gourdin.

— Le président, nous le vénérons plus que Dieu.

Un coup de gourdin. Puis la cadence se détraque. Les coups tombent comme s'il en pleuvait. Je songe : Est-ce qu'il aurait épuisé la réserve de slogans qu'il a retenus à force de les entendre à la radio, à la télévision et dans les défilés officiels ? On dirait que c'est ça, parce qu'il passe à sa réserve personnelle : celle qu'il a ramassée dans la rue. Il s'arrête un peu de taper. Et puis un gros coup sur la tête dont j'entends vibrer les os.

— Sale chien. Tu crois que vous faites le poids face au président.

Coup de gourdin.

— Le président est l'homme le plus fort du monde !

Encore un coup.

— Le président va niquer vos mères, j'te dis !

Un coup.

— Le président a la bite la plus longue du monde.

Un coup.

— Il va vous niquer, vous et vos sœurs, un par un.

Coup de gourdin. "Le Monstre" fait une pause. Il est à bout de souffle. Après il met un bout du gourdin entre les fesses du cadavre avec des gestes hystériques. Il le pousse. Tout le corps est propulsé vers l'avant. "Le Monstre" continue à pousser. Il met l'autre extrémité du gourdin, qu'il tient entre les mains, à l'emplacement de son sexe et se met à pousser de cette manière en faisant vibrer son bas-ventre. À chaque secousse il beugle :

— Notre âme, notre sang, nous te l'offrons, président.

C'est avant-hier matin que le vent s'est levé. À midi c'était déjà des tornades. La poussière a commencé à s'engouffrer par la lucarne du plafond [...] Soudain, le vent a jeté contre la lucarne une pleine page de journal. Elle est restée coincée entre les barreaux. [...] Aucune trace du gardien. Il a dû se réfugier dans un coin pour s'abriter du vent et de la poussière. Comme les autres, j'aimerais bien que le journal tombe à l'intérieur de la cellule. Depuis que je suis dans mon pays, je n'ai pas vu un seul mot imprimé. Nous mourons tous d'envie de voir des lettres assemblées sur du papier. C'est une page de journal. Un journal, c'est des informations, des nouvelles. Or depuis plus de deux ans, quand le dernier prisonnier est arrivé, nous ne savons rien de ce qui se passe hors de ces quatre murs. J'entends Nassim qui dit :

— Allez, descends…

Il parle au journal. Je me tourne vers lui. Il a les yeux fixés en l'air. J'en vois qui sont dressés sur leur séant. Beaucoup sont debout. La plupart ont ôté le tissu qui leur couvrait la face. Quelques-uns sont allés se mettre spontanément sous la lucarne […] Tout d'un coup, un de ceux qui sont plantés sous la lucarne, un gars de la brigade des fedayin, se tourne vers les autres et fait d'une voix sonore :

— Hé, si on faisait une pyramide ?

Plusieurs sursautent en répétant :

— Une pyramide !

L'opération ne prend pas plus de deux secondes. Dix secondes de terreur où nous retenons notre souffle. Plus d'un d'entre nous pourrait y laisser la vie. […] Le contenu de la page de journal était un peu décevant. Au recto, les annonces officielles ; au verso, la page sportive, avec les détails du championnat national de football. Mais cette page souleva une tempête de discussions pour les années à venir. Comme il y avait dans la cellule des gens de toutes les provinces, ils ne furent pas longs à se constituer en groupes de supporters […] Abou Hussein désigna une personne chargée d'organiser la lecture du journal par roulement : c'était "le responsable du journal", que certains surnommaient "le ministre de l'Information".

Je me suis assis sur la chaise derrière la table. C'était la première fois en douze ans que je m'asseyais sur une chaise.

Dès le 3 juillet à 9h37, j'ai remarqué quelque chose que je ne connaissais pas autrefois dans cette ville : la poussière. La poussière recouvre tout, les rues, les ruelles, les murs, tout est couvert d'une mince pellicule de fine poussière ocre. Les feuilles des arbres aussi, que je me rappelais vives et éclatantes. Même les visages des passants, des gens qui flânent sur les places ou le long des trottoirs, sont couverts de cette poussière ocre. Ils se lavent la figure, ils la sèchent, mais la poussière ne s'en va pas. Elle semble collée aux visages, à moins qu'elle n'en fasse partie. On le voit surtout quand ils sourient. Les sourires sont rares – presque absents, même, au point que je me suis demandé si les gens de ma ville avaient oublié comment on souriait – et s'accompagnent toujours de cette poussière. Ceux qui s'y essaient ont le sourire difforme et semblent avoir vieilli de plusieurs dizaines d'années.

Une fois libéré, Zahran Alloush rentre à Douma pour créer le groupe armé Sariet al-Islam (Compagnie de l'Islam) dont il devient la figure centrale et toute-puissante. Il s'appuie sur des institutions salafistes que son père, un influent prêcheur, avait développées, et profite de ses relations familiales pour lever des fonds au Koweït, au Qatar et en Arabie Saoudite. En 2012, la Compagnie de l'Islam absorbe d'autres groupes pour devenir Liwa al-Islam (Brigade de l'Islam). Cet ennemi rêvé du régime rassemble ses forces tandis que Razan se terre dans des appartements qui ne sont jamais les siens. Elle ne sort plus jamais à présent, reçoit des visites, passe ses journées et une grande partie de ses nuits sur ses ordinateurs, dans différentes salles de tchat ou devant des témoignages et vidéos qui lui parviennent de tout le pays, lui permettent de poursuivre le travail de documentation et de défier l'enfermement.

Elle reste lucide, écrit des textes qui tentent de trouver les images qui pourraient se frayer un chemin jusqu'à ceux qui ont encore le pouvoir de sauver ce qui reste à sauver, des textes qui disent aussi les dangers, la confessionnalisation et la radicalisation, la montée des violences, et laissent de plus en plus d'espace au découragement.

Dans un article qu'elle intitule "Les compteurs de morts ne pleurent pas", Razan écrit : *Je documente la mort. Je regarde des vidéos de martyrs pour pouvoir enregistrer leur nom et les détails de leur mort – des douzaines chaque jour, et quand régulièrement on met à jour notre base de données, le nombre atteint des centaines en quelques heures. La durée moyenne d'une vidéo est d'une minute. En une heure on pourrait voir soixante cadavres, sauf si le film s'intéresse à des massacres de masse ; alors le chiffre est démultiplié. Un corps après l'autre. L'un est enveloppé d'un linceul, un autre toujours couvert de blessures et de sang. Tandis qu'on lit sur certains visages la surprise et l'effroi – est-ce bien la mort ? – d'autres ont l'air si paisibles qu'on pourrait les croire endormis. Certains de ces visages sont très beaux. Ils ont la peau douce, une bouche étroite sur laquelle plane l'ombre d'un sourire intelligent.*

Les vidéos les plus terribles sont celles des agonies. Dans ces cas-là, tu te retrouves obligé de continuer à regarder jusqu'à la fin plutôt que de passer à un autre film. Il te faut tenir la main de celui qui meurt, le regarder dans les yeux avec attention tout en écoutant ses derniers râles. Peut-être dit-il quelque chose dans cette langue du crépuscule de la mort, pour s'excuser auprès de ceux qu'il aime, ou pour dire à sa mère qu'elle lui manque – ou peut-être se contente-t-il de chanter. Tu veux écouter mais ceux qui entourent le corps crispé ne te laissent pas entendre ce dernier message. "Dis ta Shahada *! Dis ta* Shahada *!" crient-ils, pressant le blessé de réaffirmer sa foi à son créateur en reconnaissant qu'il n'est d'autre Dieu qu'Allah. Si j'étais lui, j'aurais souhaité qu'ils me disent que j'allais vivre, encore et encore, et j'aurais fermé les yeux dans le doux espoir de retrouver mes proches. J'aurais voulu que quelqu'un me tienne dans ses bras pendant mes derniers instants et qu'on me caresse la tête en silence. Le pire, c'est que la plupart de ces films s'achèvent avant même que l'âme du mort n'ait quitté son corps, ses râles morbides continuent donc de vous hanter, la paix qui vient avec la mort ne les chasse jamais.*

Certaines mères nous trompent ou essaient de nous tromper. Elles disent adieu à leur fils sans une larme, d'une voix faible et calme. Elles déclarent leur fils martyr tout en cachant leur souffrance je ne sais où, je ne sais comment.

Les experts en documentation de la mort que nous sommes ne pleurent pas, ils se contentent de regarder, bouche ouverte et sourcils froncés, en entendant parfois une voix crier à l'intérieur d'eux-mêmes. Ils se demandent constamment si ceux qui documentent la mort en se servant de leur écran d'ordinateur, ou ceux qui le font avec leurs propres yeux et leurs propres mains, redeviendront normaux*, ou si la mort les tiendra captifs sur son isthme, pour l'éternité.*

Certains ne supportent pas que ces corps syriens soient ainsi donnés à voir au monde parce qu'il y a différence de traitement, qu'aucun corps d'Occidental n'est jamais montré. La question reste néanmoins entière : faut-il regarder ? Ou plutôt, faut-il se détourner ? On peut arguer de la dignité des corps, de la désensibilisation progressive de celui qui regarde, de la désincarnation de la souffrance, de la peur des fantômes et de la pétrification mais je crois qu'il faut laisser la question ouverte parce qu'elle vaut en soi.

Razan semble imaginer une espèce de base de données exhaustive, la possibilité d'une mémoire totale. Tout voir, tout enregistrer, tout compter. Elle avale donc ces images dans une tentative désespérée de les voir toutes, non pour s'anesthésier mais dans l'idée de créer cette mémoire, de se convaincre de l'illusion qu'elle va pouvoir, d'une certaine façon, les sauver en retrouvant du sens. Elle semble toujours résister à leur caractère médusant mais sa ténacité a un prix élevé, qui semblerait prohibitif à n'importe qui de normalement constitué. Il faut chaque fois échapper au sentiment de déréalité, défaire le sortilège en laissant affluer la peine et grandir le champ de la dépression.

Elle plonge dans l'un de ces trous noirs qui lui sont familiers à la mort de Cold Mountain, un jeune homme qui travaille pour elle sur le terrain, réunit des informations. Ils se sont souvent disputés et réconciliés, se sont mis en colère et se sont promis de se retrouver quand la victoire serait acquise, pour manger un falafel. Un jeune parmi des dizaines et des dizaines d'autres qui l'aident dans sa tâche mais on a l'impression en la lisant qu'elle passait sa vie à discuter avec lui, qu'ils n'étaient que tous les deux. À sa demande elle lui a trouvé son surnom, il a dix ans de moins qu'elle et Razan lui parle comme à un enfant – le processus accéléré du vieillissement a commencé depuis longtemps déjà. Il lui pose trop de questions, chaque fois elle finit par lui dire : *Fils, arrête donc de me harceler !* Elle ne sait pas comment il s'appelle ni à quoi il ressemble mais un jour elle apprend qu'il a été arrêté et finit, à force de recoupements, par comprendre qu'il figure dans la liste des morts sous la torture. *Il a fallu que Cold meure pour que je me rende compte de la dose de mort qui parcourt mon corps doucement, furtivement, à la manière du poison. Chaque jour, une part de ce que j'éprouve pour la vie et les vivants meurt un peu plus. Je fais un travail de fossoyeur habitué à enterrer les morts, en bâillant et en brandissant leur nécrologie sous les yeux de la communauté internationale.*

Cold était gentil et sensible, il détestait l'idée de tomber entre leurs mains, il priait pour mourir en martyr sous les balles ou les bombes. Dans mon pays, une mort rapide est un privilège. Quand nous nous donnions rendez-vous lors de nos tchats, nous savions que nous disions n'importe quoi, nous savions que Cold ne serait jamais là pour m'emmener manger le falafel qu'il avait promis de m'offrir.

Elle cherche à ouvrir de nouveau la perspective mais pendant un temps assez long elle échoue, ne parvient plus à s'extirper du gouffre dans lequel la réclusion et les événements l'ont lentement plongée. C'est le temps où elle comprend que la liesse a été brisée pour de bon, que la révolution a cessé d'être alimentée par la violence qui a fini par en avoir raison. L'élan a été fracassé par les assauts répétés, incessants, par l'acharnement. Aussi longtemps qu'elle a pu, Razan a tenté d'éviter ce constat mais en cette fin d'année 2012, elle doit reconnaître que plus personne ne peut continuer à éprouver la liesse. La colère peut-être, une sorte de foi, un élan devenu un peu fou. Et avec la liesse disparaît l'idée que la révolution est un phénomène irréversible parce que la répression a cessé de la nourrir, il y a eu décrochage, les deux forces ont cessé de s'alimenter l'une l'autre. L'intensité de la répression a été telle qu'elle est venue à bout de cette mystérieuse synergie et si elle a pu briser ce flux puissant c'est parce que le régime maîtrise l'acharnement. Sa violence n'est pas née en réaction au soulèvement mais l'a précédé. C'est parce qu'elle lui est intrinsèque qu'elle a pu triompher, grâce à sa force acquise dont le principe est de se maintenir une fois l'impulsion donnée. La révolution se défait mais on ne sait pas bien encore nommer ce qui lui succède, on s'y refuse.

À nouveau, Razan trépigne et se cherche une voie. Les tentatives d'organisation de l'opposition échouent les unes après les autres. Les activistes, paralysés par leur sentiment d'impuissance, baissent les bras. Plus personne ne peut nier la réalité des violations commises par l'Armée libre que Razan refuse de passer sous silence. Elles deviennent un objet d'obsession, comme si c'était là une partie cruciale de ce qui restait à sauver ; réinventer un code de conduite, une façon de faire, qu'au moins cette révolution-là ait lieu. Elle voit pourtant les erreurs commises jour après jour, les humiliations, la torture, les assassinats, la corruption, des décisions stratégiques douteuses qui mettent en danger les populations civiles. Elle ne sait pas encore qu'en faire mais cette réalité ne cessera plus de la préoccuper, et Razan sera l'une des premières à la dénoncer.

Comme j'imagine sa frustration. Je la vois en train de tourner, de faire les cent pas en fumant, j'imagine le poids qui lui étreint la poitrine, le poids du décalage entre ce qui doit se faire et ce qui ne se fait pas, le poids de l'intuition dont elle cherche à arrêter le déploiement en dénichant les derniers signes d'espoir : les possibilités d'action se ferment, l'espace rétrécit.

Elle se met à imaginer un territoire que les activistes pourraient occuper, entre le politique et le militaire. Mais en dépit de cette intuition forte, elle se laisse captiver par des actions mineures qu'elle repère ici et là, recherche l'émerveillement devant des femmes offrant des cadeaux dans les zones libérées à des enfants d'informateurs du régime. Il faut qu'elle sorte. Il y a un danger à rester ainsi enfermée, celui de perdre la mesure, le sens de ce qui compte et ne compte pas.

Un ami lui rend visite et la découvre terriblement vieillie. Elle a beaucoup de cheveux blancs, semble se laisser aller. Autour d'elle il retrouve sa cour, Wael, ses frères, Nazem et un ou deux autres. Elle traîne partout son ordinateur ouvert, s'assied dans le canapé, le pose sur ses genoux, engueule l'un des frères de Wael, donne des ordres, autoritaire et désagréable.

Ça vient, au milieu de la frustration et de la colère, l'espoir encore de se rendre utile – bon, on fait quoi maintenant ?

Il paraît qu'elle supporte mal le contact physique, qu'elle se crispe quand on l'effleure. Tout le monde évoque la transformation, elle est devenue pâle, semble tout imprégnée de la dureté de ce qui arrive. Maigre, épuisée, tous lui disent qu'elle doit manger. Ses humeurs sont changeantes, sa nervosité permanente.

Les moments réservés à la légèreté ont disparu, la colère a pris trop de place et l'amertume s'immisce, se répand pour tout contaminer. Elle est affreusement irritable, son humour se fait plus dur, plus coupant. Son impatience devant le manque d'efficacité des autres donne lieu à une agressivité excessive. Elle est impolie souvent. On la redoute. Elle parle à des dizaines de gens chaque jour mais les laisse de moins en moins s'exprimer. Elle est un leader qui se coupe et s'isole ; le sentiment d'appartenance au *peuple* se fait intermittent, l'idée même du peuple s'éloigne.

Depuis un moment déjà, Razan songe sérieusement à la possibilité de gagner les zones *libérées* mais elle a du mal à se résoudre à l'idée de quitter sa ville. Elle doit choisir entre le départ et la réclusion, ne considère même pas – ce que de nombreux opposants trouveront incompréhensible et donc suspect – la possibilité de quitter le pays pour accepter de plus grandes responsabilités auxquelles elle pourrait prétendre. (Cette façon de tourner le dos à son destin politique me rappelle l'histoire de Trotski, en route vers Soukhoum. Tandis qu'il fait escale, il reçoit un télégramme de Staline qui lui annonce la mort de Lénine, l'informe que les funérailles sont imminentes, qu'il n'aura pas le temps de revenir à temps et qu'il ferait donc aussi bien de poursuivre son voyage vers les rives ensoleillées de la mer Noire. Et Trotski prend la folle décision de suivre ce *conseil*, de ne pas rentrer à Moscou, de rater le congrès où se succèdent à la tribune des orateurs gris et solennels, où se joue le futur de *sa* révolution.)

Avec la militarisation totale du soulèvement, les comités ne représentent plus grand-chose au niveau local et sur la scène internationale, ils ont perdu la lutte de la représentation du peuple syrien, gagnée par ceux qui avaient quitté le pays depuis longtemps, mieux connectés, plus au fait. Razan y mène une dernière bataille en tentant d'imposer deux hommes peu aimés comme représentants des comités au sein des instances à l'étranger. Elle perd du crédit et des amis, et cette défaite vient se ranger parmi les nombreuses raisons qui convergent pour la pousser au départ.

Peu avant de prendre sa décision, elle écrit une lettre à Ahmad, son camarade tué par un sniper, qui a connu une mort si calme que Razan n'en est pas revenue. Elle avait déjà écrit à Anna Politkovskaïa en 2012, est familière de l'adresse au défunt. *Au début, la révolution a révélé ce que nous avions de meilleur mais avec le temps, elle a commencé à dévoiler ce que nous avions de pire, dans une étonnante synchronisation. Te souviens-tu de ton état avant de partir ? Nous sommes tous dans cet état à présent, coléreux et fatigués, mais nous continuons à prétendre que nous vivons. Nous avons le sentiment que la destruction a échafaudé de nombreuses couches au-dessus de nous et nous ignorons comment y faire face. Devons-nous vivre avec ? Suffoquer doucement ? Percer un trou dans cette chappe épaisse ? Nous évitons la folie, et cachons notre ressentiment. Tu sais que notre ténacité va bien au-delà de notre souffrance. Ou peut-être s'en nourrit-elle. Tu sais aussi que je ne peux me départir de mon côté maussade même si, toujours, une chose se produit qui fait souffler sur nous un petit vent de bonheur. Ton ami Ala est toujours inébranlable à Dael. Il ne se lasse pas de déplacer un panneau sur lequel on peut lire "On ne partira pas" des ruines d'une maison aux ruines d'une autre maison, pour prendre des photos. Ala est incroyable et ça me perturbe qu'il ne se fatigue ni ne désespère jamais. Comme si la liberté était toute proche de lui et de nous tous ! Il me reproche de devenir de plus en plus renfrognée et avec lui j'ai l'impression que tout a commencé hier.*

Elle s'enquiert de ceux qui ont rejoint son ami et conclut ainsi : *Je vois vos visages et vos ombres depuis le rêve que nous avons fait, quand tout a commencé.*

Razan décide de se mettre en route, comme des millions de Syriens. Une fois acceptée l'idée du départ, elle refuse de le considérer comme une simple contrainte, s'emballe et voit enfin la perspective s'ouvrir, retrouve l'attrait du futur. Elle va échapper à la traque, à l'occlusion progressive de son champ de travail et de vie. Et puis Douma est si proche de Damas ! En gagnant les zones *libérées* elle va pouvoir vivre et travailler au grand jour, sortir de son isolement, conduire et marcher dans la rue sans avoir peur, être en lien direct avec les rebelles, s'engager dans cette société nouvelle, débarrassée du régime, se rapprocher de ceux qui paient le prix de la répression et surtout, retourner à la rencontre des Syriens, s'impliquer à leurs côtés, faire renaître le sentiment d'appartenance, participer à l'invention de la Syrie d'après le soulèvement et ne pas renoncer à ce qu'elle annonçait dans un sourire insolent à une journaliste de France 3, huit ans plus tôt : *I will never leave my country – never.* Comme si, une fois encore, elle avait réussi à inciser la tristesse épaisse et profonde pour créer une ouverture et s'y glisser, à trouver là le ressort pour continuer, faire renaître l'espoir et, une fois encore, raviver l'ardeur.

TROISIÈME PARTIE

Razan a commencé à organiser le voyage parce que je n'avais aucune idée de la façon dont il fallait s'y prendre. On partait pour les zones libérées, il devait y avoir des routes secrètes, des dangers, des obstacles. Elle m'a dit : "Je t'informerai quand il le faudra, tu ne fais rien." Après quelques semaines, elle m'a demandé de me tenir prêt et puis un jour, elle m'a envoyé ce message : "On part demain matin." C'était fin avril 2013. On s'est retrouvés, Razan, Wael et moi, et on s'est mis en route. On a marché pendant quelque temps pour éviter les checkpoints, puis Razan est partie en voiture avec un combattant – c'était risqué mais on se disait que les femmes étaient moins contrôlées aux barrages et à l'époque c'était vrai. J'ai marché avec Wael, nous sommes passés par des tunnels. Nous avons mis la journée pour faire ces quelques kilomètres et je peux te dire que le voyage n'a pas été très sympa… (Il rit.) *Il fallait se cacher, attendre, courir parfois pour échapper aux snipers. Quand on est arrivés à Douma on a été sidérés par la destruction, le sabotage. D'ailleurs, il n'y avait presque personne dans les rues. Les gens étaient partis ou vivaient dans les caves. Avant la guerre, Douma était une grande ville, la plus grande ville de la Ghouta orientale. On parle des plaines verdoyantes de la Ghouta dans* Les Mille *et Une Nuits mais c'est fini depuis longtemps, toute la zone a été construite. Quand je suis arrivé, j'ai pensé qu'il s'agissait d'une ville que je ne connaissais pas ; les ruines, les bombardements, les tirs. On voyait peu de gens, presque pas de femmes ni d'enfants, ils restaient terrés. On avait très faim mais il n'y avait ni restaurants, ni épicerie.* (Il rit.) *On a fini par retrouver Razan qui avait tout organisé depuis Damas, trouvé l'appartement, fait installer le générateur, Internet, trouvé à manger. Elle nous attendait.*

Razan a vécu peu de temps à Douma. Elle y arrive le 28 avril 2013 (j'imagine sa peur au checkpoint, assise dans la voiture du combattant – ce qu'elle risque) et l'enlèvement a lieu dans la nuit du 9 au 10 décembre. Sept mois qui tiennent une place énorme. Le siège se referme peu à peu sur la ville et devient total en octobre, les bombardements sont incessants. Les récits de la période se contredisent et coexistent, jusqu'au bout. La perception qu'ont ceux de l'extérieur ne dépend que de ce que Razan choisit de leur raconter et elle construit des récits très différents en fonction de ceux à qui elle s'adresse. Récits sombres ou rassurants. Elle n'oublie pas que chacun de ses posts, chacun de ses articles sera lu par les membres du régime, qu'ils pourraient être utilisés pour saper le moral des opposants. Il faut aussi rassurer ses proches, sa famille – sa sœur aînée jure n'avoir pas eu la moindre idée des menaces qui planaient sur Razan jusqu'à sa capture. Il me semble qu'elle habite pleinement chacun de ces récits.

Une courte période de grâce baigne les premiers jours, peut-être les premières semaines. Il y a la joie de quitter la clandestinité, d'apposer sur la porte du bureau/appartement la plaque sur laquelle on peut lire : *Centre de documentation des violations. (On pouvait parler, parler, sans être inquiétés.)*

Après l'arrivée à Douma, Wael repart rapidement à Damas et Razan reste avec un de ses amis, qui faisait partie de la bande de Darayya (un ami de Yahya, qui perpétue auprès d'elle une certaine présence). Ensemble ils écument la Ghouta, vont à la rencontre des organisations, des groupes armés, des comités et structures mis en place pour pallier l'effondrement des services publics. Elle parle avec tous ceux qui tentent de s'impliquer.

Quand elle monte sur le toit de l'immeuble, elle voit la capitale en contrebas.

Razan découvre cette vie qu'elle a tenté de raconter depuis son appartement de Damas. L'absence d'électricité, les bombardements, le manque ; elle y est. Très vite après son arrivée, elle publie un premier article qu'elle ouvre en racontant que sa bougie s'est éteinte, qu'elle regrette d'avoir utilisé les dernières secondes de batterie de son ordinateur à travailler et à écrire des *inepties* alors qu'elle aurait pu se servir de la lumière émise par son écran pour aller chercher une nouvelle bougie. Le sens de ce fameux proverbe arabe lui semble soudain clair : *Allumer une bougie vaut mieux que de maudire l'obscurité.*

Le prix de l'essence est tel que s'offrir un générateur est un luxe et, pour la première fois de sa vie, Razan a l'impression de faire partie des privilégiés.

Elle a accès à Internet grâce à une connexion satellitaire quand presque tout le monde en ville en est privé et ses journées ne se résument pas à chercher de l'eau, de l'essence et du pain.

Elle raconte aussi que les générateurs ne suffisent pas à faire fonctionner les machines qui consomment le plus – pas de frigidaire, pas de machine à laver ni de climatiseur –, que la plupart des écoles se sont installées en sous-sol pour se protéger des bombardements, qu'on manque d'oxygène dans ces classes improvisées et faiblement éclairées par les ampoules nues qui se balancent au plafond, que les enfants sortent docilement et sans s'affoler des lampes torches de leur sac quand une coupure de courant les plonge dans l'obscurité totale. Comme tout le monde, elle craint l'arrivée de l'hiver mais l'hiver est loin encore, tant de choses doivent avoir lieu.

Ils s'installent d'abord dans un sous-sol qui servait d'espace de stockage à un ancien supermarché, dans lequel il reste des articles qu'ils négocient à bon prix avec le propriétaire – les bons plans de Razan. Par crainte des bombardements, les habitants se sont tous installés dans les sous-sols, les rez-de-chaussée et les premiers étages ; au ras du sol.

La route de Damas reste ouverte, il y a des checkpoints mais on peut passer, transporter un peu de nourriture, juste de quoi nourrir sa famille. Et surtout on peut s'arranger. Le trafic, qui a pris aujourd'hui une ampleur colossale, se met alors doucement en place à certains points de passage dont le contrôle devient un enjeu crucial pour les groupes armés qui tentent de s'imposer dans la zone. On commence aussi à creuser des tunnels, le commerce s'organise, les relations se nouent entre marchands, soldats de l'armée syrienne et rebelles.

Samira rejoint Yassin et Razan. Elle a dû passer clandestinement, accompagnée par des hommes qui font la route chaque jour et l'ont guidée pour échapper aux snipers. Elle s'est sentie perplexe devant ces rebelles qui n'ont cessé de plaisanter et de l'encourager, lui ont raconté qu'en traversant certaines rues elle ne devait pas s'arrêter ne serait-ce qu'une fraction de seconde, l'hésitation la plus infime pouvant suffire au sniper pour ajuster son tir. Un jour ils ont vu sans y croire un homme s'arrêter en plein milieu de la rue, et Razan écrit : *Personne ne sait ce qui lui a pris, ce à quoi il pensait, avait-il peur ? Avait-il oublié ou perdu quelque chose ? Personne ne le saura jamais parce que le sniper l'a tué, d'une seule balle.*

Razan quitte le sous-sol pour s'installer dans l'immeuble d'à côté, au rez-de-chaussée, dans l'appartement où elle travaille et dort, où elle et ses camarades seront capturés sept mois plus tard. Samira la retrouvera après le départ de Yassin en juillet, Wael et Nazem reviendront en octobre.

Les bombardements quotidiens sont particulièrement intenses dans leur quartier, proche de la ligne de front. *(Un kilomètre en ligne droite – mais personne ne se déplace plus en ligne droite.)*

En cas de bombardement, Razan est connue pour ne pas bouger et continuer à faire ce qu'elle est en train de faire. Travailler en même temps qu'elle écoute de la musique, fume, boit son Nescafé. Quand les bombardements se font très proches elle accepte de renoncer à son café et, impassible, gagne le sous-sol de l'immeuble d'à côté. Et quand le danger est passé, elle sort et, comme tout le monde, aide s'il y a des blessés.

Par les haut-parleurs de la mosquée on est informés de l'imminence des bombardements, du nom des morts, du groupe sanguin des blessés.

Pour me faire une idée de ce à quoi ressemble Douma quand Razan y arrive au printemps 2013 (je veux pouvoir l'imaginer dehors), je revois *Our Terrible Country*. Tout au début du film on suit Yassin qui marche dans la ville, emprunte de larges avenues. Sur fond de ciel bleu se détachent des immeubles gris, en grande partie détruits, et des arbres d'un vert étrange, presque fluorescent ; image saturée qui donne l'impression qu'un phénomène hors norme vient d'avoir lieu. On entend le bruit des débris rouler sous ses chaussures et celles de Ziad al-Homsi qui le filme, ils passent devant la *tour de la mort* au sommet de laquelle se trouvaient des snipers et dont la prise a signé la fin des combats au sol. Ziad déclare avec emphase qu'ils se trouvent *au cœur de la Ghouta orientale libérée*. Ils se promènent dans le centre qui abritait beaucoup de bâtiments officiels et ce qui frappe c'est qu'on ne voit personne. On entend les oiseaux chanter, les arbres sont de ce vert étrangement vivace, et les rues désertes.

Au cours de cette promenade, tandis qu'ils longent des immeubles en ruine, passent devant un énorme fragment de béton arraché sur lequel ont été écrits les mots *Pardonne-nous Banias*, Ziad demande à Yassin si c'est ça, la liberté à laquelle il aspirait. Yassin répond en riant que s'il avait eu le choix, il aurait préféré une *liberté plus chic*.

Plus tard, Samira raconte en voix off que lors de son arrivée, elle a été saisie par la vision de ces *maisons toutes détruites, comme pliées les unes sur les autres*. Pendant qu'elle parle, on voit les immeubles d'une rue dont les façades ont été arrachées. Dans un quartier plus populaire que celui du début, ces immeubles standard de quatre ou cinq étages offrent, en coupe, une vue sur de petits intérieurs coquets, à la fois désolés et curieusement préservés. Samira prononce ces mots que j'ai tant de fois lus ou entendus, et qui révèlent cette croyance intacte en la force des images, cette croyance que, cette fois c'est sûr, elles vont pouvoir faire bouger les choses. *Je me dis que si les gens venaient voir ce qui se passe, de leurs propres yeux, sans ajouter la parole... Ce n'est même pas la peine que les gens racontent leur histoire, les maisons parlent d'elles-mêmes.* Elle ne précise pas ce qui se passerait alors, *si les gens venaient voir ce qui se passe*, peut-être n'y croit-elle qu'à moitié.

Comme partout dans les zones régulièrement bombardées par le régime, les habitants cherchent à devenir invisibles. Il n'y a presque plus de magasins, de restaurants, de marchés, et on évite les rassemblements. Un monde souterrain se met en place, en miroir du monde souterrain bâti par le gouvernement, dont l'opacité et le goût du secret semblent dotés d'un fort pouvoir de contamination. La vie s'organise en sous-sol et on invente de nouvelles façons de se déplacer, on a recours aux tunnels qui commencent à former un réseau foisonnant.

(Il y a quelques récits hallucinés des passages par les tunnels de Homs assiégée, rapportés par des journalistes français que des Syriens ont tout fait pour aider à sortir quand ils se sont trouvés pris au piège – à quel moment doit-on décider que ça ne vaut pas le coup de tout risquer pour sauver une poignée ? La décision semble toujours prise à l'aune de la sécurité des journalistes occidentaux, jamais à celle des Syriens qui mettent leur vie en jeu et ce déséquilibre provoque plus de gêne encore quand l'on sait ce que les Occidentaux ont choisi de faire de ces informations, de ces images, de ces récits si chèrement glanés. Le journaliste Jean-Pierre Perrin écrit qu'il s'est engouffré pour faire des kilomètres, le dos courbé, sans pouvoir se défaire de l'idée qu'à tout moment le boyau pourrait s'effondrer, que les forces du régime pourraient en faire sauter l'entrée ou y mettre le feu, comme elles l'ont fait à Hama en 1982.)

On peut préférer, pour se déplacer, les profondeurs des immeubles, se mouvoir d'un appartement détruit à un autre pour se dérober aux regards des snipers. Des murs ont été éventrés entre deux pièces, deux appartements, deux immeubles, comme on perce un tunnel pour laisser passer une nouvelle route, des flèches ont été tracées pour indiquer la voie. Des messages parfois, pour attirer l'attention sur un danger quelconque. On voit dans certains documentaires des soldats et des civils se déplacer ainsi, passer dans des immeubles plus ou moins détruits, chez des gens qui ont tout abandonné et dont on a toujours l'impression qu'ils sont partis la veille ; tout a été laissé en plan, un peu de poussière, le bruit des gravats sous les chaussures de ceux qui parcourent ces nouvelles routes sans manifester de curiosité pour les intérieurs qu'ils traversent (sauf lorsque ce sont des enfants et alors tout semble reprendre vie sous leur regard, chaque objet regardé comme une trouvaille), des intérieurs souvent soignés et modestes, un salon aux fauteuils confortables et assortis, une cuisine équipée de meubles en formica, la chambre d'une adolescente.

(Dans *Les Portes du néant*, Samar Yazbek raconte cette scène : *Nous nous faufilions à travers les maisons pour ne pas nous retrouver dans la ligne de mire du sniper. Le plus souvent les propriétaires avaient abattu les murs mitoyens de leurs voisins pour ouvrir des voies de passage. Nous les traversions, sautions par une fenêtre puis nous glissions dans la cour suivante, pieds nus. Un jour que je me trouvais avec Mohammed et deux autres jeunes hommes, nous dûmes franchir le salon d'une vieille dame qui nous regarda passer, répondant à notre salut allongée sur son canapé sans bouger d'un pouce.*)

Il faut aussi faire de la place pour les morts et pour ça on creuse de façon obsessive, dans les cours des maisons, près des arbres, des mosquées, derrière son immeuble. On creuse et partout, le sol grêlé.

À bonne distance de la ligne de front, Douma se fait plus vivante et c'est dans l'une de ces zones animées que l'on découvre Razan dans le film. J'ai mentionné cette scène, mais j'ai tu la gêne qu'elle a provoquée en moi après, quand j'y ai repensé. Dans ces rues de Douma les bâtiments semblent à peu près intacts et il règne une agitation presque normale ; une rue bruyante, des passants, quelques légumes vendus sur un bout de trottoir.

Une pelleteuse remplie de balais entre en scène. Yassin en prend un et Samira ceint son bras d'un brassard au dessin maladroit : *Malgré le siège nous nettoyons nos terres*. Samira, cheveux courts, jean, petit manteau noir qui descend jusqu'aux genoux, se met à balayer hardiment la rue sous le regard médusé des hommes de Douma, connus pour leur conservatisme. Un homme à la longue barbe noire et blanche, tête ceinte d'un turban assorti, assiste à la scène et Ziad lui demande s'il est exact que la veille, il a demandé à la dame de se voiler. Il confirme, parce que c'est la coutume à Douma, les femmes ne peuvent sortir tête nue. Ziad l'interroge sur ce qu'il pense de ce que Samira et Yassin sont en train de faire et l'homme répond que c'est bien, qu'ils travaillent et qu'il les en remercie. Ziad lui pose une dernière question, demande s'il les aime bien et l'homme botte en touche dans un grand sourire, en brandissant un bras vers le ciel : *C'est le bon Dieu qui inspire l'amour. Bien le bonjour à toi et à eux l'ami!* Ziad insiste. *Mais tu les aimes bien? – Le mieux c'est que Dieu vous garde. Que Dieu nous couvre tous.*

Yassin se plaint que les habitants n'en fassent pas plus. Ils ont travaillé presque seuls, sous le regard un peu interloqué et amusé des hommes du coin. Personne ne semble prendre l'initiative au sérieux et il faut bien dire qu'elle semble décalée. Mais le montage est sévère parce que le film cherche à montrer, au prix d'un acharnement parfois déplacé, l'incapacité des intellectuels syriens à s'amarrer à la société syrienne. La scène s'éternise, devient pénible à regarder car toute bienveillance l'a désertée.

Razan est là. Sur son jean elle a mis une tunique noire qui couvre ses fesses et ses cuisses, une tunique moderne et moulante, avec capuche. Je sais que c'est la seule concession qu'elle a bien voulu faire, qu'elle est allée acheter ce vêtement dès son arrivée à Douma et qu'il n'a jamais été question d'en faire plus. Elle demande à Ziad d'arrêter de filmer, avec son sourire en coin et son *Je ne plaisante pas*. Samira sourit dans le fond. On ne voit pas Razan balayer sur ces images mais je sais qu'elle l'a fait aussi parce que j'ai trouvé d'autres vidéos sur YouTube. Le temps d'une scène, le décalage entre ces femmes laïques, intransigeantes, et la société qu'elles se sont trouvée saute si bien aux yeux que c'en est douloureux, surtout lorsqu'on sait leur désir d'appartenance et la nostalgie qu'elles éprouvent pour ces jours de joie pendant lesquels elles ont eu le sentiment de ne plus faire qu'un avec leur peuple. On regarde cette scène et on comprend que les trajectoires vont forcément se manquer, qu'il n'y a pas de point de rencontre possible, que la période miraculeuse de la rencontre a eu lieu mais qu'elle est révolue. On voit deux étrangères et on sait la paranoïa que déclenchent les étrangers en Syrie, on sait aussi que son intensité est indexée sur la difficulté des conditions. Razan n'a pas vraiment de soutiens qui comptent à Douma, et tous ses soutiens d'ailleurs la rendent terriblement visible, terriblement fragile.

Elle cherche depuis des années à faire le lien entre les deux mondes mais là on ne peut manquer de pressentir l'échec. Devant ces images je m'enfonce dans la méfiance et le manque d'empathie, ne peux m'empêcher de céder un peu au cynisme – comme elle se trompe, ne voit plus rien, passe à côté. Au mieux c'est touchant, au pire pathétique. Mais je ne peux plus renoncer à l'effort qui me conduit vers elle. Razan ne cède sur rien, se fait une idée précise du monde dans lequel elle voudrait vivre et dans ce monde les rues sont propres alors voilà, pourquoi pas, Razan passe le balai à Douma jonchée de ruines, dans la ville autour de laquelle se resserre doucement l'étau du régime.

Yassin cherche à minimiser ce que véhicule cette scène, la tristesse du décalage, l'ampleur du ratage. Il explique qu'ils étaient soutenus ce jour-là par des gens du coin *(Ce n'est pas comme si nous avions débarqué d'une autre planète !)* et que le type au turban avait sans doute été envoyé par un groupe islamiste dans le but précis de souligner le caractère inapproprié de ces femmes, de faire campagne contre elles.

Les gens de Douma sont croyants et conservateurs, et la religiosité se fait de plus en plus présente dans la vie de chacun pendant cette période, comme un recours naturel à la paranoïa, aux déceptions et aux épreuves, comme un désaveu de la révolution comme perspective politique. Les gens deviennent tous plus religieux et les groupes islamistes gagnent du terrain, amplifient ce réveil et s'en nourrissent. *(Samira et Razan, des femmes étrangères à la ville, offraient des cibles parfaites à cette paranoïa. Leur apparence et leur façon de vivre représentaient le monde. Même si elles travaillaient chaque jour, qu'elles avaient été forcées au départ par le conflit, elles symbolisaient ces étrangers qui ne répondaient pas aux conditions de mort comme ils auraient dû le faire.)*

Le régime et les islamistes sont depuis longtemps des alliés objectifs, au moins dans ce désir profond d'en finir avec Samira et Razan, dont ils soulignent la dissonance avec la société syrienne et les liens fantasmés avec l'Occident. Les valeurs qu'elles défendent sont perçues comme des valeurs à l'usage d'un monde que l'on condamne et à Douma on finit par leur reprocher exactement ce que le régime avait mis en scène pendant des années (la puissance du discours de propagande ne cesse de m'étonner, la façon dont il pénètre en profondeur les esprits les plus rétifs) : les activistes des droits de l'homme sont des pions de l'Ouest, des agents infiltrés. Si elle avait bien voulu adopter quelques codes, faire un ou deux compromis, peut-être que... Razan semble manquer quelque chose. Passer à côté de l'ampleur du malentendu. Dans ce contexte de paranoïa aiguë, peut-être ne voit-elle pas à quel point elle incarne ce qui est suspect.

Yassin explique que le film montre cet islamiste véhément alors qu'en fait, la plupart des gens s'en foutaient un peu de cette affaire de balayage (quand il me dit ça, ma gorge se serre). Je voudrais épouser sa vision des choses, poursuivre l'argumentaire ; c'est vrai que l'on voit des jeunes hommes sur les images, balais en main, que ce type de campagnes de nettoyage est assez typique des actions menées par des civils engagés dans le monde arabe parce que la façon dont l'environnement y est parfois traité dit beaucoup du rapport à l'espace public, et peut-être d'une sorte d'état dépressif larvé auquel il faut s'attaquer pour redonner sa place au politique. Et puis le film ne mentionne jamais que des centaines de gens de Douma se prennent d'affection pour Samira et Razan parce qu'elles dédient une grande partie de leur temps à les aider.

Dans une vidéo sur laquelle on voit Razan en train de balayer, celui qui filme lui demande d'expliquer son geste. Razan lève la tête (si on l'a déjà vu, on le reconnaît, son sourire en coin), elle répond sans arrêter de balayer – de ce ton plat et ironique que j'adore mais qui devient glaçant en rétrospective –, explique qu'elle a été capturée par les révolutionnaires, qu'ils la forcent à ces travaux physiques et la traitent bien mal.

Je voudrais que l'image du décalage, à la fin, ne prenne pas trop de place mais je finis aussi par me dire que si sa mise en scène crée une certaine gêne, ce décalage me semble néanmoins nécessaire. N'est-il pas essentiel au rôle que Razan doit jouer au sein de sa société ? La distance n'est-elle pas requise afin qu'elle puisse, dans la masse des contradictions que génère le soulèvement, mettre en lumière les points aveugles ? N'est-ce pas là sa fonction ? Mais elle ne doit pas se tromper sur ce qu'elle choisit de mettre en lumière sinon elle ne sera plus entendue, l'écoute se refermera une fois pour toutes.

Razan conduit (assez mal), sillonne la Ghouta. On se dit qu'elle doit aimer ça quand on la découvre sur une photo, épuisée mais souriante, au volant d'une vieille voiture. À nouveau, elle peut raconter dans ses articles ce qu'elle voit, et l'usage du témoignage se fait plus discret, moins central. Elle observe, prend la mesure de ce qui l'entoure, cherche le champ adéquat, en repérage avant d'engager la lutte.

Elle traîne sur la place principale de Harasta, rebaptisée place de la Liberté par les révolutionnaires, se souvient de la manifestation à laquelle elle a participé dix-huit mois plus tôt, des cris renvoyés dans un écho grisant par des immeubles qui ne sont plus là. Elle ne reconnaît rien, découvre un quartier rasé par l'armée loyaliste pour ouvrir la perspective. Les antennes satellites jonchent le sol, sur un pan de mur effondré elle déchiffre ces mots, écrits à la peinture noire : *Nous resterons*, mais il n'y a plus personne, juste une poignée de soldats rebelles qui veillent sur des décombres dont émane une odeur insoutenable.

Elle passe du temps dans les locaux de la Défense civile, un groupe qui s'est improvisé pour organiser les secours, parle avec des blessés dont l'état nécessite des soins impossibles à recevoir dans la Ghouta, qui expliquent préférer voir leur santé se détériorer dans leur minuscule zone libre plutôt que de risquer la capture et se retrouver dans les sous-sols du régime. Un camion de vendeur de glaces a été transformé en morgue. À côté, sous une tente, un homme et une femme préparent les cadavres avant leur mise en terre. Ils ont aménagé tout près un petit jardin dans lequel ils font pousser du persil, des oignons et quelques légumes. Razan partage avec eux un repas modeste pendant qu'ils lui racontent les querelles et luttes d'influence qui abîment leur organisation, là encore, comme partout.

Elle écoute, prend la mesure, sa vision s'affine.

L'intuition émerge, elle est frappée par la façon dont certains groupes armés utilisent leurs ressources financières pour tenter de mettre en place des services publics – écoles, tribunaux, collecte d'ordures, boulangeries subventionnées… il faut tout réinventer. On la voit s'engouffrer sur ce terrain, c'est là qu'elle va pouvoir faire quelque chose : établir des institutions solides, indépendantes de forces politiques et d'autorités étrangères intéressées au succès de tel ou tel groupe, dont le soutien pourrait s'arrêter soudain. Elle s'intéresse à l'organisation des services parce qu'elle sait bien que c'est là le dernier espoir de la révolution, qu'il faut que ça marche, qu'il faut que la vie s'organise dans les zones libérées. Il n'y a qu'à observer le régime s'acharner sur les installations qui permettent à la vie de s'organiser pour comprendre qu'il s'agit bien de l'enjeu principal : que ça marche. Et pour que ça marche elle en est sûre, la tâche doit revenir aux civils.

Elle entre en contact avec les rebelles pour tenter de dégager l'espace nécessaire, renouer avec sa capacité à pousser les murs et à gagner du terrain. Au printemps 2013, la cartographie des groupes armés est encore complexe et dynamique dans la Ghouta. Il y a trois groupes principaux : la Brigade de l'Islam (Liwa al-Islam) de Zahran Alloush, la Brigade du bouclier de Douma dirigée par Khabbiyeh et la Brigade des martyrs de Douma contrôlée par Taha. Mais il reste aussi un grand nombre de groupuscules aux allégeances mouvantes qui forment la nébuleuse de l'Armée libre. Juste avant l'arrivée de Razan, Taha et Alloush se sont réparti les responsabilités dans le cadre d'un conseil militaire mais derrière cet accord de façade les rivalités font rage, chacun tentant de récupérer le soutien des petites bandes armées indépendantes.

La distinction entre des groupes armés capables de collaborer avec des civils et des laïques, et d'autres comme Liwa al-Islam qui semblent inaptes à de telles alliances, n'échappe pas à Razan qui se rapproche des premiers. On la voit bien avancer vers une confrontation inéluctable parce qu'elle l'ignore encore mais le groupe d'Alloush va finir par prendre le pouvoir, par tout contrôler, et en rétrospective on voudrait pouvoir l'arrêter, la mettre en garde – même si l'on sait qu'on n'arrête pas Razan.

Tout va très vite. Les rapports de force bougent chaque jour. Elle s'accroche, suit, continue de décrypter, fait tout pour ne pas laisser se déliter sa compréhension de cet environnement volatil, pour se positionner au mieux dans une réalité accélérée et de plus en plus ardue à déchiffrer, même pour elle.

Ses amis ont découvert sur la ligne de front l'entrepôt de l'un des libraires les plus fameux de Damas, Al-Nouri. Au fil des semaines, ils transportent les livres pour les mettre à l'abri, dans le centre de Harasta. Ils en récupèrent certains, Razan met la main sur *Les Mandarins* de Beauvoir en deux volumes. Elle ouvre le premier sans tarder.

Khabbiyeh et Taha ont joué un rôle clef dans la défaite du régime à Douma. Ils viennent de la région, sont assez ouverts malgré leur conservatisme et Razan décide d'aller à leur rencontre. En parlant avec eux, elle comprend que la plupart des bataillons sont confrontés à un sévère manque de moyens, qu'ils manquent de tout en fait et que c'est en grande partie ce qui fait le succès de Liwa al-Islam, le groupe d'Alloush, soutenu financièrement par le Koweït, le Qatar et l'Arabie Saoudite. Les groupes sont minés par des divisions entre anciens civils et anciens soldats de l'armée d'Al-Assad ayant fait défection, par la reproduction des comportements de prédation, la corruption, la suspicion en héritage, la peur malade des espions du régime.
Razan décide de se lancer dans deux grands projets : la mise en œuvre d'un système judiciaire civil et indépendant, la création d'un conseil local civil.

Et si elle réussit, ces expériences pourront être répliquées dans toutes les zones libérées du pays.

Elle s'entend assez bien avec Khabbiyeh (il faut prendre le temps de l'imaginer, tout de même, débarquer chez ces hommes armés, trouver les moyens d'être prise au sérieux). Il dit souhaiter que les civils gèrent la chose publique mais reste persuadé que ce n'est pas du tout ce vers quoi la région se dirige. Il prédit même que celui qui n'est pas soutenu par un groupe armé ne tiendra pas longtemps. Razan écrit : *Je lui ai répondu avec confiance que je n'avais le soutien d'aucun militaire depuis le début de la révolution et que j'étais encore là. Mais Abou Ali a insisté et m'a dit : "Tu ne tiendras pas longtemps!"*

Elle ne l'écoute pas. Il faut dire à sa décharge que Khabbiyeh tient des propos étranges, imprégnés d'une paranoïa qui dépasse un peu les bornes et entame sa crédibilité. Quand elle lui rappelle qu'il a annoncé sur YouTube la mort de Bachar al-Assad, il répond que oui, le président a bien été tué, que toutes ses apparitions dans les médias sont le produit du régime qui n'a jamais cessé d'en trafiquer les images.

Il faut continuer de naviguer, multiplier les rencontres, écouter les civils qui se plaignent du comportement prédateur de ces groupes, de leurs liens avec le trafic et la criminalité, de la façon dont ils détournent les biens, volent, prennent des drogues – comme d'habitude tout finit par se mêler. La suspicion et les luttes intestines pour le contrôle du trafic occupent une place centrale, leur pouvoir de nuisance est un effet direct de la stratégie du siège ; elles sont redoutablement usantes.

Razan a toujours la conviction qu'il est possible et nécessaire de travailler avec les populations conservatrices de Douma, même avec certains islamistes. Sa certitude qu'il est possible de parler avec eux parce qu'elle les connaît et les a tellement fréquentés l'anime encore. Elle croit avoir du crédit grâce à son passé, aux détenus qu'elle a défendus – dont certains venaient de Douma. Mais ils ont changé, ils changent, tout va très vite. Elle continue de lier la souffrance, la pauvreté, les mauvais traitements au besoin de conservatisme et de religiosité, de vouloir lier la ville et sa banlieue, les classes moyennes et libérales aux classes pauvres et religieuses – une envie de lien qui apparaît comme le négatif exact de la fragmentation orchestrée par le régime, qui manipule et élargit toutes les lignes de faille. Elle croit encore à cela et c'est l'un des éléments qui la rendent insupportable au groupe qui est en train de conquérir le pouvoir.

L'histoire de mon deuxième livre se déroule dans un pays sans nom, qu'on appelle *la région*. La guerre y sévit, oppose les religieux insurgés aux autorités, qui font tout pour que la zone soulevée souffre de la pauvreté. Une jeune femme travaillant à l'organisation pour la paix se rend dans la région pour tenter d'aider les populations qui vivent du côté des religieux insurgés. Sa voiture passe sur une mine posée par un combattant insurgé et elle finit ainsi assassinée, par ceux-là mêmes qu'elle est venue secourir. Comme la jeune femme, comme Seurat, Razan s'est approchée pour mieux comprendre et c'est l'un des aspects tragiques de son histoire parce qu'elle a pensé que ce mouvement fait vers l'autre la protégeait. Mais tout de même je n'en démords pas, il sera toujours plus beau de disparaître en essayant de s'approcher que le visage ravagé par la haine.

Elle se déplace et instaure le dialogue, met en place une conversation. Sa légitimité d'opposante historique au régime et de défenseuse des islamistes la précède et l'accompagne. Dans le cadre de la réforme des institutions judiciaires, Razan s'attaque à la documentation des violations commises par les rebelles. Le plus souvent elle se heurte à l'incompréhension, comme chez le commandant Taha qui lui explique qu'une ligne infranchissable sépare les gens comme elle, spécialisés dans l'édification, et les gens comme lui, les *vrais combattants*, qui n'ont que faire de ces discours pontifiants. La ligne éternelle, tracée pour mettre à l'abri les seconds des premiers.

Mais elle finit par remporter une victoire quand Taha – *habillé d'un costume traditionnel, comme s'il sortait de la fameuse série* Jours levantins – lui dit : *Quiconque s'est levé contre les violations commises par le régime, avant même le début de la révolution, doit faire la même chose face aux violations commises dans nos prisons. Nous n'accepterons pas l'injustice, ne revêtirons pas le même vêtement de déshonneur, ni ne construirons notre pays sur des montagnes de crânes. Nous allons le faire sur des bases saines, chacun devra répondre de ses actes et la vengeance véritable se trouve dans la bonne mise en œuvre de la justice.* Razan, incrédule, répète les mots à la fin de son article, comme pour se persuader qu'ils ont bien été prononcés.

Depuis qu'elle a quitté les comités de coordination, elle consacre à nouveau une énorme partie de son temps au travail de documentation et continue de recevoir des informations de tout le pays. C'est un travail qu'elle connaît par cœur mais qui prend une nouvelle dimension. Depuis des mois déjà, Razan traque les violations commises par l'opposition qui plagie les crimes du régime et le fait au nom de la révolution. Elle rencontre d'anciens prisonniers, cherche à visiter les prisons, les centres de détention qui ont été réinvestis par les groupes armés. Elle s'intéresse aussi au traitement que les groupes armés réservent aux activistes déjà largement décimés par le régime, recense les kidnappings, les menaces, les détentions arbitraires et les agressions physiques. L'État islamique – encore EIIL – fait son apparition sous la plume de Razan qui les accuse de détenir, dans les rangs de l'opposition et à travers tout le pays, le record des violations à l'égard des activistes.

Elle ne laisse rien passer, accumule de la matière, écrit un rapport en juin 2013 sur le système judiciaire et carcéral dans la Ghouta et les violations commises. Elle fait le choix de partager ce texte avec les groupes rebelles mais de ne pas le publier, et j'aime bien le jour sous lequel cette décision la présente. Malgré l'intransigeance des principes, elle veut croire encore en la possibilité qu'un tel travail puisse modifier le cours des choses.

Les activistes ne sont pas prêts à entendre ce qu'elle révèle, à admettre les nuances. Ils ne commenceront à comprendre qu'après le 10 décembre.

De leur côté, les groupes armés sont exaspérés par sa façon d'insister ; ils sentent bien qu'elle ne cédera sur rien.

Taha et Khabiyyeh la reçoivent, lui ouvrent certaines prisons et centres de détention, l'assurent de leur soutien (même si le premier tente de lui expliquer que faire respecter certains principes lui semble impossible, qu'elle doit comprendre l'atmosphère de rage qui se saisit des hommes après les combats, la difficulté de contrôler cette rage destructrice). Alloush, lui, maintient ses portes bien fermées. Malgré ses demandes, les hommes de Liwa al-Islam refusent de rencontrer Razan qui décide de débarquer au tribunal tenu par le groupe pour demander qu'on lui ouvre la prison. Ils l'accusent d'être une espionne, lui demandent pour qui elle réunit ces informations, comment elle est arrivée à Douma et surtout pourquoi. En juillet, Zahran Alloush finit par accepter de recevoir Yassin mais cette occasion vient trop tard, l'écrivain est déjà en chemin pour Raqqa.

Razan se rend dans les QG de certains groupes, pour expliquer aux combattants ce qu'il faut faire et ne pas faire avec un ennemi que l'on vient de capturer. Dans les rushes des images filmées par Al-Homsi avant son départ pour Raqqa, on la voit, petite, dans une salle en sous-sol faiblement éclairée. Les chaises forment un cercle, elle est entourée par des hommes auxquels elle s'adresse, d'une voix sûre et une cigarette à la main. Wael se tient debout derrière elle. Ils l'écoutent expliquer, sans dire un mot, et il est difficile de se représenter ce qu'ils pensent au fond de cette fille.

Razan envoie donc son rapport sur les violations aux groupes armés. À la fin elle liste un certain nombre de recommandations et d'après ce que je sais, personne ne prend la peine de lui répondre. Après l'enlèvement, ses camarades rendent public le rapport.

À Douma l'été est chaud, les ordures ne sont pas ramassées régulièrement, la ville est envahie par des moustiques, des mouches, des insectes en tout genre. Pour passer le temps quand Internet cesse de marcher, Razan joue à un jeu vidéo. Elle demande à ses amis à l'étranger de lui acheter des clefs pour lui permettre de passer les tableaux.

Razan continue de se concentrer sur les crimes du régime pendant cet été 2013, qui semble avoir été l'un des pires moments de la répression – arrestations, torture, morts sous la torture. *La chaise allemande, le pneu, le tapis volant, le fantôme* : on dirait des noms de jeux d'enfants mais ce sont quelques-unes des techniques favorites des *mukhabarat* syriens. Après la Seconde Guerre mondiale, Alois Brunner, officier SS ayant travaillé avec Eichmann, a trouvé refuge à Damas où il a fait carrière auprès des services secrets. Il y a enseigné des méthodes de torture pratiquées par la Gestapo aux jeunes membres des renseignements, avides de découvertes.

Depuis le début de la révolution, des déserteurs de l'armée syrienne rejoignent les rangs des rebelles avec leurs pratiques, les transmettent. Face à la filiation de ceux qui travaillent en pleine lumière et prennent tous les risques se déploie celle de l'ombre, de la violence, des cris arrachés à ceux que personne ne peut venir sauver.

Aujourd'hui on retrouve la chaise allemande, le pneu, le tapis volant et le fantôme dans les prisons de l'État islamique.

Un système se substitue lentement à un autre. Yassin al-Haj Saleh écrit dans l'un des articles rassemblés dans *La Question syrienne* : *Au tout début de l'année 2012, on a commencé à entendre le slogan "Notre guide éternel est notre prophète Mohammad!"*, *qui est une version légèrement remaniée d'un slogan assadien qui s'était répandu après le massacre de Hama en 1982 : "Notre guide éternel est Hafez al-Assad." Il m'est arrivé de lire sur les murs de la Ghouta orientale : "L'islam sinon rien", "L'islam ou nous brûlons le pays", "Les soldats de l'islam sont passés par là", "L'islam pour l'éternité", mot d'ordre où le terme "islam" remplaçait tout simplement le terme "Al-Assad". Mêmes expressions, mêmes assonances, même ponctuation. J'ai également eu l'occasion de visionner une vidéo dans laquelle le leader d'une formation militaire salafiste, Zahran Alloush, disait entre autres propos : "L'islam sinon rien!"*

Un soir de l'été 2013, Razan et Samira prennent leur voiture pour aller manger une glace à Hammourieh. Elles écoutent Mohamed Mounir et, pour éviter d'être prises pour cibles par les snipers, roulent lumières éteintes.

L'acharnement contre Homs n'a toujours pas cessé. Il dure depuis un an et demi et sert d'emblème pour tous, provoque l'effroi. Mon compagnon en revient un jour avec une vidéo qui dure plusieurs minutes, pendant lesquelles il traverse la vieille ville en voiture, sur le siège passager. (Dans le livre de Littell, je me souviens qu'il évoque les téléphones portables des Syriens, écrit qu'ils sont comme autant de *musées des horreurs*.) Les bombardements ont duré des années. Il n'y a plus un bâtiment debout, pas une façade, pas un tas de ruines dont la hauteur soit supérieure à une dizaine de mètres. C'est systématique, total. On entend S. qui semble avoir du mal à y croire : *Il n'y a pas un seul immeuble qui puisse être reconstruit.* Celui qui est au volant répond : *Non, pas un.* La vidéo dure quelques minutes et les deux hommes ne se déplacent pas très vite. La profondeur du champ est immense, paraît sans fin.

Des quartiers entiers sont rasés, les avocats, médecins, juges et pharmaciens ont été ciblés comme à Hama et poussés au départ depuis longtemps. Des superpositions, des redites qui égarent et étourdissent. On voudrait que chaque horreur advenue rejoigne celles qui l'ont précédée dans le passé, qu'ainsi elles disparaissent et qu'on puisse passer à autre chose. Ne surtout pas se mettre à croire à l'éternel retour qui pourrait tout venir paralyser. Mais il semble bien pourtant que l'horreur soit vouée, quand elle est tue, à revenir, pas seulement sous la forme d'un fantôme puissant mais à revenir, *vraiment*. Dans un texte écrit au cours de cet affreux été 2013 qui ne fait que commencer, été plombé par les mouches et les moustiques contre lesquels personne ne parvient à lutter, Razan écrit : *Évidemment, personne ne s'est préoccupé ni ne se préoccupera de ce qui arrive en Syrie, et l'expérience douloureuse de ce qui se passe à Homs en fournit le meilleur exemple. La guerre est une question de redites et de retours.*

Razan avait quitté Damas sans sa chatte Loulou mais un ami la lui a ramenée. Il est aussi venu avec un autre chat, élevé dans une prison qui ne figure pas au rang des pires par l'un de leurs amis. Un chat minuscule dont Razan a décrété qu'il s'agissait d'une femelle et qu'elle a appelé Loulou, comme l'autre *(L'un s'appelait Loulou, l'autre s'appelait Loulou).*

Pour qu'on puisse s'y retrouver, on appelle le chat minuscule Loulou junior, et après quelques jours, les amis de Razan comprennent qu'elle s'est trompée et qu'il s'agit en fait d'un mâle ; la confusion les fait encore rire aujourd'hui. On raconte que dans le camp palestinien assiégé de Yarmouk on commence à manger les chats, Razan dit en plaisantant qu'elle va écrire un rapport sur cette violation caractérisée. Je suis heureuse de savoir qu'elle avait retrouvé ses chats.

L'étanchéité du siège devient presque complète. Samira parle avec Yassin sur Skype : *Il n'y a plus d'essence, dans deux ou trois jours vous ne pourrez plus nous voir. [...] Quand le siège a commencé il y avait de tout dans les rues : des pâtes, du riz, tout. Mais maintenant tout a disparu, on ne trouve plus que des produits de nettoyage.*

Razan et Samira se lancent dans des projets de soutien aux populations. Elles aident des femmes sans ressources. Les femmes préparent des plats qu'elles vendent et puis quand ça devient trop difficile de trouver de la nourriture elles fabriquent des vêtements. Déjà du temps des comités de coordination, Razan s'était adonnée à ce type d'activités, avait organisé le soutien aux familles de martyrs et de disparus, aux déplacés.

Elle obtient aussi des soutiens financiers à l'étranger pour des projets pensés et mis en œuvre par d'autres. On vient la trouver. Majd al-Dik raconte la scène de rencontre dans son livre *À l'est de Damas, au bout du monde* : *De manière subtile, Razan essayait de saisir nos orientations. "Il y a beaucoup de gens qui peuvent vous financer ici, non ? Qui ça ? Liwa al-Islam?" J'ai répondu qu'on était des civils, et qu'on ne voulait dépendre d'aucun courant militaire, religieux ou politique. […] J'ai vu l'ébauche d'un sourire se dessiner sur son visage, aussitôt effacé. J'avais cependant compris qu'elle appréciait mes paroles.* Razan, comme une sorte de sage dont on vient chercher l'adoubement et le soutien, avec cette façon d'obtenir ce qu'elle veut en peu de mots, de dispenser mines et silences sibyllins. Le jeune homme est impressionné et, quelques jours plus tard, il se rend à leur rendez-vous alors qu'il a été blessé en chemin dans un bombardement. Quand il arrive, elle sort de sa chambre et l'observe. *Elle ne laissait pas transparaître ses émotions, et pesait mûrement chacune de ses paroles. "Pourquoi es-tu venu dans cet état? Tu aurais dû rester te reposer."* Une présence de vestale, cinématographique.

Cette partie de son travail soulève une difficulté majeure parce qu'il faut trouver de l'argent et surtout il faut le faire entrer, se familiariser pour cela avec les réseaux du trafic puis négocier avec les autorités locales. Ce sont des affaires troubles. Les frictions sont inévitables et surtout le poison de la suspicion continue de se répandre. Tant d'argent? Mais pour quoi faire? Elle prétend aider des veuves mais ne soutiendrait-elle pas plutôt certains de ces bataillons dont nous cherchons à nous débarrasser? Gardons-la donc à l'œil.

En juillet, le président égyptien Morsi, élu démocratiquement un an plus tôt, est renversé par un coup d'État militaire. Cette grande communion dans laquelle la révolution syrienne a éclos, ce sentiment de dialogue avec le reste du monde arabe, avec le monde tout court dont les Syriens s'étaient si longtemps sentis coupés, ce lien entre les peuples tournés vers un même objectif qui avait suscité tant de joie est en train de disparaître.

L'espace se referme autour des Syriens, autour de Razan.

*

Lui :

Il y a de gros rats qui vivent ici. On les voit partir le matin, ils vont faire ce qu'ils ont à faire et ils reviennent le soir. Ils n'ont pas du tout peur de nous. On paye trois cents dollars par mois pour cette pièce minuscule. Quatre cents avec l'eau et l'électricité.

J'avais des moutons dans un village près d'Alep.

Ce qui me manque le plus c'est *l'air* syrien (il frotte son pouce et son index). J'ai passé sept ans à Chypre à travailler sur des chantiers pour gagner assez d'argent et pouvoir construire ma maison. Pendant sept ans je ne pensais qu'à retrouver l'air syrien. La nourriture, le lait, l'eau ; tout a un goût particulier en Syrie. Ici même l'eau n'est pas bonne. Mais maintenant en Syrie l'air n'est plus le même ; trop de sang, trop d'étrangers. Mais *inch'Allah* on le retrouvera – je serais mort si cet air avait disparu pour de bon.

J'ai construit une maison de quatre pièces. Une belle maison. J'ai passé douze ans de ma vie à la construire : sept années à gagner de l'argent à Chypre et cinq à la construire. Tout a été détruit.

Ma femme vient de Deraa. Elle vivait là-bas avec sa mère et ses frères avant de m'épouser. C'est dans la base militaire près de chez elle que j'ai fait mon service militaire et c'est comme ça que je l'ai rencontrée. *I see she I love she* – j'ai appris un peu d'anglais à Chypre.

Sa famille possédait quatre maisons et elle va te montrer ce qu'il en reste. Montre-lui le film. Il y avait huit cents personnes dans le village mais tout le monde est parti. Ils se sont retrouvés entre une base du régime et des combattants de l'Armée libre. (Elle pleure.) Ils ont tout détruit, tout. Le frère de ma femme était gendarme mais il a déserté. Il doit se cacher maintenant. Du régime mais aussi de l'opposition.

C'est son frère qui nous a envoyé ce film il y a trois mois mais là on vient de demander à sa sœur de le renvoyer pour que tu le voies. J'avais dû l'effacer parce qu'elle n'arrêtait pas de le regarder et de pleurer.

Elle (un jour où il n'est pas là) :

Les gens de l'Armée libre sont tous des drogués qui boivent de l'alcool et vont voir les prostituées. Ils ont menacé mon frère. Ils lui ont demandé de quitter la police. Ils l'ont obligé. Ils lui ont dit : Si tu ne démissionnes pas on va vous tuer, toi et ta famille. Il n'a pas eu le choix. Ils avaient aussi menacé un cousin et ils ont fini par le tuer devant sa mère et sa sœur quand il a refusé.

Mon frère a réussi à aller jusqu'à Mambij mais Daech l'a arrêté et a confisqué sa carte d'identité. Ils voulaient qu'il participe à une formation religieuse mais il avait entendu dire que s'il faisait la formation, ils ne le laisseraient jamais en paix. Et puis s'ils avaient appris qu'il avait été gendarme... Il a réussi à s'enfuir. Il est en Turquie maintenant. Il n'a pas de papiers d'identité mais peu importe, je suis tellement soulagée de le savoir sorti du pays. J'ai juste peur que quelqu'un trouve sa carte chez Daech et qu'on pense qu'il a été avec eux. Je lui parle tous les jours sur WhatsApp. Mon mari a encore supprimé la vidéo de mon téléphone pour que j'arrête de pleurer (elle se met à pleurer).

*

On veut bien croire Obama lorsqu'il trace la ligne rouge en août 2012, qu'il affirme que l'utilisation des armes chimiques changera la donne alors que le régime syrien vient d'admettre en posséder, tout en assurant que jamais il ne s'en servirait contre son peuple.

En décembre 2012, des premières attaques chimiques ont lieu, à *petite échelle*. On n'en parle pas car tout le monde préfère ne pas en parler. La première a lieu à Homs et fait sept morts. Ce n'est pas grand-chose au milieu du décompte global, presque rien, on peut continuer à fermer les yeux. Puis Alep et la Ghouta au printemps 2013. Obama réaffirme que l'utilisation d'armes chimiques changerait la donne comme s'il ignorait que, déjà, elles sont à l'œuvre. Adra, puis encore une fois Alep, puis Saraqeb, à *petite échelle* toujours. Les renseignements américains admettent qu'Assad a pu utiliser du gaz sarin. En juin, Fabius dit n'avoir aucun doute. Puis on finit par admettre à la Maison Blanche que l'utilisation des armes est très probable mais rien n'est fait.

Le 14 août, Assad autorise une équipe des Nations unies à entrer en Syrie pour mener l'enquête. Leur mandat les autorise à établir si oui ou non on a fait usage d'armes chimiques mais non à conclure sur l'identité de ceux qui en ont fait usage.

Le 21 août, l'équipe des Nations unies est encore présente dans le pays et rien ne dit mieux que sa présence le dédain entretenu par le régime pour la *communauté internationale*. Le régime pousse, tout le temps et sans relâche, en remportant de petites victoires chaque fois qu'en face on se réfugie dans les lâchetés les plus petites ou les plus grandes.

Le 21 août, quand Razan se réveille, elle comprend que quelque chose de grave s'est produit. Elle part tout de suite avec ses équipes et passe la journée dans la Ghouta, se rend aux points d'impact, à Zamelka, Jobar, Ein Terma, dans les centres médicaux, interroge les docteurs, recueille les témoignages, filme, prend des photos, réunit une matière énorme.

Ce premier jour, Razan et les siens ont tous le nez qui coule et des maux de tête sévères, certains ont des nausées, des vertiges. Ils ne devraient pas se rendre si près des lieux où sont tombées les roquettes, c'est de l'inconscience. Mais Razan et les autres sont poussés par l'ampleur de ce qu'ils découvrent. Il faut voir et documenter, le faire sans tarder car les traces du sarin disparaissent rapidement. Il faut accumuler les preuves mais aussi et surtout faire le tour de l'événement, en saisir l'envergure. Ils ont du mal à y croire, comptent les corps, des centaines, mille, plus de mille. Ils ne s'arrêtent pas, pendant plusieurs jours, ils y retournent et abattent un travail incroyable, rapportent des preuves. Le lendemain puis le surlendemain, quand l'odeur des gaz a fini par laisser place à celle des cadavres dont personne ne sait comment gérer le nombre sous la chaleur accablante.

Pendant ces quelques jours, le travail de Razan et de ses collègues change la donne. S'ils n'avaient pas été là on n'aurait pas su avec autant de certitude, autant de précision. Tout de suite, elle s'adresse à des spécialistes pour savoir quelle est la procédure à adopter en cas d'attaques chimiques, pour savoir quelles sont les bonnes questions à poser ; elle part précipitamment au volant de sa voiture, très tôt le 21 août, mais elle s'est préparée.

On sait comment travaille Razan et ce qu'elle nous livre de ce qu'ils ont vu, j'y crois sans l'ombre d'un soupçon, je crois à tout, son travail a gagné ma pleine confiance. En ces jours d'août, c'est ainsi que celles et ceux qui travaillent dans les organisations internationales, les organisations de défense des droits de l'homme, les ambassades, considèrent les chiffres et les récits qu'elle leur transmet ; ils savent qu'elle dit vrai. Ils savent.

Depuis deux ans, les familles de la Ghouta ont toutes trouvé refuge dans les caves, les rez-de-chaussée, les premiers étages ; au ras du sol. Les produits libérés par les armes chimiques perdent en intensité en s'élevant vers le ciel et c'est au ras du sol qu'ils sont les plus condensés, les plus létaux.

Razan et son ami de Darayya rencontrent un homme d'une cinquantaine d'années qui leur raconte comment il a sauvé sa famille. Quand il a entendu les roquettes, il a senti que quelque chose d'étrange avait lieu, il a mouillé des linges, en a fait des masques pour sa femme et ses enfants. Il est un *homme normal* qui n'a aucune connaissance médicale mais qu'une intuition a traversé. Il a pensé ensuite qu'il devait aider les autres habitants de l'immeuble, alors il est descendu avec le masque qu'il s'était fabriqué pour frapper chez ses voisins. Comme personne n'a répondu il a forcé la porte. Des gens avaient trouvé refuge dans cet appartement parce qu'il se trouvait au rez-de-chaussée, et l'homme a trouvé trente corps, dont ceux de son voisin et de sa famille. Tandis qu'il continue à parler, Razan et son ami découvrent que la mère et la belle-sœur de l'homme sont mortes cette nuit-là mais qu'il n'a pas commencé son histoire en leur disant : *J'ai perdu ma mère et ma belle-sœur.* Il a commencé par vouloir leur raconter l'ampleur de l'événement.

On trouve beaucoup de vidéos sur Internet. De longs travellings qui révèlent des corps et des corps, morts ou suffocants, mais je vais me concentrer ici sur ce que Razan a choisi de raconter. Le 23 août, elle est interviewée sur une chaîne internationale par une journaliste américaine. On entend juste la voix de Razan et on voit une photo d'elle : elle porte son bandeau à damier noir et blanc sur la tête, souriante, le visage encore plein (visage disparu depuis longtemps déjà). Ils ont aussi invité Patrick Cockburn, un journaliste irlandais familier du terrain syrien. Le format est celui d'un débat. Elle parle, il parle, sur fond d'images YouTube des victimes de l'attaque chimique du 21.

J'ai peur au début que la voix de Razan ne se brise et puis je comprends que ça doit être sa voix à présent. Une voix qui semble toujours sur le point de se briser, une voix sur le fil qu'on entend vibrer contre les parois de sa gorge. Une voix déplacée qui a changé de registre, a basculé dans l'amertume, qui semble ignorer les règles d'usage quand on cherche à se faire entendre. On sent qu'elle voudrait juste crier, qu'en réalité toutes ses forces sont concentrées là, dans l'effort qu'elle fait pour ne pas se mettre à hurler. Elle n'est pas sur le point de flancher mais sur le point de se mettre à hurler. Au début elle prend le temps. Quand la journaliste lui demande : *Razan, racontez-nous ce que vous avez vu*, elle prend le temps de remettre le 21 dans son contexte, de rappeler les bombardements quotidiens, le siège, l'épuisement des ressources, le dépérissement des structures médicales.

Et puis elle se lance, explique qu'au début, ils ont pensé que ce serait comme les attaques précédentes, qu'il y aurait *seulement* quelques dizaines de blessés et quelques morts. Et puis ils sont allés dans les centres médicaux. *On n'en croyait pas nos yeux* (comme cette expression revient dans les témoignages). *De ma vie je n'ai jamais vu une tuerie pareille. Les gens étaient allongés par terre, dans les couloirs.* Les masques à oxygène manquent, les médecins doivent choisir qui aider et ignorent comment faire un tel choix. (Des images montrent un médecin qui passe un masque du visage d'un petit garçon en pyjama à celui d'une petite fille en chemise de nuit, très vite et sans relâche.) Elle raconte qu'elle a parlé avec les infirmiers qui ont défoncé des portes, trouvé des familles entières mortes dans leurs lits. Elle raconte qu'elle est allée dans les cimetières, qu'on y enterre les gens dans des fosses, quinze, vingt personnes à la fois. La voix toujours chancelante, elle raconte les gens qui errent dans les rues à la recherche de leurs proches.

La journaliste lui demande si elle sait avec certitude qui est responsable du massacre. Razan répond mal et se met presque en colère. *Vous croyez qu'on est assez fous pour tuer notre propre peuple ? Nos propres enfants ?* Comme si elle n'en revenait pas qu'on lui pose la question. Elle savait pourtant que c'était tout l'enjeu de l'interview, elle connaît mieux que personne l'importance des preuves mais là, non, elle n'y arrive pas. On entend que cette affaire de preuves, depuis le temps que ça dure, qu'elle les rassemble et que rien ne se passe, ça suffit. La journaliste sent la tension et reformule la question. Razan essaie de se ressaisir, explique que les roquettes trouvées sur place accusent le gouvernement et puis elle bascule à nouveau : *Vous n'avez pas encore compris que le régime est prêt à tout ?*

Et il faut bien que la journaliste passe la parole à Cockburn qui est sur cette ligne : les images sont accablantes mais n'oublions pas que nous avons affaire à une guerre des propagandes. On entendait juste la voix de Razan qui parvenait altérée parfois par une connexion assez mauvaise, mais lui on le voit devant sa bibliothèque, posé, sa voix est calme, l'anglais sa langue maternelle : *Vous l'avez dit, le gouvernement bombarde ces zones chaque jour, pourquoi se mettrait-il à utiliser des armes chimiques alors que c'est précisément ce qui pourrait provoquer une intervention étrangère ? Ce n'est pas un argument pour l'exonérer mais je trouve ça très bizarre.* Le doute est semé. Et l'homme s'exprime si bien, avec un tel flegme.

Razan lui répond. J'imagine ce qu'elle a dû ressentir en écoutant l'homme qui parle depuis son salon en Irlande, ce que ça a dû lui coûter de le laisser parler jusqu'au bout. Et cette façon habile de semer le poison du soupçon, l'air de rien. Elle répond qu'elle ne voit pas pourquoi le régime aurait hésité quand il savait que la communauté internationale ne bougerait pas – a-t-elle réagi à tous les crimes passés ? *Le régime sait bien que la ligne rouge d'Obama est un énorme mensonge.* Elle semble être dans un état second. À moins qu'elle ne dise ça de façon maîtrisée, dans l'espoir de provoquer quelque chose, une réaction, mais je ne crois pas. Elle passe tous ces jours qui suivent le 21 à se battre pour qu'une intervention ait lieu, elle dit y croire mais là elle dérape et laisse s'exprimer, dans l'espoir de trouver un argument face à Cockburn, le pessimisme le plus profond. Au moment où elle prononce ces paroles je suis persuadée qu'elle croit en ce qu'elle dit et l'on voit ainsi que le jour la nuit, elle passe son temps à osciller entre espoir et désespoir, qu'ils finissent sans doute par se confondre, qu'elle doit être dans un état de tension extrême à force d'abriter pareil combat. Je suis persuadée qu'à ce moment précis, elle est convaincue que la communauté internationale ne fera rien, et que c'est précisément dans ce moment de profond pessimisme qui laisse s'exprimer son sens du tragique, dans la vision la plus noire, qu'elle se rapproche de ce qui va advenir.

Cockburn reprend la parole, fait des petits bruits de bouche qui semblent exprimer une sorte de dédain pour la jeune femme qui se maîtrise mal, paraît n'éprouver aucune empathie. Au sujet de l'attaque il dit *ce qui semble avoir eu lieu*, et puis il répète : *Quand même, c'est bizarre.* Il se joue là une scène immémoriale : celui ou celle qui a des convictions, une colère à faire passer face à un sentiment d'injustice, se heurte à ce discours raisonné et pragmatique, empreint du doute rationnel auquel toute personne sérieuse doit laisser place. Et l'on joue dans un monde où il faut savoir adopter les règles et la langue du second pour pouvoir gagner. Razan le sait pertinemment mais ce jour-là, elle n'a pas pu. Et rien ne dit mieux l'horreur de ce qu'elle a vu que ce renoncement à la possibilité de gagner cette bataille.

Le sentiment d'injustice ne s'use pas chez Razan. Inaltérable, il continue de provoquer une chaleur en elle quand elle l'éprouve, d'embraser ses joues, et cette permanence du sentiment est à peine humaine. Il me semble que les femmes et les hommes de courage adoptent souvent des comportements héroïques par peur de leur propre lâcheté mais je ne crois pas que ce soit le cas de Razan ; son comportement vient de cette chaleur et elle confère à l'engagement qui s'y origine une dimension quasi spirituelle.

Depuis des années, je travaille seule et refuse systématiquement d'avoir à m'expliquer. Surtout ne m'expliquer de rien, n'être responsable de rien, et pourtant je n'ai cessé de tourner autour de cette question de l'engagement, de penser qu'il nous fallait revenir à la responsabilité pour nous sortir de l'instantanéité et de l'oubli, qui nourrissent la sidération et la peur. La responsabilité comme regard posé sur les ramifications, regard curieux, enthousiaste, avide de recherche, animé par le besoin de comprendre – retrouver l'insatiable curiosité du citoyen engagé, se tourner vers le passé, refuser l'impunité, attester la souffrance de l'autre et le rôle qu'on y a joué. Responsabilité des mots qu'on emploie, de ce qu'on fait de la langue, d'œuvrer sans relâche pour la garder du côté du vrai – quels que soient les détours employés. Pendant des années, j'ai développé une obsession de la responsabilité tout en refusant d'en prendre ma part et il me semble que là se trouve mon ultime réticence quant à l'idée d'écrire un livre sur Razan, parce que l'écrire me mettait dans une situation de responsabilité. Je devenais garante de son histoire et on ne manquait pas de me dire, en conclusion de chaque témoignage : *C'est important de raconter l'histoire de Razan*, ou : *Je suis heureux que quelqu'un fasse ce que tu fais*. Face à leur confiance, je sentais une masse compacte envahir ma poitrine et commencer à m'oppresser, mais quelque part au fond de l'effroi, une chaleur me semblait poindre.

Le lendemain de l'interview sur les attaques chimiques (a-t-elle seulement dormi un peu ? mangé quelque chose ?), elle fait paraître un article. Les images qu'elle avait évoquées la veille reviennent et l'on voit ici à l'œuvre la façon dont sa mémoire se constitue ; des sillons se creusent, une image plutôt qu'une autre. Ça se joue *dans* le cerveau de Razan. Elle évoque à nouveau les corps dans les couloirs mal éclairés des centres médicaux. Et tout de suite : *Je suis terrifiée par la torpeur que je ressens dans ma poitrine et le brouillard dans lequel des flashes me reviennent. Ce n'est pas la réaction qu'on est censé avoir après une journée passée à trébucher sur des corps alignés les uns contre les autres dans de longs couloirs sombres.* Les images des familles entières dans leurs lits sont aussi vouées à rester – *la mort groupée des familles est l'image la plus tenace* –, la colère des médecins obligés de choisir, les fosses communes du cimetière, les femmes errant à la recherche de leurs enfants, soulagées chaque fois qu'elles soulèvent un drap de ne pas reconnaître le leur, les enfants qui demandent où sont leurs parents et auxquels personne n'ose répondre. Elle évoque la colère mais trouve qu'il y a pire : la façon dont chacun doit, pour survivre, s'habituer à l'idée que tout est possible et qu'il faut s'y préparer. Elle imagine pour conclure cette adresse d'une mère : *Mon enfant, va te brosser les dents et va au lit, il est tard. Ne bois pas trop d'eau ! Si tu entends le vacarme d'un avion de guerre descends au sous-sol. Si tu sens une odeur bizarre, va sur le toit. S'il est trop tard et que tu ne peux rien faire, tu dois savoir que je t'aime mais que je suis impuissante.*

On dit que le massacre a eu lieu en représailles à une attaque au mortier dans laquelle Bachar al-Assad aurait failli perdre la vie début août. Lorsque son père avait échappé à un attentat, en 1980, mille prisonniers avaient été tués dans la prison du désert.

La plupart du temps, Razan pense que quelque chose va avoir lieu, que la communauté internationale va intervenir. Elle ne pensait pas en être encore capable mais pourtant là, elle a su ressentir l'horreur de façon vierge, avec la dose d'incrédulité dont elle s'accompagne, comme s'ils étaient face au premier crime. Plus de mille quatre cents morts, la plupart sont des femmes et des enfants (cette façon de décompter les morts comme si la mort des hommes n'avait pas la même valeur, qu'ils étaient forcément un peu responsables). Et si près de Damas ! Pendant quelques jours ça monte, les médias ne parlent que de ça, il va se passer quelque chose, la *communauté internationale* va entrer en action.

Ils attendent.

J'ai trouvé ce témoignage dans le livre de Joumana Maarouf : *Mon amie Samour a rejoint son mari dans la Ghouta orientale depuis quatre mois. Elle m'a écrit ceci : "Depuis la nuit de l'attaque chimique, à chaque fois qu'on entend un missile tomber, on crie : « N'ayez pas peur! C'est un missile Hatf! Pas de gaz! » Et on rit."*

Il va se passer quelque chose.

Le 21 août au soir, le Conseil de sécurité se réunit et on finit par y déclarer que la lumière doit être faite sur l'incident. Le 25, le régime autorise les observateurs des Nations unies déjà présents dans le pays à se rendre sur place. Le 31, Obama annonce qu'il va demander l'autorisation au Congrès pour une intervention militaire. Le 9 septembre, Lavrov fait une proposition : si les Syriens placent leur arsenal chimique sous contrôle international en vue de sa destruction et signent la convention internationale sur les armes chimiques, alors les États-Unis s'engagent à ne pas intervenir. Le 14, l'accord est conclu. Pendant les deux années suivantes, le régime syrien négocie des extensions, ne livre rien facilement selon son éternelle tactique de la tension permanente qui use l'adversaire, toujours moins obsessionnel dans son effort à lutter et à rendre les coups. En 2015, le régime a officiellement conclu sa part de l'accord mais il est soupçonné depuis lors d'avoir commis des attaques au chlore qui, selon les conventions internationales, n'appartient pas à la famille des armes chimiques. Certains groupes armés de l'opposition sont accusés d'avoir recours eux aussi aux armes chimiques. Ces attaques ont rejoint le grand cortège des crimes auxquels on s'est habitué.

Razan comprend vite que pour Bachar al-Assad l'interdiction d'utiliser les armes chimiques est aussi un blanc-seing pour l'utilisation de toutes sortes d'autres armes. Dans les mois qui suivent, les bombes barils font leur apparition, les bombes à sous-munitions et plus tard encore, le phosphore et les bombes qui perforent les abris souterrains.

Quand il se retourne sur cette année 2013, Yassin al-Haj Saleh confie qu'elle a été la pire : *L'expérience révolutionnaire et les institutions révolutionnaires sont mortes cette année-là. Le régime a utilisé les armes chimiques, il y a eu le deal, le coup d'État en Égypte, la montée de Daech et de Jabhat al-Nosra. Tout est devenu anti-révolutionnaire. On a assisté à une folle débauche de mort. Après l'été 2013, il n'y avait plus de bonnes façons d'agir pour les gens comme nous mais on ne pouvait se résoudre à admettre que c'était terminé. En arabe, on dit qu'on entre dans le mur.*

Elle reste éveillée presque toute la nuit, tchatte avec ses amis pendant des heures. *(Parce que la nuit il n'y avait pas de nouvelles, pas de violations, beaucoup de silence.)* Elle écrit dans un article : *À minuit, quand le bruit des quelques générateurs fonctionnant encore s'arrête, toute la ville plonge littéralement dans l'obscurité. Et quand s'éteint la bougie, les idées noires émergent.* D'autres messages dénués d'espoir me parviennent, par le biais de ceux à qui elle a choisi de les envoyer. Comme celui-ci : *On est en train de perdre le pays, on est en train de tout perdre. Il faut venir ici pour le comprendre.*

Avant qu'Obama n'évoque cette ligne rouge et que les attaques n'aient lieu, Razan s'est élevée très clairement contre une intervention occidentale hors du cadre onusien. Mais malgré sa lucidité elle n'a pu s'empêcher de croire aux mots parce qu'elle voulait y croire, parce qu'elle a passé sa vie à construire cette relation de confiance à la langue. Elle a cru, à cause de cette foi, à cause de l'ampleur de l'événement qu'elle a vu advenir et qu'elle a mesuré elle-même, qu'il se passerait quelque chose. Il ne s'est rien passé. Les mots une bonne fois pour toutes vidés de leur sens, essorés, les mots si puissants au début de la révolution ; voilà ce qu'il en reste.

Elle écrit : *En tant qu'activiste des droits humains qui a toujours cru aux principes humanitaires des Nations unies, je pourrais parler pendant des heures de la façon dont je me suis écroulée, de l'ampleur de l'humiliation ressentie quand le Conseil de sécurité a adopté la résolution 2118. Cette résolution sous-entend que Bachar al-Assad va continuer à régner sur la Syrie pour encore au moins un an, avec l'accord de la communauté internationale. La résolution révèle aussi le mensonge dans lequel nous avons vécu et personne n'a même fait semblant, dans le cas de la Syrie, de prendre en considération les principes des droits humains. Nos appels sont devenus inutiles, comme si un mur épais se dressait pour empêcher ces appels au secours de parvenir à l'Occident civilisé. Les Syriens n'oublieront pas que la communauté internationale a forcé le régime à démanteler son arsenal d'armes chimiques mais n'a rien pu faire pour le forcer à desserrer l'étau autour de villes où des enfants meurent de faim tous les jours. "N'a rien pu faire" n'est pas la bonne expression ; "n'a pas voulu" ou "n'a pas trouvé d'intérêt à" est sans doute plus juste. Les Syriens n'oublieront pas.*

De notre côté du *mur épais*, on survit très bien à tout cela. Un mauvais moment à passer, mais on survit. Ce n'est pas agréable de voir tous ces enfants morts mais finalement on n'est pas vraiment obligés de les regarder et puis c'est le mois d'août, on regarde l'actualité de loin. Le sort d'Alep et de l'opposition est contenu là, les jeux sont faits.

L'automne est sombre. Septembre, octobre ; presque plus rien n'entre et ne sort par les voies régulières. Les artères souterraines et les points de passage réservés à certains trafiquants ont entièrement pris le relais, renforçant le pouvoir des groupes armés qui les tiennent. Les civils sont pris en otages deux fois. Razan et ses proches souffrent de privations mais jamais de la faim, on leur fait passer de l'argent et ils s'arrangent. L'absence de Nescafé dont elle a l'habitude de boire des litres chaque jour, et des Marlboro Lights qu'elle aime fumer, contrarie Razan mais pour tout le reste ils se débrouillent. Sur les photos on la reconnaît à peine, elle est sans âge à présent, très maigre. Plusieurs de ses proches me disent qu'ils ont cessé de parler avec elle de la situation, que lorsqu'ils échangent avec elle ils se forcent à lui parler d'autre chose, *pour lui changer les idées*.

En septembre, Liwa al-Islam remporte la bataille pour le contrôle de l'opposition et fusionne avec quarante-deux groupuscules. La Brigade de l'Islam devient Armée de l'Islam, Jaish al-Islam. Quand, le mois suivant, Alloush est exclu par Taha du conseil militaire de Douma, il part avec tous ses fidèles et le conseil s'effondre. L'affrontement devient alors ouvert et armé entre Alloush et les groupes ayant refusé de se rallier à lui.

Tout se délite. Razan s'en prend à la communauté internationale qui n'a pas fait des zones assiégées un enjeu des négociations sur les armes chimiques. *Ça aiderait peut-être de rappeler que la mort due à la guerre, la famine ou la maladie n'a rien de moins cruel que la mort rapide par étouffement provoquée par le gaz sarin.* (C'est un jeu auquel les Syriens s'adonnent, ils tentent d'établir une hiérarchie des fins les plus affreuses et de se représenter dans la mort – et toi, tu préférerais quoi? Dans le livre de Joumana Maarouf, on peut lire : *On dit que mourir sous un bombardement aérien est la pire chose qui puisse t'arriver en Syrie. Ailleurs, on dit que mieux vaut mourir que d'être arrêté. On dit encore que mieux vaut être arrêté que kidnappé. Et ainsi de suite.* Razan évoque dans un article l'une de ses amies qui lui confie vouloir, chaque fois qu'elle entend un Mig passer, s'approcher au plus près de l'appareil, bras en croix *comme le héros du* Titanic, *pour laisser la pression énorme de l'explosion la propulser dans une mort bruyante et divertissante.*)

Jusqu'à l'enlèvement, les organisations internationales sont la cible privilégiée de Razan qui critique aussi leur absence de soutien à ses projets institutionnels, et la façon dont elles se soumettent au bon vouloir des représentants du régime pour distribuer l'aide humanitaire. Cette question va devenir centrale dans les années suivantes mais quand elle l'évoque personne n'y prend encore vraiment garde. (Elle est tellement en colère que je ne sais pas si j'oserais lui dire que mon compagnon travaille aux Nations unies à Damas. Si je le faisais je ne manquerais pas de préciser d'abord qu'il sait pour la nature du régime, pour sa cruauté.) Elle a beau être en colère il me semble qu'elle attend encore quelque chose. Une prise de conscience, de l'aide, une intervention pourquoi pas.

Il y a toujours eu une part d'aléatoire, une part qui ne dépend pas d'elle. Je pense que jusque-là elle s'est débrouillée pour ne pas la confronter, prétendre qu'elle n'existait pas. Mais avec le siège et les voies que l'on condamne, cette part devient l'essentiel et se retrouver dans ce face-à-face, chaque jour, fait monter la nervosité. Razan face à sa part d'impuissance : pour elle c'est là sans doute la pire des épreuves.

Se projeter dans un avenir plus clair devient une tâche presque impossible, douloureuse. Elle écrit : *Chacun attend la* libération *dont la date demeure inconnue. L'attente seule brûle toute la capacité de résistance qui nous reste. L'attente est abominable, addictive.* (Je me demande à quoi auraient ressemblé les textes de Yassin s'il avait pu écrire pendant la prison mais il n'a écrit qu'après, a élaboré l'idée de la prison comme expérience émancipatrice *a posteriori*.)

Des jeunes se sont rassemblés récemment pour appeler à la libération d'un de leurs amis, kidnappé par l'EIIL. Des passants réagissaient et demandaient : c'est quoi l'EIIL ? La vie sans électricité c'est la vie sans télévision, sans Internet, sans monde extérieur. Les gens discutent déjà à peine de ce qui se passe dans leur minuscule zone géographique assiégée. Même les mots utilisés se font de plus en plus répétitifs. Le temps passe et on commence à chercher un mot insaisissable, qui venait de façon toute simple avant. Les images pâlissent.

Les mots et les images se mettent à manquer.

En septembre, elle reçoit une menace de mort. La lettre est écrite d'une main maladroite mais le message est limpide, adressé directement à Razan :

Au nom de Dieu miséricordieux,
Je préviens qui j'avertis.
Tu as trois jours pour réagir et quitter Douma parce qu'après je vais te tuer, je vais te tuer, je vais te tuer, je vais te tuer, ô Razan Zaitouneh, je vais te tuer.

Cinq fois.

L'homme frappe d'abord lourdement à la porte vers 2 heures du matin. Razan et Samira n'ouvrent pas. Il part et tire deux coups de feu devant la maison. Quand elles finissent par sortir, elles découvrent le message déposé devant leur porte.

Razan écrit tout de suite à l'ami de Darayya qui vit au-dessus de chez elles pour lui demander d'aller chercher leurs amis du troisième et de venir ; ils doivent être le plus nombreux possible, au cas où. Razan est fébrile, raconte d'une voix mal assurée. Les amis restent un peu chez les deux femmes, leur offrent d'aller dormir chez l'un ou chez l'autre, elles refusent mais acceptent que deux d'entre eux restent pour la nuit.

Elle prétend que si on avait voulu la tuer on n'aurait pas hésité à le faire, sans prendre la peine de la menacer d'abord, qu'on voulait donc la menacer et non pas la tuer. Elle hésite quand même à partir, se dit qu'elle pourrait s'installer à Zamalka mais il y a tant de travail. Les trois jours passent et rien ne leur arrive. Puis Wael revient à Douma avec Nazem, ils sont tous réunis et Razan décide de rester.

Elle n'a pas attendu d'être directement menacée pour pressentir que les choses risquaient de mal tourner. Dès l'été, elle envoie ce message à un ami basé à Beyrouth : *Il y a des violations terribles. J'ai peur mais je vais essayer de travailler de façon calme, de faire en sorte que les documents puissent sortir au cas où il m'arrive quelque chose. Des rumeurs circulent selon lesquelles nous serions des agents du régime. Ils pourraient utiliser cela pour nous arrêter et peut-être même pour nous liquider. Ils ne vont pas nous laisser en paix. La situation est compliquée et bizarre mais je dois préparer le futur. Je ne peux pas partir.*

Fin août, après les attaques chimiques, il y a eu des tensions avec les hommes de Jaish al-Islam quand les experts de l'ONU ont fini par arriver dans la Ghouta. Razan et ses collègues du centre de documentation voulaient accompagner les observateurs mais Alloush a refusé. Un jeune activiste qui tentait de se faufiler auprès des experts a pris un coup au visage, Razan est entrée dans une colère noire, a promis qu'elle allait tout raconter, dénoncer, avant de se résoudre au silence.

Pour beaucoup, repenser à ces moments où ils avaient encore la possibilité de la convaincre de partir, où il était encore temps d'incliner le cours des choses, pour beaucoup repenser à cette période reste singulièrement douloureux.

Quand la petite sœur de Razan apprend par un ami commun l'histoire de la menace, elle l'appelle et lui demande pourquoi elle refuse de partir. Razan lui répond qu'elle ne partira jamais, que c'est son pays. La sœur lui demande alors pourquoi elle n'a rien dit et Razan répond qu'elle ne veut pas que leurs parents l'apprennent. Elle dit : *Je veux qu'ils me croient en sécurité. (Après cette conversation, je lui ai demandé chaque jour ou presque si elle ne pensait pas qu'il était temps de partir mais elle répondait toujours la même chose : "Non." Elle le disait d'une façon dure.)*

Razan reçoit l'offre d'un assistant du représentant spécial des Nations unies en Syrie. Il voudrait qu'elle participe à une conférence et lui offre de la faire sortir de Douma et même, si elle le souhaite, de l'y ramener une fois que la conférence sera terminée. Elle lui répond avec sa morgue habituelle que s'il a les moyens de faire entrer une femme à Douma, il serait plus utile qu'il fasse entrer son poids en farine.

J'ai entendu un intellectuel syrien de l'opposition suggérer que Razan et Samira auraient tout fait pour quitter la Ghouta – certains sont bien décidés à ce que la statue ne soit pas érigée. Mais voilà, j'ai recueilli ce témoignage sur l'homme des Nations unies, et un autre. Un jeune homme qui travaille pour une organisation non gouvernementale m'a juré avoir proposé à Razan de la faire sortir de Douma. Il a insisté, lui a expliqué que les gens de son organisation savaient faire, qu'ils l'avaient fait pour beaucoup d'autres. En trois jours, elle aurait été dans l'une de leurs *safe houses* à Damas, en une semaine elle aurait quitté le pays ; il est catégorique. Mais elle a refusé et il n'a pas senti la moindre fragilité dans cette décision. Les amis de Razan n'ont jamais éprouvé de façon aussi dure ce qui les séparait d'elle que lorsqu'ils se sont heurtés à cette radicalité, à ce bloc logé au fond d'elle, qui a fait sa force et nourri sa faiblesse, ce bloc dont elle n'a jamais laissé personne venir à bout.

Penser à la sympathie que les gens et certains combattants lui manifestent la rassure mais la situation politique continue d'évoluer, les dynamiques de bouger et on atteint un point où il devient extrêmement difficile de mettre à jour son analyse, de faire jouer sa lucidité. Les choses sont trop compliquées, trop neuves, trop incertaines, elle a du mal à identifier sa marge de manœuvre. Yassin pense que la situation est devenue *hors de contrôle* et qu'une logique spécifique se met en place quand les choses deviennent hors de contrôle. Si lui, Razan et les autres ont commis une erreur, c'est d'avoir pensé que la logique connue continuait d'avoir cours.

(Au plus profond de moi j'étais anxieux pour Samira, j'avais peur, mais jamais je n'ai pensé qu'elles pouvaient être enlevées. Peut-être qu'au moment des menaces, nous avons fait une erreur d'interprétation parce qu'on ne les a pas vraiment prises au sérieux. On n'a pas pensé… On savait qu'elles pouvaient mourir dans la rue ou dans leur lit tuées par une bombe, qu'elles pouvaient souffrir du siège, mais pas qu'elles pouvaient être arrêtées ou enlevées. Même après l'enlèvement, j'ai pensé que le problème serait réglé en quelques jours.)

Les groupes armés animés par le seul projet national sont en voie de disparition – c'est là que Razan place le critère essentiel, pas dans le degré de laïcité mais dans la foi en une perspective purement nationale. Elle sent qu'ils ne tiendront plus longtemps à présent et elle sait que ce sont ses seuls soutiens. Ils finiront par se rallier pour continuer le combat car ils n'auront pas le choix, seront engloutis par les groupes les plus dotés et les mieux organisés, même si leurs visions diffèrent. Elle sait qu'il est dorénavant presque impossible d'inverser cette tendance.

Sa colère contre l'Occident se mêle d'une sorte de dégoût. Elle incrimine ces pays restés impassibles – pourquoi n'ont-ils pas soutenu ces groupes quand il en était encore temps ? – mais s'en prend aussi à l'opposition syrienne à l'étranger dont elle sait la proximité avec les Frères musulmans, le Qatar et la Turquie qui les soutiennent. Elle évoque un *siège* mis en place autour de ces rebelles au seul projet national et met en accusation à mots couverts le groupe qui occupe de plus en plus d'espace dans la Ghouta. Elle appelle encore au soutien des autres groupes mais ne fait plus vraiment semblant d'y croire. *Tout cela semble extrêmement naïf quand on voit les enchevêtrements qui caractérisent la réalité.* Cependant elle continue la harangue, comme pour se laisser entraîner, se forcer un peu pour faire renaître l'élan. Mais je pense qu'à partir de ce moment, à partir du début de l'automne disons, elle sent, confusément peut-être mais elle le sent, qu'il est trop tard. *(Au fond de moi, je savais que quelque chose de mauvais allait se passer, qu'ils étaient sérieux. Mais je ne lui ai pas dit. Je crois que nous le savions tous.)* Et même en fait, je crois qu'elle sait, qu'elle a décidé de rester en sachant très bien que ça finira mal.

Des amis essaient de la convaincre de faire appel à des gardes mais elle refuse. Elle aurait fini par changer d'avis quelques jours avant l'enlèvement mais trop tard ; le soir du 9 la surveillance n'est pas mise en place.

Deux jours avant son enlèvement, elle se dispute avec un ami proche. Un groupe armé kidnappe alors des civils affiliés au régime pour pouvoir les échanger contre des prisonniers ou contre de l'argent. Razan ne soutient pas de telles méthodes mais elle poste ce statut Facebook, amer et cynique : *C'est malheureux mais il n'y a que ça qui fonctionne.* Son ami n'en revient pas qu'elle ait écrit une chose pareille. Il ne la reconnaît pas et poste à son tour un commentaire dans lequel il prend des précautions, dit bien qu'il sait pour les privations, la fatigue et le stress mais tout de même, elle doit condamner. Razan ne répond pas. C'est comme ça qu'elle fait lorsqu'elle est en colère contre quelqu'un, elle ne dit rien. Ça dure quelques jours et puis elle revient, trouve dans le travail une excuse pour revenir mais cette fois la dispute restera en suspens.

Quand elle parle avec sa sœur aînée et avec certains proches et amis, Razan continue de faire vivre un discours d'optimisme, débarrassé de l'ombre des menaces et des difficultés du siège. *(J'ai été tellement surprise quand elle a été enlevée!)* Une fois seulement Razan et sa sœur évoquent le siège. L'aînée lui raconte que son fils la rend folle parce qu'il refuse de manger quoi que ce soit à part des pommes et sa sœur rétorque : *Hum… l'odeur des pommes… (Ça m'a tuée.)* Et puis ce jour-là, elle se plaint aussi parce qu'elle ne trouve plus les cigarettes qu'elle aime et confie qu'elle pourra se passer de tout mais jamais de cigarettes. Sa sœur lui demande comment elle fait pour fumer autant et Razan : *C'est tellement délicieux. Oh! que c'est délicieux.*

Tous les jours la sœur aînée demande à Razan si elle va bien et tous les jours Razan répond que oui, qu'il ne faut pas s'inquiéter. Je pense qu'elle croit ce qu'elle dit à sa sœur quand elle le lui dit.

La veille de l'enlèvement, elles tchattent sur Gmail et comme d'habitude l'aînée lui demande si elle va bien. Razan vient d'écrire un article sur l'un de ses amis médecins qui a été kidnappé et une fois de plus elle rassure sa sœur, lui explique qu'elle est dans une zone sûre, puis lui demande si elle veut la voir. Cela fait des mois qu'elles ont renoncé à la caméra quand elles se parlent tant la connexion est mauvaise, et la joie envahit l'aînée. Razan lui envoie un message vidéo qu'elle vient de tourner à la demande d'un bailleur de fonds. Sa dernière vidéo. Elle demande à sa sœur de lui promettre de ne pas se moquer de ses cheveux. Dans le film, Razan fait une faute d'anglais, parle du siège, de l'absence de lait en poudre, dit *grounded milk* au lieu de *powder milk*, l'aînée la taquine pour cette faute et ça les fait rire. *(J'ai effacé cette conversation parce que je n'arrivais pas à ne pas la relire.)*

Razan a refusé de quitter la Syrie mais elle a poussé ses amis au départ, a su identifier pour eux le moment où il leur fallait partir – maintenant, tout de suite. Quand le mari de sa petite sœur, activiste lui aussi, commence à se cacher, Razan les appelle et leur dit qu'ils doivent partir, qu'ils ont des enfants, qu'il est hors de question pour eux de rester. Ils suivent son conseil et partent, au Liban d'abord puis au Canada.

Un autre ami échappe à une arrestation grâce à elle. Les *mukhabarat* le convoquent un jour, lui demandent de venir dans la demi-heure. *Quitte ton appartement, maintenant. Ils vont venir te chercher, ils ont compris quelque chose.* Il suit son conseil sans l'ombre d'une hésitation parce que la parole de Razan fait ça, qu'on s'en remet à elle. Il se cache à Damas pendant un mois et elle organise tout, lui fait parvenir de quoi manger et trouve les cinq cents dollars demandés par le passeur. Il prend la route, sort, gagne le Liban puis les États-Unis d'où il tente à son tour de convaincre Razan de partir.

Pourquoi est-elle restée ? Il y a le siège bien sûr, et même si elle parvenait à sortir de Douma, il lui aurait fallu ensuite traverser des zones contrôlées par le régime, dans lesquelles elle était recherchée. Et puis elle n'avait pas de passeport. Mais je sais maintenant qu'elle a eu la possibilité de partir. Je crois qu'il était hors de question d'accepter que son sort diffère de ces centaines de milliers de Syriens pris au piège, hors de question d'accepter un privilège supplémentaire, de détacher son sort de celui du peuple qu'elle a vu se former et se défaire, sauvegarder au moins cette appartenance malgré les tensions et le décalage, en partager le sort.

En décembre 2013, deux millions et demi de personnes ont quitté le pays et six millions et demi sont déplacées à l'intérieur du pays (début 2017, ils sont plus de douze millions, réfugiés et déplacés). Souvent, ils ne partent d'abord pas trop loin, se déplacent à peine dans l'espoir d'un retour rapide. Et puis ils sont chassés une nouvelle fois, et une autre fois encore, poussés finalement à franchir une frontière. Ces populations fuient les affrontements, les bombardements mais aussi des formes plus insidieuses de violence, dont j'ai trouvé la trace dans de nombreux témoignages de réfugiés et que Razan évoque. Enlèvements contre rançon, vols, racket, pillage, harcèlement à caractère sexuel, viol. Comme si, au-delà de la stratégie de siège, le chaos et l'insécurité avaient été entretenus dans certaines zones, de façon systématique, dans l'idée de pousser au départ des populations qui correspondent presque toutes à un profil social et confessionnel précis, des populations le plus souvent défavorisées et sunnites. Razan a conscience que la situation dans la Ghouta, à cet égard, est meilleure, sans doute parce que les combattants qui y luttent en sont tous originaires.

Le pays se fragmente, les itinéraires se multiplient, un nouveau pays se dessine en surimpression. Sur celui qui n'est plus que le souvenir que chacun finit par regretter. Les hommes et les femmes changent de métier, de maison, de compagnons, de pays. Certains persistent à croire qu'ils repartiront là-bas dès qu'ils le pourront, les plus fortunés ou les plus aventureux veulent embrasser une vie nouvelle et leur optimisme bute sur les obstacles que le monde partout a dressés. Beaucoup sont descendus dans la rue en 2011, aux côtés de Razan et des autres avant de laisser derrière eux un pays qui se recompose entre zones détruites, rayées de la carte, quartiers mixtes qui ne le sont plus, villes peuplées de femmes, de vieux et de déplacés, combattants étrangers de tous bords, opposition déchirée, alliances volatiles et groupes extrémistes qui déploient leur propre terreur.

Elle ne part pas. *(Refuser de partir : c'est le truc de Razan.)* Et certains jours, elle parvient à retrouver l'espoir. *Je sais que tous nos appels précédents sont restés sans réponse mais il reste un espoir, même infime.* Je ne comprends pas comment elle fait.

Dans un article, elle explique que lorsque le désespoir la saisit, elle se repasse l'histoire de cinq hommes – à dire vrai elle se la repasse chaque jour. Ces cinq hommes sont venus la trouver au centre de documentation et lui ont raconté ce qu'ils ont vécu dans la prison de Harasta, sous la coupe du terrible lieutenant-colonel Maan surnommé Abou al-Mat (Père la Mort), qui se présente aux prisonniers sous le nom d'Azrael. Ils ont réussi à s'enfuir, échappant ainsi à une mort certaine. C'est dans cette histoire, tissée à partir de détails sordides extraits des séances de torture à la cruauté singulière, subies chaque jour par ces hommes, que Razan dit trouver une consolation. Parce qu'ils disent qu'aucun homme sain d'esprit n'aurait tenté pareille évasion, qu'il fallait être fou, avoir été rendu fou par la violence vécue et qu'il pourrait s'agir là, au fond, de l'expérience de tout le peuple syrien soulevé.

Ces hommes en ont réchappé, ils se sont assis devant elle à son bureau, lui ont raconté, ont dit même avoir trouvé dans ce récit une forme de salut. *Je me souviens de ces cinq hommes qui se sont échappés et je me dis qu'il est encore temps qu'un miracle advienne, grâce auquel nous pourrions tous échapper à l'enfer du Père la Mort.* L'histoire lui sert aussi à mettre en perspective la violence de l'État islamique, qui commence à exercer sa fascination. *Les médias occidentaux ont récemment diffusé des images de groupes djihadistes pratiquant des exécutions à l'aide d'armes légères, expression suprême de la barbarie. Cependant, personne ne fait circuler les images du lieutenant-colonel Père la Mort accrochant un sac rempli d'eau au pénis d'un détenu avant de se mettre à le torturer. Personne n'a vu les photos du lieutenant-colonel Père la Mort vidant la poudre contenue dans une balle sur la poitrine d'un détenu avant d'y mettre le feu. Personne ne possède d'images du lieutenant-colonel Père la Mort mettant le feu à un sac en plastique avant de le laisser fondre sur le corps du prisonnier. Personne n'a pu capturer l'odeur de la peau écorchée du corps de celui sur lequel le lieutenant-colonel Père la Mort a vidé son Taser. Pas de photos non plus du détenu suppliant qu'on lui donne un peu d'eau avant son exécution.* C'est un subterfuge, une fausse piste ; personne ne peut trouver de réconfort dans une histoire pareille.

Il faut pourtant se forcer à la croire. L'article s'intitule "Échapper à l'enfer" et il faut se forcer à trouver avec elle un réconfort dans le salut que les hommes revenus de cette catabase disent avoir trouvé dans les mots pour la dire. Depuis le début c'est toujours la même image, la même fascination de Razan pour cette histoire de retour. Comment ne pas se laisser convaincre de sa charge prémonitoire ? Razan a elle-même choisi de ménager pour nous cet espoir ; les mots au moins remonteront.

Une semaine avant son enlèvement, elle apprend qu'un gouvernement européen accepte de financer généreusement et pour plusieurs années son projet de conseil civil local qu'elle voudrait voir répliqué dans toutes les zones libérées du pays.

La dernière vidéo est datée du 4 décembre. Son visage est transformé, elle est devenue Razan de Douma. Ce que ces presque mille jours lui ont fait est à peine croyable. Pâle, voûtée, très cernée, son visage et ses cheveux d'un même ton indéfini, de cendre. C'est la vidéo qu'elle commence par ces mots : *My name is Razan Zaitouneh, human rights activist from Damascus.* Une façon très simple de se présenter, un peu étroite. Elle évoque le siège mais ne s'attarde pas, sourit quand elle évoque la pâte de dattes fabriquée pour nourrir le bétail et que les enfants mangent en guise de sucrerie, s'attache surtout à évoquer ce que mettent encore en œuvre, malgré tout, les habitants de Douma. Et quand elle fait la liste des projets de solidarité, on trouve que c'est à la fois énorme et risible.

Elle parle d'une façon posée, pèse ses mots, salue le travail des femmes et des hommes de la Ghouta, qui travaillent *en silence et underground*. *Rien, pas même nos cent mille morts, le siège ni la trahison de la communauté internationale* (elle s'arrête, avale sa salive), *rien ne pourra jamais défaire la volonté d'un peuple qui a un rêve et qui a foi en son futur. Devant tous ces gens courageux, je m'incline en signe de respect.*

C'est la vidéo de laquelle sa sœur et elles rient dans leur dernier échange de messages, à cause des cheveux de Razan et de sa faute d'anglais.

L'un des derniers articles évoque le médecin disparu un mois plus tôt. *Aujourd'hui encore, on ignore où il se trouve et s'il est encore en vie* – ces mots encore une fois prononcés, si près de sa propre disparition. Tout le monde craint que les enlèvements de civils ne se multiplient dans la Ghouta, comme dans d'autres zones *libérées*, comme à Alep ou à Raqqa. Le silence dans lequel se perdent ces disparitions, quand chacun a fini de mesurer son impuissance, la glace. La plupart sont imputés à l'EI et elle sait bien la façon dont ce groupe et le régime partagent un certain nombre d'objectifs communs, dont celui de se débarrasser des gens comme elle. *Ils parachèvent ainsi la mission initiée par le régime syrien d'exécuter les activistes, ou de les forcer au départ et à l'exil.*

Et cela vaut sans doute bien au-delà de la Syrie ; partout, les gens comme Razan sont traqués, parce que le monde ne peut supporter ce que leur existence même raconte, tout en nuances, de ce qu'il est.

Je repense au court sujet de France 3 tourné en 2005. Razan est jeune, elle parle du régime avec cet air vaguement insolent, l'œil presque mauvais. Elle me fait penser à une adolescente *dégoûtée* par une injustice et puis, quand elle prononce la phrase, son sourire jaillit sans qu'elle puisse l'arrêter et il prend toute la place. Sourire de celui qui ne doute pas d'énoncer une grande vérité : *I will never leave my country – never.*

La phrase sonne autrement aujourd'hui parce qu'on oublie qu'elle a été prononcée par cette jeune femme un peu effrontée ; Razan a dit vrai et face aux plus grandes menaces elle s'en est tenue à ses mots, a tout fait pour que leur sens ne se perde pas.

*

Nous sommes d'un village proche de Salamiyeh, où la population est surtout ismaélienne. Une famille de réfugiés de Homs habite dans notre maison, on ne les fait pas payer, c'est juste pour empêcher les *shabbiha* d'occuper les lieux parce qu'ils s'installent dans toutes les maisons vides.

Mon mari était professeur contractuel, il faisait des remplacements de temps en temps mais la plupart du temps il était journalier au Liban. Il venait ici pour des périodes de vingt ou trente jours.

On est partis à cause des checkpoints et des kidnappings. Un homme de notre famille a été enlevé, il a fallu payer cinq millions de livres syriennes pour qu'il soit libéré. Et le pain est venu à manquer, puis le gaz. Ensuite il y a eu des tirs de mortier sur le village. On a déménagé cinq ou six fois avant d'arriver au Liban.

Il y a eu des raids au village. Des hommes du régime entraient dans les maisons, cherchaient des armes et repartaient parfois avec nos maris ou nos fils. Il y a deux ans et demi ils ont pris mon beau-frère qui était revenu en Syrie parce que sa femme était enceinte pour la première fois, après dix ans de mariage. Mais un jour, soudainement, les militaires sont entrés chez eux et ils l'ont pris. Ils ont pris cinq ou six autres hommes du village, au hasard. Il n'y a pas de raison à cela sauf que nous étions dans un village sunnite près d'une ville ismaélienne qui soutient le régime. C'était juste après l'Aïd el-Fitr. Toute la famille mène l'enquête depuis mais on ne sait toujours pas où il est. On a même payé un avocat. Il nous a dit à un moment que le frère était à Sednaya mais on ne sait pas. Le bébé est né très prématuré, il a fallu payer les frais médicaux et toute la famille s'est cotisée. Sa femme est toujours en Syrie et ne cesse de demander où il se trouve. On ne sait pas.

Ils ont installé des checkpoints partout et les hommes qui y étaient en faction nous harcelaient. Ils jetaient des pierres sur les filles, leur disaient des choses vraiment pas correctes. Parfois, quand ils repéraient une jolie fille, ils venaient traîner devant sa maison, essayaient de l'attirer vers eux. Beaucoup de problèmes de harcèlement. Et pire. Surtout avec les *shabbiha* qui étaient très jeunes.

Les hommes étaient déjà tous partis. Ils travaillaient au Liban avant la guerre, comme saisonniers, mais là ils étaient tous partis pour de bon, à cause de la conscription, et des raids aussi. Il ne restait que les femmes, les enfants et les vieux.

Comme tous les hommes mon mari vivait au Liban et j'étais seule avec mes six filles, à la fois le père et la mère. Une de mes filles a été harcelée. Elle avait onze ans. Ça a commencé un jour quand elle allait à l'école en bus. Elle était près de la fenêtre et un homme du checkpoint roulait sur sa moto à côté du bus, il lui parlait et ne la quittait pas des yeux. Il lui disait comme elle était belle et sexy, que les sunnites étaient les plus belles, qu'il aimait les très jeunes filles… Elle m'a raconté tout ça en pleurant (elle sourit). Je suis allée trouver ce type et je l'ai menacé de tout raconter à son supérieur. Ça l'a fait rire. Et ensuite c'est devenu pire, il traînait devant la maison avec sa moto, toujours en train de chercher ma fille.

Ma sœur et mes frères vivent à Homs. Ils m'ont dit qu'il fallait que je quitte le village, qu'il y avait des histoires de types qui prenaient les filles, les kidnappaient… Qu'on ne les revoyait jamais. Il y avait eu des histoires comme ça à Homs, et dans différents villages. Ils avaient peur que ça nous arrive à nous aussi. À cause de tout ça, on a dû se mettre en route.

On n'a rien pris en partant. Juste nos habits. Les *shabbiha* nous ont posé beaucoup de questions au checkpoint. J'ai menti, dit que mon mari était très malade et ils nous ont laissés passer.

Mon frère a été tué par un sniper en 2013 pendant le Ramadan. Il était en voiture, en train de rentrer du travail. Ça a été très difficile de récupérer le corps parce que la zone n'était pas sûre, ils continuaient de tirer. Mon père est allé trouver les responsables, qui étaient iraniens. Il a supplié le chef de les laisser entrer dans la zone pour récupérer le corps et finalement on lui a donné une autorisation. Il a pu récupérer le corps avec mes autres frères. Mon frère avait quarante-huit ans je crois.

Moi je suis née en 1977 (elle rit). Je sais, j'ai l'air d'avoir soixante ans. C'est que ces dernières années n'ont pas été faciles.

Au début on est allés à Saïda, puis à Beyrouth, mais la vie était trop chère. Et puis je viens d'un village, j'aime bien être tranquille, qu'on ne vive pas les uns sur les autres. Ici la vie est moins chère, on paie deux cents dollars par mois pour ce *garage* – on en payait cinq cents à Beyrouth. On était riches en Syrie, on avait une maison, mais ici les gens n'ont aucun respect pour nous, ils nous prennent pour des *Gypsies*, des Bédouins. Ma fille s'est disputée avec le chauffeur du bus pour l'école parce qu'il insulte nos enfants, il leur dit qu'ils sont stupides, qu'ils n'ont pas de cerveau.

Je reste ici toute la journée et parfois je vais là-bas (elle rit, montre un minuscule coin de pelouse vingt mètres plus loin). Ici. Là-bas. Ici. Toute la journée. La mer ? Elle est à quelques mètres mais on n'y va presque jamais, quand vraiment on se sent bien.

*

Le matin du 10 décembre, vers 9 heures, l'ami de Darayya, qui vit avec sa femme et sa fille au deuxième étage de l'immeuble de Razan, entend qu'on frappe à sa porte. Il est en train de boire un café. Il ouvre, voit un jeune homme de seize ou dix-sept ans qu'il ne connaît pas, et qui lui raconte qu'il n'y a personne en bas, au bureau. L'ami de Razan répond qu'ils sont peut-être en train de dormir mais le jeune explique qu'il est le nouvel employé et que le bureau est dans un grand désordre. L'ami ne comprend pas et quand il se souvient de la scène il rit un peu, comme pour souligner que c'est à peine croyable qu'il ait été si long à la détente (on voit à l'œuvre ce déni quant à la possibilité du pire qui les fait tenir). Il pense que le garçon est en train de se plaindre de l'état du bureau parce qu'il est responsable de son rangement, répète qu'ils sont sûrement en train de dormir, qu'il est tôt (on vit la nuit, on travaille tard) mais l'autre insiste. Non, ils ne sont pas en train de dormir et d'ailleurs les portes des chambres sont grandes ouvertes : il n'y a personne en bas. À ce moment-là seulement, l'ami comprend que quelque chose ne tourne pas rond. *(Il a fallu beaucoup de temps au type brillant que je suis pour comprendre…)* Il demande au jeune d'attendre qu'il mette ses chaussures mais quand il revient quelques secondes plus tard, l'autre est parti, fatigué sans doute de ne pas être pris au sérieux. Il est allé chercher un autre jeune homme qui vit tout près de chez eux et chez lequel, d'ailleurs, l'ami de Darayya a passé la soirée la veille, chez lequel on a aussi longuement attendu Wael. Il finit de s'habiller, descend et découvre les lieux déserts ; le nouvel employé n'a pas menti, tout est sens dessus dessous. L'ami d'à côté arrive très vite et ils peuvent alors le formuler sans le moindre doute : Samira, Razan, Wael et Nazem ont été enlevés.

La veille, l'ami de Darayya a passé la soirée chez cet activiste qui habite l'immeuble d'à côté. Wael et lui avaient l'habitude de s'y rendre, presque chaque soir. D'ailleurs le soir du 9, il lui demande s'il compte le rejoindre et Wael répond qu'il viendra un peu plus tard.

Quand l'ami de Darayya descend l'escalier, vers 21 heures, tout est normal et il entend les voix de ses amis en passant devant le bureau/appartement du rez-de-chaussée. Un peu plus tard, comme Wael n'arrive pas, quelqu'un lui envoie un message sur Facebook et celui-ci répond qu'il arrive, qu'il a quelque chose à finir mais qu'il les rejoint. Finalement il ne vient pas mais personne ne s'en inquiète. L'ami de Darayya reste encore un peu puis décide de rentrer. Quand il passe devant l'appartement du rez-de-chaussée, la porte est ouverte mais ça ne le préoccupe pas car tout le monde se chauffe avec des poêles à bois qui produisent d'épaisses fumées ; il se dit qu'ils viennent d'allumer le poêle, qu'ils ont dû ouvrir la porte pour aérer.

Il rentre un peu après 23 heures, discute avec sa femme. L'électricité fonctionne environ six heures par jour, entre 18 heures et minuit, et d'habitude quand elle s'arrête, Razan enclenche un système de batterie qui leur permet de continuer à pouvoir utiliser Internet (le modem se trouve dans sa chambre). Ce soir-là, quand l'électricité est coupée, Internet n'est pas relancé. Comme Razan est malade depuis quelques jours, l'ami et sa femme pensent qu'elle a dû s'endormir. Il se couche vers 2 heures du matin et passe *une nuit normale*.

On sait très peu de chose sur la façon dont l'enlèvement s'est passé. Quelques bribes et déductions.
Il a dû avoir lieu un peu avant 23 heures.

Personne n'a rien vu.

Nazem était en train de parler avec son frère sur son ordinateur et ce dernier a raconté assez longtemps après l'enlèvement (certains semblent mettre en doute la validité de ce témoignage) avoir entendu un coup, probablement la porte qu'on ouvrait violemment, puis un homme : *Honte à vous, ennemis d'Allah!* Nazem aurait dit aux ravisseurs : *Calmez-vous, les gars, qu'est-ce que vous faites?*

Il dit aussi avoir entendu Samira crier, avant que la connexion ne soit coupée.

Quand les faits se sont produits, Razan était en train de tchatter avec sa petite sœur, qui raconte ceci : *Elle est restée silencieuse. Après dix minutes j'ai senti que quelque chose d'anormal se passait. Tous ses statuts la montraient hors ligne, sur Skype, Gmail, Messenger. Son téléphone avait été éteint. J'ai essayé d'écrire, rien. J'avais très peur mais je n'ai rien dit à personne.* (On mesure ici à quel point on se trouve dans une situation hors norme, une situation dans laquelle il n'est pas question d'appeler au secours à la moindre alarme, dans laquelle chacun a appris à vivre avec l'inquiétude. Quand je demande à l'ami de Darayya pourquoi le frère de Nazem n'a contacté personne il me répond : *Contacter qui?*)

Ce n'est donc que le lendemain matin, vers 9 heures, que l'on comprend ce qui s'est passé. Tout s'est produit dans un étrange silence, sans témoin.

Le bureau est dans un grand désordre : des papiers jonchent le sol, les coussins du canapé ont été jetés par terre, tringles et rideaux sont tombés. *(Tout était renversé.)* On a visiblement fouillé le bureau et les chambres avec minutie. Les lits sont défaits, les placards et les tiroirs ouverts. Il manque les ordinateurs portables, les téléphones et de nombreux documents.

Le voisin part et revient rapidement, accompagné de soldats. Dans les minutes qui suivent, des hommes de tous les groupes armés débarquent. Ils commencent leur enquête mais sont tellement nombreux et peu professionnels qu'on se demande bien ce qu'ils vont pouvoir trouver. Ils sont trente ou quarante hommes, des fidèles de Khabbiyeh, de Taha, mais aussi du leader de la police militaire. Tous ne portent l'uniforme que depuis peu. Avant, l'un d'eux était peintre en bâtiment, un autre travaillait dans l'immobilier, l'un était étudiant, un autre avocat. Ils n'ont aucune idée de la manière dont se conduit une enquête.

Rapidement, certains trouvent un sac de billets dans un placard. L'ami de Darayya explique que Razan destinait cet argent à un projet de développement. En dollars la somme n'est pas mirobolante mais en livres syriennes, les billets forment une masse impressionnante, que l'on a mise dans l'un de ces grands sacs en papier dont on se sert pour transporter la farine. L'un des leaders de l'Armée libre interroge l'ami sur le montant supposé se trouver dans le sac. Les hommes comptent : il ne manque pas un billet.

Sur l'un des bureaux, on retrouve un cordon en plastique qui sert à lier les mains des prisonniers. Les menottes abandonnées comme témoins de l'agitation, de la façon dont ils ont dû les malmener pour les entraver – vestiges de la scène, des événements dont on ne sait rien. Les menottes n'ont pas servi, les ravisseurs précautionneux les avaient prises, *au cas où*, si une autre personne s'était trouvée là ; ils ne sont pas à un près. Les menottes ceignent les poignets de Razan, Samira, Wael et Nazem qu'on fait sortir et monter dans un véhicule. Et ensuite ?

(Dans le film d'Amiralay, Jean-Paul Kauffmann raconte : *Cette longue nuit sanglante reste un trop lourd cauchemar pour être transmise à ceux qui ne l'ont pas vécue. Parce qu'il y a une part intransmissible et je crois que cette part impossible à transmettre, eh bien, il faut qu'elle le demeure. Seuls ceux qui ont vécu cette tragédie savent exactement ce qui est. Donc je crois par respect pour ceux qui sont morts, par respect donc pour Michel, que cette part d'ombre doit rester et je pense que ce respect n'est rien d'autre finalement que le respect de la vérité.*)

Le mot *disparition* ne dit rien de la violence de ce qui a dû se passer. On s'y remet, on le répète, pour plonger dans le noir ce qu'à tout prix on refuse d'imaginer.

Dans ses *Métamorphoses*, Ovide consacre de brèves pages aux enlèvements d'Europe et Proserpine. Je suis frappée par l'ambiguïté de ces récits, que l'on retrouve dans les représentations classiques du rapt de la première. Europe, capturée par Jupiter qui se manifeste à elle sous l'apparence d'un taureau pour la rassurer et la séduire avant de la faire monter sur son dos et de s'élancer sur la mer. *La jeune fille, effrayée, se retourne vers la plage d'où il l'a enlevée ; de sa main droite elle tient une corne ; elle a posé son autre main sur la croupe ; ses vêtements, agités d'un frisson, ondulent au gré des vents*. La représentation de l'enlèvement, irriguée d'une indéniable charge érotique, se retrouve chez Veronèse et Titien même si, chez le premier, elle se déroule dans le calme et sous les arbres, scène galante, et que le second préfère la fougue et le mouvement de l'arrachement. Chez les deux la même porosité entre enlèvement, désir, candeur, et cette idée que l'effroi cédera bientôt la place à l'assentiment.

Le mot de *ravissement* me semble pire encore que celui de disparition, il est beau et ambigu.

Quant à Proserpine, enlevée par le dieu des enfers : *Dans ce bocage Proserpine prenait ses ébats ; elle cueillait des violettes ou des lis éclatants de blancheur ; avec l'ardeur propre aux jeunes filles, elle en remplissait des corbeilles et les plis de sa robe, rivalisant avec ses compagnes à qui en ramasserait le plus ; la voir, l'aimer et l'enlever furent pour Dis, ou peu s'en faut, l'affaire d'un instant ; car l'amour est si impatient! La déesse épouvantée appelle d'une voix plaintive sa mère et ses compagnes, mais plus souvent sa mère ; elle avait déchiré son vêtement depuis le bord supérieur et les fleurs cueillies par ses mains s'étaient échappées de sa tunique, que rien ne retenait plus ; telle était encore chez elle la candeur du jeune âge que son âme virginale éprouvait de leur perte un nouveau chagrin.* Proserpine finit par accepter son sort et devient, quatre mois par an, une formidable reine des enfers, celle-là même qui offre à Orphée la possibilité de faire remonter Eurydice.

Razan fait voler en éclats ces mythes millénaires, dans lesquels le patriarcat tel qu'il s'est établi dans les sociétés occidentales plonge ses racines. Elle ne cueille pas des fleurs, elle compte les morts. Elle n'appelle personne au secours car elle s'est préparée. Elle n'est pas candide, a déjà fait le voyage jusqu'aux enfers et retour, plus d'une fois. Je sais qu'ils ne la feront pas plier et c'est pour moi une vision puissante et consolatrice, qui balaie toutes les autres. Je me souviens d'une phrase de Yassin : *Si le régime l'avait arrêtée, ils l'auraient sans doute tuée parce qu'elle se serait battue.*

Sur le bureau de Razan l'ami de Darayya retrouve le tome II des *Mandarins*, qu'elle avait commencé.

Dans l'après-midi, un enfant de neuf ou dix ans se manifeste pour dire qu'il a vu, dans un autre quartier, des hommes armés faire monter les quatre captifs dans une voiture. Les amis et quelques hommes des groupes armés se rendent à l'endroit où ils ont été vus et découvrent que le lieu appartient à l'un des hommes assurant la sécurité de Jaish al-Islam. C'est la dernière fois que les quatre ont été vus de manière certaine. D'autres témoignages viendront mais tous seront teintés du soupçon de la rumeur.

En cherchant des vidéos sur Razan, j'ai découvert le site *TomoNews*, une plateforme d'information qui diffuse de courts sujets mêlant de vraies images et des images de synthèse, ce qui produit un résultat assez étrange. Ils ont fabriqué un sujet sur l'enlèvement de Razan, Samira, Wael et Nazem. On les voit tous les quatre en train de travailler dans des bureaux bien rangés et très impersonnels (murs tapissés de ce qu'on appelle *caissons à tiroirs* dans les catalogues Ikea). Puis des hommes masqués, en combinaisons moulantes, font irruption et *forcent les activistes à sortir, sous la menace de leurs armes*. Ils les font monter dans un pick-up qui s'élance, les quatre activistes assis docilement à l'arrière, à l'air libre, mains sur la tête pour certains. Pas de cris, pas de lutte, pas de mise à sac, pas de violence. Cette version des faits trouve sa place en moi, vient renforcer les digues contre lesquelles s'élance sans relâche mon imagination.

Yassin m'a montré une photo prise en 2005. On y voit huit hommes et femmes de tous âges parmi lesquels Razan, Nazem, Yassin et Samira (bien sûr c'est Wael qui prend la photo). Derrière eux dans une bibliothèque, il y a un portrait de Samir Kassir, l'intellectuel libanais. Ils ont l'air heureux d'être ensemble, dans l'un de ces intérieurs qui me sont devenus familiers à force de les retrouver sur les photos et vidéos que j'ai longtemps scrutées. Comme toujours c'est la nuit. Ils se pressent les uns contre les autres pour entrer tous dans le cadre, peut-être sur les instructions de Wael. Les dinosaures sont plus ou moins marqués physiquement par leurs années de détention.

Un opposant a passé trente ans en prison, Yassin seize, Samira quatre, un autre vingt-neuf, un autre encore mourra en prison après le début de la révolution, et Kassir a été assassiné peu avant que n'ait lieu cette joyeuse rencontre, sur ordre du régime syrien. Razan, Samira, Nazem et Wael disparaissent huit ans plus tard. Une extermination en règle. Sans compter tous ceux que ces disparitions et cet acharnement auront poussés au départ. Face à ceux qui font sans relâche et avec minutie, se trouvent ceux dont le but unique est de défaire.

(Je lis chez Joumana Maarouf, qui va finir par trouver refuge en France : *Hier, des extrémistes ont arrêté Razan Zaitouneh, qui est l'un des symboles de la révolution, et avec elle Samira Khalil et deux autres activistes. Ils ont été arrêtés au Centre de documentation des violations des droits de l'homme, à Douma. Razan avait refusé de sortir de Syrie et avait préféré rejoindre les zones libérées de la Ghouta orientale. Samira aussi avait fait ce choix. Elles sont allées vivre dans un milieu qu'elles ne connaissaient pas, pour rester solidaires de ceux qui endurent l'injustice. Samira, pour ceux qui la connaissent, a beaucoup d'humour et aime raconter des blagues. Elle avait déjà été arrêtée par le régime, en 1987, et accusée d'appartenir à une organisation communiste opposante. [...] L'arrestation de Razan, de Samira et de leurs amis par des combattants se réclamant de l'opposition a été une grande gifle pour nous qui rêvons d'une Syrie démocratique abritant une société civile. Je pense malgré tout que c'est le régime qui est responsable d'avoir relâché la bête sauvage de l'extrémisme. Que puis-je dire au milieu de tant d'abattement, d'égarement et de peur ? L'ennemi a maintenant des visages et des noms différents. Pour la première fois, je commence à envisager de quitter le pays.*)

On ne peut s'empêcher en relisant le dernier article de Razan d'y chercher quelque chose, une prémonition, et d'avoir l'impression d'y déceler un air testamentaire, même si on la retrouve là comme on la connaît.

L'hiver est déjà bien avancé – hiver de siège. L'article paraît le 10 décembre, Razan a disparu dans la nuit du 9 au 10 ; envoyer le texte a sans doute été l'une des dernières choses qu'elle ait faites avant l'enlèvement. Elle a intitulé son texte "Trois jours d'espoir" et l'on comprend qu'elle avait donc choisi de recommencer, une fois encore.

Elle y raconte comment, pendant trois jours, tandis que les forces de l'opposition se battaient pour rouvrir une route et désenclaver la Ghouta, tout le monde à Douma a su renouer avec l'espoir.

Razan évoque les corps des combattants qu'elle imagine s'allonger sur la route, les uns contre les autres, pour reprendre le terrain perdu. On repense à l'image des couloirs mal éclairés après les attaques chimiques, jonchés de corps, mais ici l'image se renverse, devient source d'espoir et l'on entraperçoit un fragment de ce dispositif intime qui la fait tenir.

La route est longue, semée d'obstacles et d'embûches. La chance décide seule du destin de celui qui s'y engage. Cette route obscure que rien ne vient éclairer à part notre foi et les vestiges brisés de nos rêves.

Pendant trois jours, les nouvelles qui nous parvenaient au sujet de la route ont éclipsé toutes les autres. La route ouvrait ses bras, les corps des jeunes combattants partis à sa conquête s'alignaient en faisant une passerelle, martyr contre martyr, pour permettre aux vivants de passer de l'autre côté.

Pendant trois jours, les voix des muezzins ont résonné mais ce n'était pas l'appel à la prière que nous entendions. Les noms crépitaient, emportés par le vent avant de nous parvenir tout à fait. Chaque fois, quand le mégaphone se mettait à grésiller, nous savions qu'un nouveau martyr allait venir s'ajouter à la longue liste de ceux qui avaient défié cette route impitoyable. Nous n'avons pas vraiment le temps pour la tristesse.

Tous, nous avions accepté le fait que la route serait à nouveau pavée, des corps de ces jeunes gens cette fois. À côté de la tristesse se tenait la joie. Nous fêtions tous la route après avoir entendu les bonnes nouvelles nous en parvenant, prétendions que nous faisions tous partie de cette aventure, comme si nous formions une longue chaîne humaine, chacun portant une pioche sur l'épaule, marchant sur la route d'un pas lent mais régulier.

Au bout de la route, il y aurait du lait et des œufs pour les enfants affamés, des vêtements chauds, du blé doré que les mains habiles des femmes transformeraient en pain. Il y aurait des médicaments pour soulager les souffrances des malades et sauver des vies. Au bout de la route se trouvait un paradis perdu, la promesse d'un semblant de vie, la promesse de la chaleur, de la satiété et de la guérison.

Ces trois jours ont donné lieu à plus de rêves que les trois ans qui avaient précédé. Des plans d'avenir, des plans pour ceux qui voulaient partir et pour ceux qui voulaient revenir. Même les autres zones assiégées observaient la bataille, comme si elle avait le pouvoir de lever aussi les sièges qui les étranglaient. Ce qui se trouve après la route n'a rien de commun avec ce qui y menait.

Bientôt cependant les nouvelles ont pâli. On a raconté que la route avait bu le sang des jeunes gens et qu'elle s'était refermée sur leurs corps. Les rêves de paradis mis en suspens. Mais personne n'oublie ces jours d'espoir, comme ils ont changé les créatures fatiguées que nous étions en hommes et femmes ailés, célébrant la joie et la vie à venir.

La route s'est refermée sur ces espoirs mais n'a pas anéanti ces sentiments. Nous nous souvenons de ce qui se trouve devant nous, et de ce lieu où nos souffrances se feront supportables.

La route qui s'ouvre devant nous est encore longue, toujours semée d'obstacles et d'embûches. Elle reste fermée et ce qui se trouve de l'autre côté demeure inconnu – ce qui se trouve au-delà du siège, de la révolution, de la guerre.

C'est un rêve qui nous lie tous, comme si nous formions une longue chaîne humaine, chacun portant une pioche sur l'épaule, marchant sur la route d'un pas lent mais régulier. Quel bonheur éprouveront ceux qui parviendront au bout.

QUATRIÈME PARTIE

Environ une semaine après l'enlèvement, j'ai décidé de rouvrir le bureau et de reprendre le travail. Aujourd'hui encore je suis le remplaçant (il rit), *et c'est toujours ainsi que je me présente. Ses amis et moi avons décidé de poursuivre son travail dans la Ghouta. Chacun sa tâche. Après avoir pris cette décision, on s'est rendu compte que Razan travaillait comme trente hommes! Il y a quelques jours, un de nos amis m'a rappelé qu'elle disait toujours :* "*La fatigue n'est pas une option.*" *Ça nous a fait sourire et on s'est remis au travail. J'ai récupéré les chats. Loulou senior a disparu quelques jours après l'enlèvement et comme Loulou junior est resté seul, il est devenu Loulou tout court. Il a grandi et il est devenu fort et viril* (il rit). *Mais un jour, un ami a retrouvé Loulou mort dans la rue, et on n'a jamais vraiment su ce qui s'était passé. Ma femme a pris les valises de Razan et Samira, et je garde leurs affaires ici. J'ai dit à Yassin que j'avais récupéré un certain nombre d'objets appartenant à sa femme : une bague, son portefeuille, son journal et sa valise. Il m'a demandé de faire une copie du journal pour qu'il puisse le transcrire. Il en publie des extraits parfois et je crois qu'il prévoit d'en faire un livre. J'ai aussi retrouvé le manuscrit de Nazem. Il avait déjà publié un recueil de poésie et préparait son deuxième qu'on va essayer de faire paraître. Ma femme a gardé les affaires de Razan mais il n'y a pas grand-chose : une valise, des vêtements – quasiment rien parce qu'elle n'en possédait presque pas, juste des jeans et des tee-shirts* (il rit). *Parfois je porte son foulard bleu.*

Je me suis réveillée, j'ai appelé l'ami qui vivait au-dessus de chez ma sœur et il m'a dit qu'elle n'était pas dans son bureau, qu'elle avait été kidnappée avec Wael et les autres. J'ai demandé si des choses avaient disparu et il m'a répondu qu'à part leurs téléphones et leurs ordinateurs rien ne manquait, et que les ravisseurs n'avaient pas pris la grosse somme d'argent qui se trouvait dans l'appartement. Je vivais avec mes parents à ce moment-là. Au début j'avais peur de leur dire mais ils ont senti que quelque chose n'allait pas et j'ai dû leur avouer ce qui s'était passé. J'ai parlé avec beaucoup de gens, des leaders des différents groupes présents à Douma, des civils, et je continue d'enquêter. J'ai demandé de l'aide à tous les gens que je connais, réuni un tas d'informations, essayé de porter plainte, mais ça n'a mené nulle part. J'ai parlé avec des gens qui disent avoir été en prison avec ma sœur mais ils m'ont dit que je ne pouvais pas utiliser leurs témoignages parce qu'ils sont encore là-bas et que ça les mettrait en danger. D'après ce que je sais, elle est toujours à Douma, dans sa prison. Des gens l'ont vue dans cette prison. L'ont entendue.

Dans les heures qui ont suivi la disparition, tous leurs comptes Facebook, Gmail, Skype, etc., ont été fermés et supprimés. On avait négocié et passé des accords avec ces compagnies pour protéger les activistes. Pour éviter qu'en cas de capture, ils ne soient torturés, que les mots de passe ne soient récupérés et les contacts ensuite exposés. Sur un simple signal ils gèlent les comptes et suppriment toutes les données.

Certains disent qu'elle a été transférée d'un endroit à un autre mais qu'elle est toujours dans la région de Douma.

Depuis le début de la révolution, la première chose que je fais en me réveillant le matin, c'est d'aller sur Facebook pour prendre des nouvelles du pays. Le lendemain de l'enlèvement, tout le monde parlait de ma sœur mais j'ai refusé d'y croire. Je l'ai appelée, appelée, et appelée encore… Je ne crois pas à ce qui se raconte sur l'enlèvement et les négociations. Quand j'entends que quelqu'un a entendu ou vu quelque chose, je n'y crois pas. Ça n'a aucun sens. Mais je crois qu'il y a des gens qui savent, j'en suis certaine, et ils ne disent pas la vérité. Ça n'a aucun sens. Si les gens disaient vrai, on aurait dû la retrouver. Je sais qu'elle est en vie. À cent pour cent. Presque. Elle est en vie et elle est en sécurité. Beaucoup de gens nous envoient des messages, nous racontent des choses. Certains disent l'avoir vue. Pour vérifier, on leur demande des choses personnelles au sujet de Razan, des choses qu'ils devraient savoir s'ils avaient passé du temps avec elle en prison mais ils ne savent pas répondre. Si ces gens avaient vraiment rencontré ma sœur, quelqu'un d'intelligent comme ma sœur, elle leur aurait donné des éléments personnels pour qu'ils puissent ensuite nous convaincre qu'ils l'avaient rencontrée. Parfois je me dis que nous ne sommes pas assez malins pour comprendre. Je ne sais pas. C'est une affaire qui nous dépasse. Ce que je sais, c'est que la zone dans laquelle ils habitaient était animée, qu'il y avait du monde dans l'immeuble. C'est impossible qu'il n'y ait pas eu un seul témoin. Ça n'a aucun sens. Un groupe armé qui débarque dans un immeuble, kidnappe quatre personnes dont l'une pousse un cri. En Syrie! Le pays où l'on ne peut pas bouger une chaise sans que tous les voisins soient au courant! Ma fille fait des études de criminologie, elle croit au bystander effect. *Je ne reproche pas aux voisins de ne pas être intervenus, ils vivent tous des choses horribles et ils ont peur, pour eux, pour ceux qu'ils aiment. Mais qu'ils ne viennent pas raconter des inepties. C'est impossible que personne ne sache qui est venu et comment les choses se sont passées. Ça n'a aucun sens. Parler d'elle me fait du bien parfois, mais d'autres fois… On n'a pas essayé de récupérer ses affaires. Je ne sais pas pourquoi, je n'y ai jamais pensé. Pour moi l'essentiel est de rassembler ses articles. De découvrir cette partie de sa vie dont je ne savais presque rien. Des gens viennent me voir pour me raconter des choses sur elle et j'adore entendre ces histoires. Elle va être folle de rage quand elle sortira! La première personne qu'elle va tuer, ce sera moi! J'ai réuni tant de choses – des photos, des articles, des vidéos – et elle est tellement secrète. Elle va découvrir que je suis la responsable de tout cet étalage, c'est sûr. Oh, elle va me détester!* (Elle rit.) *J'ai aussi essayé de récupérer le chat mais personne ne sait où il est. On demande à tous ceux qui sont là-bas mais ils ne nous disent rien. Si je le retrouvais je le ferais venir ici. Mais quand Razan l'apprendra elle sera furieuse – tout cet argent dépensé pour un chat… De toute façon, je suis presque sûre que le chat est avec quelqu'un qu'elle connaît. Le plus important pour elle, c'est son ordinateur. Mais ils l'ont pris. Tout son travail s'y trouve. La plupart de ses photos d'enfance sont avec moi. Mes parents accordent peu d'importance à ces choses-là – je leur en veux un peu d'ailleurs mais je ne leur reproche rien, et depuis quelque temps j'arrête un peu de parler de Razan quand je suis en leur présence, c'est trop dur pour eux. C'est moi qui garde presque toutes les photos de famille et les souvenirs. Je ne sais pas. J'aurais pu récupérer un foulard. Elle vivait de façon très dépouillée depuis le début de la révolution. Je suis si fière d'elle et quand je dis cela, je ne dis rien. Elle avait pris peu de chose, ça ne comptait pas pour elle. Il y avait une chose dans son appartement qui avait de la valeur à ses yeux, c'était la pendule de ma grand-mère. Je ne sais pas ce qu'elle est devenue. Oui, le foulard, ça j'aurais aimé. Mais de toute façon, je sais qu'elle va revenir et je ne vois pas pourquoi je chercherais à récupérer ses affaires.*

Une jeune femme qui a été libérée raconte avoir entendu la voix de Razan en prison. Mais je ne sais pas s'ils peuvent réapparaître. Zahran Alloush a tellement nié avoir eu un lien avec leur disparition...

S'il y a la moindre chance que Samira, Wael et Nazem soient libérés, Razan, non. S'ils en gardent un, c'est Razan.

Nos efforts n'ont servi à rien. Parfois encore je fais des cauchemars dans lesquels je me reproche de ne pas avoir suffisamment essayé. Ce qui est triste c'est que... si j'étais les gens de Jaish al-Islam – Alhamdulillah *ce n'est pas le cas –, si j'étais eux, si j'avais leur esprit tordu et criminel, j'aurais plus intérêt à ce que Razan soit morte que vivante. Elle est une menace pour eux. Si elle s'échappait par exemple... Je ne veux pas prononcer ces mots. Tant que nous n'avons pas de preuve du contraire nous dirons que Razan est vivante et nous essaierons de la faire libérer. Mais je ne peux pas m'empêcher de me demander : Pourquoi l'auraient-ils laissée en vie ?*

Des gens nous ont dit qu'ils étaient en prison mais on n'a pas de nouvelles fiables. Je crois qu'ils sont toujours vivants mais je pense que les kidnappeurs ne s'attendaient pas à ce que l'enlèvement provoque une telle réaction. Peut-être qu'ils ne savent pas quoi faire. S'ils libèrent Razan et les autres, tout le monde saura où ils étaient détenus et ce serait très gênant pour eux. Je crois qu'ils ne peuvent pas les libérer pour l'instant.

Razan est morte. C'est ce que je crois, qu'ils ont tous été tués.

Je ne sais pas. J'espère. J'espère qu'ils sont en sécurité, en vie, mais nous n'avons pas d'informations crédibles à leur sujet. On entend des rumeurs, des fausses nouvelles : on les aurait vus en prison, ils auraient été tués, certains auraient été tués, ils seraient malades, certains seraient malades. Rien de solide, rien de confirmé. Wallahi*, on entend beaucoup de choses mais tu sais, quand on fait du travail de documentation, il faut s'appuyer sur des informations précises. Là, il n'y a aucune preuve de rien.* (Il y a des mots que je ne veux pas glisser dans sa bouche parce que lui comme presque tous les autres mettent un point d'honneur à ne pas les prononcer, et parce que je pense avoir trop poussé, trop insisté en demandant : *S'ils étaient vivants, on le saurait, non ?* Mais la façon qu'il a eue de fermer les yeux, de hausser les épaules et de pincer la bouche signifiait très probablement qu'il était arrivé à la même conclusion. Je lui ai dit ensuite que j'avais le plus grand mal à imaginer les hommes d'Alloush les tuer tous les quatre, de sang-froid.) *C'est normal que tu aies du mal, que tu sois incrédule. Il y a un saut mental à effectuer. Des hommes ont reçu l'ordre de tuer des gens et ils s'en foutent d'avoir affaire à Razan, Samira, Wael et Nazem, même s'ils les connaissent sûrement, qu'ils les ont vus travailler ; eux ou d'autres, pour ces gens-là ça ne change rien, on leur a demandé d'exécuter quatre personnes alors ils le font, c'est tout. Ce ne sont pas les premiers, et ce ne seront pas les derniers.*

C'est un ami de Razan qui a mené l'essentiel de l'enquête. Chacun s'y est mis, a participé, activé ses contacts et tout remué mais c'est cet ami, réfugié aux États-Unis, qui a obtenu les preuves les plus concluantes quant à la responsabilité du groupe de Zahran Alloush.

Dans les heures et les jours qui suivent l'enlèvement, il attend que les ravisseurs se connectent avec l'ordinateur portable de Razan pour identifier leur adresse IP. (Il a d'abord traqué l'ordinateur et s'il refuse de me dire dans le détail comment il a fait, il confie avoir réussi, grâce à un *soutien technique*, à trouver le numéro de série du portable.) Trois jours plus tard, on essaie d'ouvrir le compte Skype de Razan depuis son ordinateur, l'ami relève l'adresse IP mais elle le conduit à une compagnie luxembourgeoise qui vend des connexions satellites sûres, impossibles à tracer. Il tente de convaincre la direction de la compagnie de partager les informations dont il a besoin mais en vain. *(On était en plein dans les histoires des écoutes de la NSA et de*

Snowden ; les Européens étaient vraiment tendus. On a dû se résoudre à quelque chose de moins orthodoxe.)

L'homme qui a utilisé l'ordinateur de Razan se sert de la même adresse IP pour se connecter à ses propres comptes et l'*enquêteur* parvient à convaincre un employé bien placé dans un réseau social de lui révéler son identité. Quand il se rend sur la page Facebook de cette personne, un certain Younis, il se rend compte que l'homme, très jeune, a posté de nombreuses photos de lui aux côtés de Zahran Alloush. Younis travaille pour le bureau médias de Jaish al-Islam. Il n'est sans doute pas responsable de l'enlèvement et on a dû se contenter de lui remettre l'ordinateur mais ces éléments suffisent pour entrer en contact avec le groupe armé et, sur les conseils d'un *spécialiste des négociations*, l'ami de Razan envoie un message sur Skype à Zahran Alloush : *Bonjour, je mène une enquête sur la disparition de Razan Zaitouneh, je sais que vous enquêtez aussi. J'ai trouvé des preuves solides sur l'identité de ses kidnappeurs, voulez-vous coopérer ?* Alloush répond tout de suite. Il souhaite coopérer et, surtout, il voudrait bien avoir accès aux preuves.

L'ami dit à Alloush qu'il peut démontrer que Younis a utilisé l'ordinateur de Razan mais laisse dans l'ombre le lien établi entre le jeune homme et Jaish al-Islam. Après cet échange, il faut une demi-heure pour que la page Facebook de Younis disparaisse, puis Younis lui-même, que personne ne revoit plus à Douma. Le lien entre Alloush et le jeune homme a été effacé, la charge incriminante des éléments rassemblés disparaît mais, en agissant de la sorte, les hommes d'Alloush ne font que renforcer les soupçons. Je pense que ça leur est égal, que l'essentiel pour eux est de se débarrasser des preuves. Après ils pourront toujours nier, peu leur importe qu'on les croie ou non.

Et c'est ainsi que la possibilité d'entamer de véritables négociations reste fermée, car jamais les gens d'Alloush n'admettent détenir les quatre activistes. Un jour cependant, ils semblent à deux doigts de le faire. D'après l'ami, les gens de Jaish al-Islam n'avaient aucune idée de ce qu'ils faisaient en capturant les Quatre, ils ne s'attendaient pas du tout à ce que l'enlèvement soulève une telle vague d'indignation – dès le lendemain, tous ceux qui s'intéressent à la Syrie en parlent, demandent la libération de Razan et de ses camarades. Mais tout de suite, sans attendre, les gens d'Alloush nient leur culpabilité. Une fois qu'ils ont juré de tout leur cœur en invoquant le nom de Dieu, il est difficile de faire machine arrière et de revenir sur le mensonge. La pression sur le groupe se fait de plus en plus forte (et cela causera des tensions parmi les familles des disparus, certaine reprochant aux autres d'avoir orchestré cette pression sans réfléchir à ses possibles conséquences négatives), Alloush est acculé et s'il reste une chance, c'est de lui offrir une porte de sortie.

L'ami n'est plus en contact avec Zahran Alloush mais avec Islam Alloush (on dit parfois qu'ils sont cousins, parfois qu'ils n'ont aucun lien mais peu importe), et il lui dit que Razan doit penser qu'elle a été enlevée par eux mais que s'il lui parle au téléphone, il pourrait la convaincre qu'elle a été kidnappée par Al-Nosra et que Jaish al-Islam l'a libérée. Il dit pouvoir en tout cas la convaincre de s'en tenir à ce récit. Il jure pouvoir la convaincre. Islam Alloush lui répond qu'il va en parler et qu'il le rappelle. On peut penser qu'il admet ainsi avoir la possibilité d'organiser cette conversation avec Razan. Mais deux jours plus tard, quand il rappelle, la porte s'est refermée : *Qu'est-ce que tu veux dire, lui parler au téléphone ? On ne sait pas où elle se trouve ! Si on le savait on la sortirait de là !*

Zahran Alloush est assoiffé de reconnaissance internationale, rêve de se retrouver à la table des négociations pour incarner cette opposition islamiste *bon teint* dont le monde occidental cherche l'incarnation. C'est peut-être le dernier levier. Au printemps 2015, l'ambition d'Alloush trouve son point d'orgue dans une sorte de tournée à l'étranger. Il se rend en Turquie, en Jordanie, donne des interviews, a quitté son uniforme pour des vêtements civils qui font un peu oublier son appartenance à un groupe armé salafiste. Avant ce voyage déjà, quand l'ancien ambassadeur américain à Damas écrit un article pour vanter les mérites d'une coopération avec les islamistes d'Ahrar al-Cham, Islam Alloush lui envoie un message pour démontrer que Jaish al-Islam serait un meilleur pari.

Une rencontre est organisée en Turquie entre les Américains et Mohammed Alloush (le neveu de Zahran, c'est une grande famille) pendant laquelle le sort de Razan est évoqué. Les Américains disent qu'ils tiennent Jaish al-Islam pour responsables dans la mesure où ils contrôlent Douma. Alloush jure sur le Coran qu'ils n'ont rien à voir avec tout cela et le sort de Razan passe au second plan des tractations.

D'autres éléments viennent étayer le faisceau d'indices : Hussein al-Shazli, un homme de Jaish al-Islam, admet devant un tribunal local avoir écrit la lettre de menace adressée à Razan et l'avoir fait sur ordre du numéro deux de son groupe armé. (Le numéro deux lui a-t-il demandé de menacer Razan cinq fois ou ne doit-on qu'à sa propre créativité le caractère acharné du message?) Zahran Alloush rend visite à l'homme dans sa cellule, demande à s'entretenir avec lui en privé et quand ce privilège lui est refusé il s'énerve, menace de libérer son homme qui parvient peu après à s'échapper.

On peut ajouter que Jaish al-Islam dirige la prison d'Al-Tawbah et plusieurs centres de détention dans lesquels ils auraient pu garder les Quatre au secret.

On sait aussi que Mohammed Alloush et des journalistes ont lancé avant l'enlèvement une campagne sur le thème *Que fait cette femme à Douma?*

Ces éléments sont cités dans un texte posté par Yassin sur Facebook, qu'il conclut ainsi : *Quand Zahran a été confronté au fait que certains de ses hommes avaient ouvert des ordinateurs appartenant aux Quatre après l'enlèvement, tout ce qu'il a trouvé à rétorquer a été : "Une erreur peut-être."*

Le hiatus entre l'entêtement des proches des disparus et ce degré de désinvolture laisse désarmé, convaincu que s'ils font si peu d'efforts pour faire semblant au moins, c'est qu'ils doivent n'avoir rien à craindre.

Je veux retranscrire ici le témoignage d'une femme qui a fondé au Liban une association pour soutenir les familles des disparus de la guerre civile. Ses mots mettent en lumière le désarroi dans lequel plongent les familles affectées par la disparition d'un des leurs et montrent comme on retrouve les mêmes éléments de façon presque immanquable d'une histoire à l'autre ; mêmes phases, mêmes maux, mêmes tentatives sublimes et pathétiques de faire avec l'absence.

Ces familles sont prises dans un balancement perpétuel. Même les proches d'une personne qui aurait aujourd'hui plus de quatre-vingts ans continuent de penser que leur disparu pourrait être encore en vie. On parle à leur sujet de perte ambiguë. *L'une des différences avec un deuil normal c'est qu'ils ne parviennent pas, même après un temps très long, à se souvenir des périodes de bonheur vécues avec celui qui n'est plus là.*

Ils sont habités par un fort sentiment de culpabilité car ils n'ont pas su empêcher la disparition, pas réussi à découvrir la vérité ni à donner une sépulture à leur proche.

Toutes les familles ont payé à un moment ou à un autre pour obtenir des informations, la moindre petite information. Certaines se sont ruinées pour remonter des pistes fragiles, souvent spécieuses.

Il y a souvent beaucoup de tensions au sein des familles. Ceux qui continuent le combat en veulent à ceux qui l'ont abandonné. Et ceux-là en veulent à ceux qui finissent par ne faire plus que ça et délaissent le reste de leur famille.

L'absence de statut légal est un vrai problème. Ça complique les successions, les éventuels remariages. La seule solution est de déclarer mort le disparu mais alors surgissent des culpabilités énormes. Et s'il revenait ?

Ils ne sont ni morts ni vivants ; mais où sont-ils en fait ?

On entend des histoires : ceux qui mettent encore le couvert du disparu, ceux qui conservent chambres et armoires intactes, ceux qui laissent un mot sur la table de la cuisine quand ils s'absentent, au cas où.

Le corps de Michel Seurat a été retrouvé en 2005, restitué à sa famille en 2006 pour être inhumé. Lors de la cérémonie organisée à Beyrouth à cette occasion, Marie Seurat explique qu'elle s'est laissé surprendre par ses émotions, que pendant des mois elle s'était attendue à être *submergée par l'effroi* mais qu'en fait, lors de la restitution, elle s'est sentie *apaisée, sereine*. Elle évoque les dix-sept mille Libanais disparus pendant la guerre civile, *dont on n'a plus entendu parler, dont on a occulté la mort*. Les familles qui gardent l'espoir que leur proche soit encore en vie ont toutes recours à des scénarios qui auraient conduit ceux qui manquent en Syrie. S'ils sont encore en vie c'est qu'ils sont là-bas parce que seul le régime syrien sait faire disparaître des hommes et des femmes pendant des années sans que rien ne remonte à la surface. Seul le régime syrien a cette capacité de les faire descendre aux enfers, de les y maintenir en vie pour un jour peut-être les relâcher et les renvoyer aux leurs. D'une façon étrange, la captivité dans l'*underworld* du régime syrien est devenue synonyme d'espoir pour ces familles libanaises.

La dépouille de Seurat a réapparu vingt ans après l'annonce faite de son *exécution* par un groupe armé libanais affilié au régime syrien, vingt ans après la publication par ce groupe d'une photo de son corps. Je trouve Seurat très beau, au-delà de ses traits fins et harmonieux, parce qu'il me semble pouvoir lire sur son visage son envie de comprendre. Sur la photo de son corps que le groupe armé avait fait paraître juste après sa mort, il me semble qu'on le reconnaît assez bien. On voit le haut de son buste, sec et émacié, sa bouche fermée, son nez droit, ses yeux mi-clos, sa chevelure dense, et j'ai l'impression que les bourreaux ont essayé mais qu'ils n'ont pu le dépouiller de sa beauté et de sa dignité ; bien au contraire.

Parfois l'esprit vagabonde. On voudrait que ce ne soit pas le cas mais on ne peut s'en empêcher parce que la disparition ouvre cette brèche dans le réel, dans laquelle la fiction s'engouffre. Je rejoins lentement le clan des proches de Razan, le clan de ceux qui laissent courir leur imagination. Aujourd'hui encore, ça me prend la nuit le plus souvent, et je ne me laisse presque jamais courir le long de ces images fantasmées. Je sais qu'elles sont dangereuses, que les rêveries réconfortantes peuvent muter peu à peu, sans qu'on n'y prenne garde, que l'on peut se retrouver alors face à des images pleines de violences qu'on ne saura jamais chasser tout à fait, qui resteront tapies quelque part, prêtes à resurgir.

Dans le conflit, récupérer les corps devient l'enjeu d'affrontements dont on ne dit pas grand-chose parce que leurs résultats n'ont pas d'impact quantifiable sur les grandes dynamiques de la guerre – on préfère les cartes, les flèches, territoires gagnés, conquis, perdus, hachurés, grisés –, affrontements parallèles dont chaque bataille est livrée avec intensité, sans autre conséquence que le moral des troupes et la dignité rendue à celui qui est mort, mais dans lesquels se trouve l'un des derniers points de contact avec le monde d'avant.

Une même scène revient dans de nombreux films et livres sur la guerre syrienne – une scène qui a dû se produire des milliers de fois. Où l'on voit des corps tombés dans la rue sous le feu des snipers, et des hommes essayer de recouvrir ces dépouilles au péril de leur vie. La chorégraphie est presque chaque fois la même : un homme court ou rampe pour atteindre le corps, muni d'une longue tige de métal ou d'une sorte de câble, au bout duquel a été fixé un crochet. Il accroche l'outil de fortune à une cheville, ou à une autre partie du corps mais la cheville semble avoir leur préférence, retourne se mettre à couvert pour commencer à tracter la dépouille. C'est presque comme dans un jeu, un pied-de-nez jouissif, comme l'incarnation même de la résistance.

S. me raconte qu'au cours d'une mission dans un quartier proche d'Alep, il a découvert des familles installées dans des immeubles en construction. Tout un quartier d'immeubles en construction que personne ne finirait de bâtir – à peine sortis de terre, déjà en ruine. Ossatures d'immeubles s'élevant sur trois ou quatre niveaux, béton nu, orifices béants en guise de murs. Des familles sont installées là, partout, et on lui raconte que la nuit parfois, quand les enfants se lèvent pour aller aux toilettes ou bien juste parce qu'ils veulent voir leurs parents, que la nuit parfois ces enfants tombent.

C'est à partir du jour où il me fait ce récit que je commence à remonter le temps, à me réapproprier la chronologie que j'avais laissée filer, trop absorbée par autre chose et satisfaite sans doute d'avoir trouvé de quoi me distraire de ce qui advenait. À partir de l'automne 2014, je me mets à revenir en arrière tout en suivant de façon systématique ce qui se passe jour après jour. Je couvre la chronologie, dans un sens et dans l'autre. Cette image de désolation opère comme une révélation qui me replonge dans l'histoire, dans ses dimensions passée et présente, m'y lie et m'y attache sans plus me laisser la possibilité de m'en défaire.

Deux ans plus tard, j'éprouve une grande fatigue nerveuse. Tandis que j'approche de la fin de ce livre, je me montre impatiente et irritable. Je pensais avoir appris à identifier les phases par lesquelles je passe lors de l'écriture d'un texte et si le mécanisme restait assez opaque, j'étais néanmoins parvenue à reconnaître les signes de son bon fonctionnement.

Dans un livre que je lis un jour à mes enfants, je découvre l'histoire d'un petit garçon qui descend dans les entrailles d'une sorcière. Sur l'illustration figure un grand escalier en colimaçon qui s'enfonce dans l'obscurité et sur lequel se trouve le petit personnage. On ne le voit pas bien mais son corps dégage une sorte de tranquillité. Il descend. Le garçon se dit terrifié mais il est habité par une forme de confiance que je saisis de façon fugitive – il a peur mais sait qu'il reviendra, qu'il ressortira. Je reconnais ce sentiment. Il ne s'agit pas de ce que j'éprouvais enfant quand je me croyais encore invincible – ce sentiment-là est d'un autre monde, je ne parviens pas à le ranimer – mais plutôt de ce que j'éprouve à l'orée d'un livre, d'un projet encore flou et indéchiffrable, sombre mais repéré. Et alors je commence à descendre, guidée par un étrange instinct qui relève de cette même forme de confiance ; j'en reviendrai.

Cette fois je dois avouer que je n'ai cessé d'être surprise par la façon dont le dispositif a fonctionné et j'ai eu le sentiment d'être en lutte presque tout le temps, d'avoir éprouvé le besoin de tirer sur la page, de créer plus d'espace, à côté du texte, en dessous, au-dessus, dans un désir de donner à voir d'un coup le jeu des échos, les strates et les superpositions, les retours et les boucles. J'aspirais, dans l'idéal, à une page qui permettrait de déployer une vision pluridimensionnelle et, constamment, je l'ai perçue comme un tunnel face auquel il me fallait rapetisser la vision pour la faire entrer, rabotant ce qui dépassait quand vraiment je n'y parvenais pas. L'exercice demandait de la patience, il fallait procéder centimètre par centimètre car il n'y avait pas d'autres voies. Cette impression m'évoque ce texte publié par Razan en 2008, "Écrire sur une corde raide", celui dans lequel la figure de l'équilibriste se fait convoquer pour raconter le travail de l'écrivain syrien. Elle écrit : *L'espace de la feuille est plus étroit que le chas de l'aiguille, et il faut faire avec le manque d'oxygène.*

J'ai éprouvé à plusieurs reprises une énorme envie de chasser les images, les récits, d'arrêter de commencer mes journées par la lecture de nouveaux articles, le visionnage de nouvelles vidéos. Chaque fois je me suis sentie coupable de cette envie de me détourner et de prendre la fuite. (Ce sentiment de culpabilité rôde toujours en moi et j'y vois le symptôme d'un manque d'affranchissement, d'un trop grand désir de bien faire et d'être adoubée, d'une certaine forme de moralisme, la trace d'un comportement enfantin dont j'aurais dû savoir me débarrasser. Et c'est en partie là que s'ancre mon incapacité à ne pas rouvrir les yeux chaque fois que la fatigue, le cynisme ou l'incrédulité me forcent à les fermer.)

Presque tous ceux à qui j'ai demandé de participer à mon enquête ont accepté et la plupart d'entre eux l'ont fait après quelques heures seulement, voire quelques minutes, signalant ainsi leur envie de partager leur admiration pour Razan et leur envie que celle-ci soit dite. J'étais à la fois heureuse de découvrir leur enthousiasme mais peu à peu écrasée par leur entrain et leur confiance. Aucun n'a sérieusement questionné mon identité ni mes intentions. Personne ne semblait douter du fait qu'un livre sur Razan lui rendrait forcément justice.

J'ai beaucoup traîné. Mon empressement a été inversement proportionnel à celui dont ont fait preuve les proches de Razan mais je n'avais plus le choix, il fallait écrire son histoire, la faire *remonter*. Il allait falloir ensuite m'expliquer peut-être auprès de ceux qui l'ont aimée, peut-être même auprès d'elle ; et surtout il allait falloir faire plus que d'écrire ce livre, il allait falloir l'accompagner, tout faire et m'engager tout entière pour la raconter.

À plusieurs reprises en écrivant ce texte, je me suis prise à penser à ce que j'entreprendrais après, une fois *libérée*, une fois sortie du tunnel. Mais que ferais-je de Razan ensuite ? Vais-je arrêter de voir son visage quand je me réveille la nuit ? Au nom de quoi pourrais-je considérer qu'ici s'arrête ma tâche, ma responsabilité à son égard ? Tant qu'elle continue à manquer comment ne serait-elle plus au centre même de mes préoccupations ? Parviendrais-je à dessouder le temps du texte du temps de Razan ?

Je ne retrouve plus le sentiment de confiance que j'ai épinglé en lisant l'histoire du garçon qui descend et revient. Les contours du personnage de la sorcière ne me semblent plus si bien définis, la ligne de démarcation entre l'underground et la surface de moins en moins nette. L'incertitude quant à l'idée de fin m'a d'abord inquiétée avant de commencer à me séduire. J'ai fini par voir Razan s'échapper, déborder du livre, ressortir par toutes ces brèches que j'avais tenté de colmater, et j'ai cessé de lutter.

Lors de leur capture et pendant les moments, les jours et les semaines qui ont suivi, Razan Zaitouneh et Michel Seurat ont dû voir ce en quoi ils avaient toujours refusé de croire – dessillés. Bien sûr, si l'on peut se faire une idée de ce qui s'est passé pour le chercheur, on ne peut que spéculer dans le cas de Razan, vouloir continuer à penser que leurs trajectoires ont quelque chose de commun, que d'une certaine façon elles sont un peu sœurs.

Dans le film d'Amiralay, Jean-Paul Kauffmann raconte ainsi la mort de son ami : *C'était une hépatite mais enfin cette hépatite était probablement le symptôme d'un mal beaucoup plus profond. Est-ce qu'il aurait pu être sauvé ? Il y a une chose dont je suis sûr en tout cas, ça a été une exécution, un assassinat, qui est l'œuvre de la duplicité de nos ravisseurs, de leur indifférence et, surtout, de leur cynisme. […] C'est là qu'il a compris d'ailleurs. Il se voyait partir et il a réalisé qu'on allait le laisser mourir. La rencontre de sa lucidité et de leur fourberie a constitué pour lui sans doute le plus monstrueux des dévoilements.*

Et puis : *Cet enfer-là ne nous brûlait pas de feux violents. Ce fut plutôt une dépossession lente et progressive de tout notre être, par l'absurde, la stupidité et surtout le mensonge. […] Michel a mis longtemps à se défaire de l'idée que tout ce qui lui était arrivé était un malentendu. […] Lorsqu'il a pris conscience de ce qu'ils étaient réellement, nos ravisseurs, ce jour-là ça a été pour lui une révélation terrible parce qu'elle ouvrait un gouffre. Cette conscience qu'il avait de l'Orient, du Liban, se renversait totalement. Ça bousculait toutes ses idées, et toutes ses analyses. Après cette révélation il n'était plus le même, parce qu'il avait surtout perdu toutes ses illusions.*

Quelques jours avant le 9 décembre, Razan confie à un ami qui s'inquiète pour elle que les gens de Douma l'aiment et qu'ils *savent* qui elle est. Je ne peux qu'imaginer ce qu'a dû lui faire *le plus monstrueux des dévoilements.*

Il se doublait dans son cas de l'idée que son histoire venait nourrir le récit mis en place par le régime, que son histoire finissait par aider son ennemi de toujours, que le tragique venait ainsi contaminer à rebours toute son histoire, imprimer chaque décision de sa couleur sombre.

À la fin du film *Our Terrible Country*, on suit Yassin al-Haj Saleh qui doit prendre le métro, à Istanbul. Il n'avait jamais quitté la Syrie avant d'être obligé de la fuir. Il a aussi passé seize ans en prison, à l'âge où un jeune homme voyage et apprend les usages du monde. Il descend dans la bouche de métro, s'arrête devant les tourniquets et n'a aucune idée de la façon dont on en vient à bout. À plusieurs reprises il avance et se cogne les jambes, manifestement perplexe. L'homme qui a toujours réponse à tout, le grand intellectuel parfois arrogant ne sait pas comment on se sert d'un ticket de métro. À un autre moment il a cette très belle phrase : *Ce que je crains maintenant, c'est de ne pas comprendre l'extérieur de la Syrie, de me sentir idiot devant les choses.*

Puis on le quitte sur ces mots : *Je ne sais pas précisément ce que je vais faire en exil. J'ai si longtemps ressenti de la gêne vis-à-vis de ce mot. Ça ressemblait plus à une moquerie lancée par ceux qui restent au pays.*

Aujourd'hui, son sens change, pour intégrer notre expérience monstrueuse. L'expérience de l'arrachement, de la fuite et de la dispersion, et de l'espoir du retour. Je ne sais pas ce que je vais faire mais je fais partie de ce grand exode syrien et de ce retour syrien espéré. Et même s'il ressemble plus à un abattoir aujourd'hui, nous n'avons pas d'autre pays que celui-là. Je sais qu'il n'existe pas de pays qui nous soit plus clément que ce terrible pays.

Yassin m'a accueillie chez lui à Istanbul pour me parler de Razan. Il n'a pas été simple d'obtenir son accord mais il a fini par me recevoir et nous avons passé la journée ensemble. Il m'a donné beaucoup d'informations qui m'ont permis d'affiner ma vision d'elle et j'y ai glané quelques détails qui m'ont touchée, comme le fait qu'elle n'allait jamais avec eux le week-end sur la côte et que Yassin se demandait si elle savait nager.

Au-delà de ce qu'il m'a dit de Razan, j'ai été émue par la façon dont il vivait, comme la sœur aînée, dans le culte de *sa* disparue. Il y a chez lui des tas de portraits de Samira qu'on lui a offerts, et Yassin fait des boucles quand il parle. Régulièrement il s'arrête, se blâme parce qu'il les a laissées, s'accuse de ne pas en avoir fait assez pour obtenir leur libération. Sa pensée se déploie d'habitude d'une façon si précise, si logique, mais là, quand il se met à parler de Samira et Razan, elle se fait circulaire, ses yeux se perdent et le désarroi est immense. Il ressemble soudain à un petit vieux terrassé par le gouffre et les incertitudes de la disparition. Yassin écrit, dans l'un des articles de *Récits d'une Syrie oubliée* : *Voilà qui dépasse en monstruosité mon arrestation et celle de Samira par le régime à une autre époque. Au moins nos familles savaient où nous étions, même si elles ignoraient quand on allait nous libérer. Il s'agit ici d'un crime permanent, qui se renouvelle chaque jour.*

(Yassin a, d'une façon étrange, commencé à côtoyer la culpabilité il y a de longues années déjà comme en atteste ce passage d'un texte écrit sur la prison du désert en 2003 : *Plus les années passent, plus je me vois comme un traître. Un traître à moi-même, un traître envers mes amis morts en prison ou peu après leur sortie. Un traître envers les mères et les pères morts, eux, dans l'attente, et dont j'ai l'impression d'abandonner les dépouilles sans sépulture.*)

À un moment, Yassin a eu faim et il a proposé de préparer le déjeuner. Je l'ai accompagné dans la cuisine. Il a sorti des pâtes et m'a demandé si ça m'allait de manger des *spaghetti*, qu'il employait comme un mot générique. Je lui ai dit avoir entendu que Razan adorait les *pasta* et le mot a provoqué chez lui un déclic. Il a confirmé, oui, vraiment, elle adorait ça alors qu'elle n'aimait pas beaucoup manger, qu'elle était *maigre comme un clou*. Là il m'a regardée et m'a dit que, d'une certaine façon, je lui faisais un peu penser à elle. Il s'est retourné pour se mettre à couper de l'ail et je me suis autorisé un énorme sourire pour marquer cette minuscule victoire acquise un peu à la marge, mais qui me semblait bonne à prendre.

Et puis, continuant de couper l'ail et de me tourner le dos, il m'a expliqué que Razan avait dû arrêter de fumer depuis l'enlèvement, que c'était tout de même un point positif dans cette affaire. J'étais toujours derrière lui, ne voyais pas son visage mais j'entendais bien dans sa voix qu'il n'y croyait pas vraiment, que ça venait malgré lui ou plutôt – si c'est possible – qu'il y croyait tout en n'y croyant pas et qu'il était un peu désolé de se retrouver sur un territoire si trouble, lui pour qui rien ne compte davantage que la clarté de la pensée.

Une heure plus tard, pour une raison que je ne m'explique toujours pas, j'ai été prise d'une nausée soudaine et il m'a fallu trouver refuge un moment dans sa salle de bains. Yassin, magnifique – je l'imagine bras levés vers le ciel –, criait derrière la porte : *Mais laisse-moi t'aider d'une façon ou d'une autre! Je n'ai rien à me reprocher!*

Pendant le mois d'août 2014, je me souviens qu'un jour à la plage, mes amis se sont mis à parler de la Syrie. En maillot de bain, fumant des cigarettes et surveillant du coin de l'œil les enfants, ils se sont mis à parler de la proclamation du califat et de la décapitation de James Foley. L'inquiétude avait surgi, s'était trouvé un canal pour surgir.

(L'écriture de Razan me manque. J'ai du mal à me retrouver seule pour écrire cette dernière partie, sans son aide, sans ses textes. Je voudrais qu'elle éclaire ce qui se passe et elle me manque. J'ai pensé d'abord à garder un passage d'elle pour cet épilogue mais non, je crois finalement qu'il faut faire sans, se rendre compte de ce qu'est son absence.)

On se retrouve face à la force de l'image de James Foley avec l'homme en noir, qui devient l'incarnation même de nos pires cauchemars. Là, sous nos yeux et pour de vrai. Et c'est d'abord pour cela qu'il faut en parler et en parler encore, parce qu'il faut forcer l'incrédulité. La mise en scène, le décor, les costumes et pourtant : tout est bien réel. Le monde des mauvais rêves s'infiltre dans le réel, la frontière devient poreuse.

Seuls des hommes ayant une connaissance fine de ce qui peut parvenir à pétrifier les Occidentaux pouvaient parvenir à un tel résultat. Celui qui tue Foley est arrivé du Koweït à Londres à l'âge de six ans. Il faisait partie en Syrie d'un groupe de quatre hommes qui avaient l'accent anglais et que les otages appelaient les *Beatles*.

On pourrait parler sans fin de la cruauté des hommes (et femmes, quelques-unes) qui se battent sous la bannière de l'État islamique, de leur violence effroyable. Mais l'état dans lequel ils plongent les hommes et femmes du monde occidental est néfaste et c'est là l'une de leurs armes les plus dangereuses. Ils pétrifient. Poussent à des réflexes brutaux qui nourrissent leur puissance. Les amis en maillot de bain sur la plage tournent en rond, ressassent, butent sur des tautologies, prisonniers de leur sidération. Je voudrais mais ne parviens pas à communier avec eux dans la terreur, face à l'image suspendue que rien ne vient mettre en perspective. Il y a sans doute de la facilité à se laisser terroriser car il devient légitime de revenir aux réflexes les plus basiques : se barricader, frapper.

L'État islamique est né de la violence déployée en Syrie, en Irak, et avant cela en Afghanistan, mais aussi du langage que l'on a épuisé et qui finit par tourner à vide. Face aux mots qui n'accrochent plus, on pourrait faire le choix de s'en remettre à un autre langage, plus incarné, et pourquoi pas même à une parole révélée.

De toutes mes forces je souhaite que s'éteigne la violence déployée par les hommes de l'État islamique mais je suis convaincue que l'obsession nuit au combat, que de rester figés et pleins de colère face à l'image de cauchemar sera vain, qu'il faut se défaire de l'ankylose et nous élancer le long des ramifications. L'éradication de leurs forces armées en Syrie ne conduira pas à l'éradication de leur violence qui se trouvera toujours des refuges, se nourrira de ce que nous appellerons notre victoire, grandira, courra de façon souterraine au Moyen-Orient, en Occident, drainera tous les ressentiments et les déceptions pour grossir encore et mieux resurgir, ailleurs et sous une forme légèrement modifiée, qui nous paraîtra pire encore.

(Je veux citer ici ce texte de Saïd al-Batal, qui est resté jusqu'en 2014 dans la Ghouta, à Douma surtout : *Au cours de mes navigations sur Internet, je suis tombé sur une photo de Jobar, la veille, sous les bombes, prise depuis un autre point de Damas… Et j'ai frémi. J'ai frémi non pas parce que j'ai réussi à sortir de sous les décombres cadrés dans cette photo. J'ai frémi parce que ça m'a rappelé qu'il y avait quelqu'un de l'autre côté ! J'avais oublié qu'il pouvait y avoir quelqu'un qui voit, qui entend, qui réfléchit, rêve et photographie les bombes qui s'abattent sur nous. […] J'en étais venu à penser que nous étions seuls au monde ; que la seule chose qui se trouvait de l'autre côté du rivage, c'était la mort. Mais l'idée d'un départ pour une ville aux rues animées, aux routes éclairées, qui ne connaîtrait pas les bombes, m'a terrorisé. Je ne supporterai plus qu'une personne, par légèreté, chemine sans rien porter de ce monde. Toi qui habites la rive d'en face et observes de l'extérieur mon enfer intime, ton épouvante est bien pire que ma peur. Je considère que c'est toi, bien plus que moi, que visent les bombes. Cette effarante démonstration de force est dirigée contre toi, plus encore qu'elle ne l'est contre moi. Terroriser est un art.*)

Dans le film qui m'a fait découvrir Razan, on suit Yassin al-Haj Saleh mais aussi un jeune homme, Ziad al-Homsi. Il est beau garçon, doit avoir vingt-cinq ans, porte la barbe, une barbe longue mais pas très fournie, une barbe qui lui donne plus une allure de hipster que d'islamiste, à cause des baskets, des tee-shirts aux imprimés pointus, des cheveux longs et des petites lunettes. Et surtout, Ziad est très touchant. La relation qu'il noue avec ces hommes et femmes plus âgés que lui, son respect, la façon dont il se laisse taquiner, dont il les taquine, dont il tente de dissimuler sa gravité et les émotions qui souvent viennent le submerger, la façon qu'il a de chercher ses mots, de sourire quand il n'est pas satisfait de la manière dont ils lui viennent ; tout cela rend Ziad très émouvant. On le laisse en larmes à la fin du film, jean, baskets, petit blouson de cuir, il boit des verres dans un bar avec Yassin, fume des cigarettes, regarde ce compagnon, communiste laïque, avec une admiration sans borne, vient même se blottir contre lui pour pleurer. Son père est en prison, sa mère toujours en Syrie, la révolution a échoué et il prononce cette phrase : *On avait un seul ennemi : le régime. Maintenant on en a mille. Ajoutes-y l'ennemi qui est en nous, celui que nous ne connaissons pas.*

Après la fin du tournage, Ziad est retourné en Syrie pour combattre au sein d'un groupe islamiste et maintenant il déteste le film, à tel point qu'il a tourné une vidéo dans laquelle il se met en scène sur une chaise au milieu d'un champ fraîchement labouré, un village sur une colline à l'arrière-plan. Ses cheveux et sa barbe sont coupés court et avant de se lancer il cite les formules d'usage *(Au nom de Dieu, clément et miséricordieux ; que la paix et la bénédiction soient sur son prophète, Mohammad).* Il parle vite, récite, scande, les yeux ne cessent de s'agiter, ne fixent jamais la caméra, la main droite bat le rythme en venant frapper doucement la cuisse. Il se dissocie du film qui, d'après lui, n'est pas fidèle à ce qui s'est passé. Il explique ensuite pourquoi il a tant attendu pour se dissocier, la litanie devient laborieuse à écouter (je me souviens de mon impatience à l'entendre parler dans le film), il évoque son admiration pour Yassin (sans jamais le nommer), son amitié pour l'autre réalisateur (sans jamais le nommer), puis il évoque la dernière image du film. Sur fond noir : *Le lundi 9 décembre 2013 à 10 heures du soir, alors que nous n'avions pas terminé le tournage de ce film, Samira Khalil a été enlevée ainsi que ses compagnons Razan Zaitouneh, Wael Hamadeh et Nazem Hamadi dans la ville de Douma par des islamistes intégristes.* Il ne savait pas que ces mots seraient ajoutés. Il a d'abord décidé de n'en rien dire, parce qu'il croyait qu'ils n'auraient pas d'implication, mais il y a repensé et finalement il n'accepte pas que cette accusation soit portée sans preuve, ni que son nom y soit associé. Il se désolidarise et clôt son discours sur ces mots : *La fin du film sera heureuse, si Dieu le veut. Louange à Dieu.*

*

Je viens de Kobané mais j'habitais Jarablous avec mon mari. Son père a été kidnappé par Daech, ils l'ont gardé deux mois. Quand il est sorti il est tombé malade et on a décidé de partir. Mon père a été tué pendant le dernier Ramadan. Il y a eu un bombardement et la maison s'est effondrée mais ce n'est pas comme ça qu'il est mort ; ils l'ont tué d'une balle dans la tête. La famille de mon mari est partie en Turquie mais on est coincés là parce que mon mari n'a pas fait son service militaire et qu'on ne peut faire aucun papier. Mon mari venait déjà travailler au Liban, il travaillait dans une boulangerie mais maintenant il est ouvrier dans le bâtiment. Il va tous les matins sous le pont pour trouver du travail mais n'en trouve pas toujours.

Aucun de nos enfants n'a de carte d'identité. On n'a pu les déclarer nulle part.

C'est fini la Syrie. Daech a tout pris, tout le monde est parti en Turquie et ici. Ils se sont installés à Jarablous, dans nos maisons. On ne pourra jamais y retourner.

Moi je suis la voisine du dessus, mon cousin m'héberge, avec mes cinq enfants. Il y a eu un bombardement dans notre quartier à Raqqa. On ne sait pas qui a bombardé. Le voisin m'a dit d'aller chercher mes enfants parce qu'il fallait partir tout de suite. Je ne savais pas où était mon mari mais il a insisté : *Il faut partir. On ne peut pas l'attendre mais ne t'en fais pas, il se débrouillera.* On est donc partis sans mon mari et depuis je n'ai aucune nouvelle de lui. J'étais enceinte de quatre mois. J'ai appris quelques mois plus tard qu'une partie de ma famille s'était installée dans un village de la région d'Alep.

On est partis. J'ai vu les gens de Daech au checkpoint et le voisin m'a dit : *Ne les regarde pas dans les yeux.*

Je rends des services aux voisins pour gagner un peu d'argent, je fais le ménage chez eux. Ils m'aident. Ma fille aînée n'a que douze ans, elle ne peut pas travailler. On est trois familles à se serrer les coudes ici. Qui se réveille le matin et a envie de cuisiner cuisine pour tout le monde. On partage. Et puis le vendeur de légumes donne aux enfants ce qu'il ne peut pas vendre. Et l'homme du magasin de téléphones leur donne des chips. C'est souvent elle qui cuisine pour nous tous (elle montre sa voisine kurde). Elle fait très bien la cuisine même si c'est différent de notre façon de faire. Parfois elle fait même des plats que je ne connais pas (elles rient, l'une cache sa bouche avec son foulard). En tout cas c'est toujours très bon.

On n'a pas de problèmes avec les gens du quartier mais on ne les voit pas beaucoup. On s'est trouvées nous deux, *khallas*, ça suffit comme ça. On est satisfaites de notre amitié.

L'autre jour, des hommes sont venus chercher l'un de mes frères là où il avait trouvé refuge, près d'Alep. On n'a pas de nouvelles depuis et personne ne sait quel groupe l'a pris parce qu'on ne sait plus qui est qui.

*

J'ai lu début 2016 un article singulier dans le *New York Times*. La correspondante, basée à Beyrouth, suit la guerre à distance, tourne autour de la Syrie, se rend en Turquie, en Jordanie, a tissé un dense réseau d'informateurs locaux sur lequel repose son travail. Comme tous les journalistes couvrant le conflit et refusant d'entrer dans le pays au péril de leur vie ou de leur intégrité, c'est ainsi qu'elle bâtit son savoir, recoupe ses informations, réunit la matière nécessaire à l'écriture de ses articles. Dans ce texte elle raconte comment l'un de ces contacts a disparu. Un officier de police qui lui envoyait des messages pour raconter la ligne de front, l'ennui, la peur, la fierté et le doute.

Le jeune homme est loyaliste mais pas fanatique du régime, il adore Wael Kfoury, le célèbre chanteur pop libanais *(J'aimerais t'apporter un cadeau de la taille de mon amour)*. Quand le régime le renvoie à Palmyre après sa permission au printemps 2015, tout le monde sait que la bataille face à l'EI est perdue d'avance et qu'il n'en reviendra pas. Sa mère essaie de le convaincre de ne pas y aller mais il sait quel sort on réserve aux déserteurs. La journaliste raconte qu'elle a suivi la bataille grâce à des contacts trouvés partout, parmi les archéologues, les activistes, les chefs tribaux, les commerçants, les hommes des *mukhabarat* et même de l'EI. *(L'État islamique a décapité les employés du gouvernement dans la rue, abattu des soldats dans l'ancien amphithéâtre et donné du pain aux habitants. Les activistes opposés à M. Assad et à l'État islamique se sont cachés.)* Quand l'aéroport militaire est attaqué, son contact disparaît. Elle apprend plus tard, au terme de son enquête, qu'il a trouvé refuge chez des habitants qu'il connaissait mais qu'il a quitté leur maison après quelques jours, de peur de les mettre en danger. À l'heure de la prière il s'est rendu à la mosquée, on lui a demandé qui il était et il a fait le choix de l'honnêteté. Il a été décapité et ses proches ne savent pas qui blâmer.

Pendant le même printemps, à Darayya, de jeunes héritiers de Ghayath Matar et Yahya Shurbaji fouillent les décombres des maisons et des bibliothèques ravagées, pour dénicher des livres et constituer, dans une cave, une salle de lecture qui finit par rassembler plus de dix mille ouvrages.

L'aînée ne supporte pas le désordre. Elle veut mettre fin à la fragmentation et réunir tout ce qui concerne sa sœur, tout classer, tout organiser et elle veut œuvrer à cela sans se faire aider, comme si Razan pouvait ainsi revenir grâce à ses efforts, une et entière. Razan lui a toujours réservé un récit rassurant qui occultait une grande part de sa vie, qu'elle n'en finit pas maintenant de découvrir. Elle rencontre des gens qui l'ont connue, réunit les histoires, les textes, surtout les textes. Elle n'en revient pas qu'il y en ait autant. *(Je suis obsédée par ses articles. Ça prend du temps mais je ne veux pas qu'on m'aide. Je ne sais pas pourquoi, je suis têtue, je veux le faire moi-même. Ces textes me montrent une personne que je ne connais pas. Je m'immerge et je me dis : "Tout ça ? mais comment cachait-elle tout ça ?")*

Razan, Samira et Nazem ont tous laissé des écrits derrière eux et leurs proches s'accrochent à ces mots comme s'ils leur étaient destinés. Des disputes émergent parce que personne ne veut renoncer à son exclusivité sur les textes ; aucun n'accepte d'en être dépossédé. Le livre de Nazem n'est toujours pas sorti. Yassin voudrait réunir les écrits de Razan pour en faire un livre mais la sœur aînée refuse, s'accroche à la tâche dont il lui semble qu'elle doit être la sienne. C'est ainsi qu'elle tient. Elle raconte que Razan aurait préféré qu'on accède gratuitement à ses textes et s'acharne sur la construction de son site internet comme s'il pouvait assurer la même audience aux textes de sa sœur qu'un livre préfacé par Yassin. Mais c'est ainsi qu'elle tient. Elle recompose, monte, fait des films, présente au monde une figure héroïque, tout en cohérence.

On trouve sur Internet un certain nombre de ces vidéos montées par elle, et ces films rappellent un peu celui que Razan a consacré il y a longtemps à Fares Murad. Le même kitsch les irrigue. On trouve aussi des photomontages dont l'un refait surface chaque année en décembre et sur lequel on voit Razan de face, cheveux lâchés – je reconnais la photo, prise dans la nature, sur fond de montagnes. On a effacé les montagnes et posé sur la tête de Razan un chapeau de père Noël.

(Kundera, dans *L'Insoutenable Légèreté de l'être* : *Avant d'être oubliés, nous serons changés en kitsch. Le kitsch, c'est la station de correspondance entre l'être et l'oubli.*)

On trouve sur Facebook ce texte de la sœur aînée, posté le jour de l'anniversaire de Razan en commentaire d'une photo scannée, sur laquelle on les voit enfants sur le balcon de Damas, pots de fleurs et tricycle à l'arrière-plan : Twinkle twinkle little star, *peux-tu me dire où ils se trouvent ? Va la chercher et dis-lui comme elle me manque. Nos discussions, nos marches, nos blagues, nos larmes me manquent. Dis-lui comme je suis fière de la femme qu'elle est. Fière de son courage, de sa force, de la façon dont les choses lui tiennent à cœur. Si tu la trouves, dis-lui qu'elle est ma* shining star. *D'abord, demande-lui de ma part si elle va bien, si elle a chaud, si elle a assez à manger. Je crains qu'elle s'inquiète beaucoup pour nous, pour la Syrie, la révolution, ses amis et son travail. Sois douce en lui disant que les choses ont empiré, largement... Plus de gens tués, plus de gens déplacés. Tout simplement plus de mort, plus de souffrance, plus de trahison… Mais ne la laisse pas trop s'en faire, dis-lui que malgré tout, la révolution continue. On n'a pas renoncé à l'espoir d'une liberté et d'une justice pour tous. Dis-lui qu'on n'oublie pas et qu'on n'abandonne pas. On essaiera toujours de la faire rentrer à la maison.* Twinkle twinkle *et illumine sa nuit d'amour, d'espoir, et de rêves de liberté. Dis-lui que mon amour et mes prières me protègent de la folie, et que de penser à elle me rend forte. Rappelle-lui qu'elle n'est jamais seule ; nous pensons tous à elle en ce jour spécial. Partout dans le monde, ses amis, sa famille, vieux et jeunes, souhaitent en chantant un joyeux anniversaire à notre lady, notre idole, notre meilleure amie.* Twinkle twinkle little star, *ramène-la-moi ce soir.*

À Beyrouth, dans l'après-midi du 12 novembre 2015, deux hommes ont déclenché les explosifs dont ils s'étaient ceint la poitrine. Je l'ai appris parce que mon téléphone a commencé à sonner quand on a cherché à savoir si j'allais bien. Les attentats ont eu lieu dans une rue commerçante très fréquentée, à 18 heures pour faire un maximum de victimes : des hommes, des femmes et des enfants, tous civils. Quarante-trois. Ils ont ciblé un quartier chiite, sous contrôle du Hezbollah, un quartier populaire dans lequel vivent aussi des chrétiens et des sunnites, des Syriens et des Palestiniens.

Malgré la puissance de la déflagration qui allait avoir lieu le lendemain, je me souviens parfaitement de mon état d'esprit le soir du 12. De mon immense lassitude. Une tristesse étale et calme. Recueillie presque. Je me sentais très attentive à ces morts qu'on n'avait pas encore fini de compter.

Je me souviens aussi de la voix de mes proches vivant en France, de la façon dont leur inquiétude résonnait dans le silence de ce soir-là. De leur incrédulité quand je leur rappelais qu'une chose pareille pouvait se produire en France parce que le pays était impliqué en Libye, au Mali, en Irak, qu'un jour ces liens se feraient peut-être visibles. De leur sentiment d'être à l'abri, de se trouver loin, très loin de ce qui se passait dans la région du monde que j'habitais. Cette conversation, je l'avais déjà eue souvent avec nombre d'entre eux, qui finissaient le plus souvent par se débarrasser de la légère alarme que je leur avais causée dans un petit rire gêné.

Ma tristesse du 13 a été différente de celle du 12, presque infantile. Je me suis sentie soudain rappelée par une appartenance à laquelle il me semblait avoir renoncé lentement depuis que j'avais quitté la France en 2002. Une tristesse très fermée, beaucoup de larmes ; je me suis morfondue, mes sentiments butant sur des murs très proches les uns des autres, qui fermaient la possibilité de reprendre du champ. Et puis le soir du 14 je me suis mise à lutter parce que je n'aimais pas ce que je ressentais et qui me faisait ignorer le reste du monde, me maintenait repliée sur moi-même, dans un ressassement stérile. Assez vite j'ai été aidée dans ma volonté de sortir de cette tristesse prostrée, d'abord par la différence de traitement réservée dans une grande partie du monde aux morts de Beyrouth et de Paris.

Ensuite par l'état de sidération dont mes proches ne semblaient pas vouloir sortir, par ces polémiques incroyables, où l'on accusait ceux qui cherchaient à comprendre de vouloir justifier. Dans la sidération, on s'est retrouvés transis, médusés par notre propre épouvante. On était terrassés et on se laissait réconforter par ces textes repris sur Facebook et ailleurs, clamant que ce qui avait été visé, c'était les valeurs, la culture et la façon de vivre des Français, qu'il n'y avait que la barbarie pour s'attaquer à cela. Rien de plus à dire, la démonstration était close et l'espace du deuil bien défini, limité par le reflet d'un nous rêvé.

On faisait tout pour ne pas avoir à regarder, pour continuer d'ignorer les liens et ne pas voir que nos bourreaux ne venaient pas de nulle part. Qu'eux et nous partageons une histoire commune. Que *nous* sommes, je veux dire eux et nous, parties de la même histoire.

Juste après les attentats de Paris, je suis tombée sur ces mots de l'écrivain libanais Elias Khoury : *Unir le monde dans le sang*. La phrase ouvre le champ.

Zahran Alloush a été tué dans un bombardement aérien dont on ne sait pas bien s'il a été mené par l'aviation syrienne ou russe. Sa mort pourrait constituer une sorte d'épilogue. Elle s'est produite le 25 décembre 2015, deux ans après l'enlèvement. La photo de sa dépouille qui circule sur Internet respecte l'iconographie traditionnelle du martyr : Alloush dans un linceul, ses yeux mi-clos, sa bouche entrouverte, sa barbe fournie, son corps prêt à être soulevé vers le ciel par les bras vigoureux de ses hommes – ceux qui auront les mains libres brandiront le poing vers le ciel.

(Je cite ici l'article écrit par le correspondant du *Monde* à l'occasion de sa mort : *Après avoir longtemps comblé les attentes des responsables sécuritaires syriens, experts en manipulation des islamistes, l'homme s'était mis à dévier du rôle d'épouvantail qu'on lui avait prescrit. Non content d'apparaître de plus en plus comme un rempart efficace à l'avancée de l'organisation État islamique (EI), il soutenait la relance des négociations de paix, programmée pour le 25 janvier 2016, à Genève, lui apportant la caution d'un mouvement de résistance de masse, religieux mais non djihadiste. Une claque pour le pouvoir syrien.)*

J'ai vu très peu de temps plus tard un ancien camarade de Razan, aujourd'hui installé à Istanbul. Il m'a confié avoir l'impression que la mort d'Alloush venait occulter la disparition de Razan, que les rumeurs sur les Quatre avaient cessé, comme si la mort de l'homme fort de la Ghouta avait tout effacé et comme si maintenant, à Douma, c'était lui qui devenait le martyr, le héros.

*

Lui :

Nous avions un grand terrain près de Qusaïr, où nous faisions pousser toutes sortes de légumes, des choux, des tomates, des patates, qu'on vendait au souk Al-Hal à Homs.

Les bombardements ont commencé, une roquette est tombée sur notre maison alors que nous y étions. Nous sommes allés dans un refuge – la population avait creusé quelques abris souterrains après le début de la guerre –, et puis nous sommes partis pour Arsal d'où nous sommes entrés illégalement au Liban. Deux cents dollars pour toute la famille. J'ai vu des images de Qusaïr aux informations, la ville a été complètement détruite et plus personne n'y vit. Il y avait peut-être cinquante mille personnes dans la zone et il n'y a plus personne.

Nous payons cent cinquante dollars pour ce *garage*. C'est trop cher, il va falloir partir et s'installer dans un camp. Ici je suis journalier sur des chantiers mais il n'y a pas beaucoup de travail. À la seconde où nous entendons que la guerre est terminée, nous retournerons en Syrie. Nous sommes venus ici parce que c'était tout près de chez nous mais je ne suis pas à l'aise avec l'idée d'être un réfugié, je ne m'y fais pas. Mes parents sont restés là-bas. Je les appelle tous les deux mois. Il faut voir les enfants quand on les appelle, ils sont tout excités, ils se disputent le téléphone pour parler.

Ici nous sommes en sécurité et il n'y a pas d'arrestation. L'entente est plutôt bonne avec les voisins. Les enfants jouent dehors mais il n'y a pas de parc, pas de jardin, pas de famille, et nous n'allons pas à la ville le vendredi. Nous n'avons pris avec nous que les vêtements qu'on portait le jour où nous sommes partis et nos cartes d'identité.

Je ne sais pas si notre maison est complètement détruite. Nous avions cinq chambres, deux cuisines et deux salles de bains. Nous venions de construire un garage à côté de la maison que nous voulions louer. Et dans le jardin nous avions toutes sortes d'arbres fruitiers, des pommiers, des vignes, des figuiers. Et des tas de fleurs. Il y avait aussi les animaux, deux vaches, des poulets, des moutons.

Elle (un autre jour, quand il n'est pas là) :
D'abord, il y a eu les checkpoints. Il fallait même en passer un pour aller de la maison jusqu'à nos champs. Un homme du village a été arrêté au checkpoint et il a disparu – j'ai entendu dire qu'il était mort.

Chaque fois qu'il y avait des manifestations à Qusaïr, des gens étaient tués. Les *shabbiha* et les soldats empêchaient les gens d'arriver, les arrêtaient.

À cause des checkpoints on ne pouvait plus aller à Homs pour vendre nos légumes. Les marchands venaient directement chez nous.

Mon neveu avait dix ans quand il est sorti pour acheter du pain et qu'il a été tué par un sniper à Qusaïr, devant la boulangerie. Pas seulement lui, d'autres gens venus acheter du pain aussi. Il y avait beaucoup de corps.

Plus tard, ceux qui se battaient contre le régime ont attaqué un checkpoint et les combats sont devenus plus violents.

Il y avait un petit aéroport militaire près de Qusaïr et ils ont commencé à lancer des attaques aériennes contre notre village. Nous sommes d'abord partis en avril 2012 pour un village voisin. Nous avions un pick-up pour transporter les légumes, qui appartenait à mon mari et à ses quatre frères. On est tous partis dans le pick-up, on était près de quarante. Il n'y avait pas d'endroit où se cacher des bombardements dans ce village, il y avait des maisons arabes, sans cave. On s'est retrouvés avec des gens d'autres villages dans des écoles qui servaient d'abris collectifs. On a choisi cet endroit parce qu'il n'y avait pas de checkpoint pour y arriver.

Ensuite on est allés dans un autre village où on est restés trois mois, dans une école. Et ensuite, on nous a dit que la situation était plus calme au village alors on y est retournés. Mais on n'aurait pas dû. Les avions se sont mis à bombarder, les enfants se cachaient où ils pouvaient, sous les lits, sous les meubles. Ils ont visé les mosquées, les réservoirs d'eau. Et puis notre maison. Le premier étage s'est effondré alors qu'on était au rez-de-chaussée. Au premier moment de calme on est tous sortis et on a sauté dans notre voiture. Avec mes neuf enfants dont le plus petit avait trois mois. En partant on a vu des corps le long de la route. Mes voisins… ils avaient essayé de fuir en moto, le père et le fils étaient morts, la femme avait les jambes arrachées. Les enfants n'ont pas pu dire un mot.

On est partis pour un village près de Tadmor, dans le désert. C'était calme là-bas mais on manquait de tout, d'eau surtout. On est restés six mois, dans une ferme qui n'était pas occupée. Ensuite on est allés entre Qusaïr et Damas chez des gens de la famille mais il y avait beaucoup de checkpoints et c'était difficile de se déplacer pour travailler, surtout pour les hommes et les jeunes. On a décidé de partir au Liban.

On a vendu le pick-up pour mille dollars qu'on a partagés avec les quatre frères de mon mari. C'est tout ce qu'on avait : deux cents dollars et quelques vêtements, rien d'autre. J'ai laissé mes bijoux, je n'ai pris que mon alliance. Tout ce qu'on a laissé chez nous a été volé après notre départ. L'argent du pick-up nous a juste permis de payer le voyage pour le Liban. Mon mari connaissait des gens qui travaillaient dans ce village avant la guerre, c'est pour ça qu'on a choisi cet endroit.

Notre village a été complètement détruit, il n'y a plus personne là-bas. Tous les habitants étaient sunnites et il n'y a plus personne.

Nous avons de la famille dans le camp d'à côté. Si on peut se payer le loyer du garage c'est parce que mon fils de douze ans travaille chez un vendeur de légumes.

Il y a trois mois, j'ai reçu un coup de fil des Nations unies. On avait été présélectionnés pour obtenir un visa canadien parce que mes enfants sont encore petits et que mon mari peut à peine travailler. Ils m'ont dit de venir avec mes papiers pour passer un entretien. J'étais folle de joie ! Mais quand j'en ai parlé à mon mari, il a dit qu'il n'en était pas question. Mes enfants étaient d'accord avec lui sauf l'une de mes filles qui a sept ans – elle aime beaucoup les langues et les voyages. Il a dit que là-bas les gens n'avaient pas de respect pour nos traditions, que lorsque nos enfants auraient dix-huit ans ils ne nous adresseraient plus la parole. Mes enfants ne voulaient pas quitter la famille et puis ma fille de onze ans est très religieuse, elle va à l'école coranique en plus de l'école normale et pour elle il n'était pas question de partir. J'ai tout essayé pour les convaincre, je leur ai dit que les enfants pourraient étudier, avoir l'espoir d'un bon avenir, que mon mari et moi pourrions trouver du travail. La femme des Nations unies m'a rappelée trois fois… Mais je n'ai pas réussi à les convaincre et maintenant c'est trop tard. Mon frère a eu son visa, lui, et il est parti il y a un mois. Il nous a appelés, a raconté à mon mari que c'était vraiment bien et qu'il y avait des mosquées, qu'on n'avait rien à craindre. Mais ça n'a rien changé, on ne partira pas.

*

La sœur aînée, Yassin et tous les proches de disparus sont condamnés aux hypothèses, jusqu'à la folie.

(Dans ses *Lettres de Syrie*, Joumana Maarouf raconte cette histoire : *Elle n'a pas vu le corps de son fils et ne sait pas où il se trouve. Elle conclut son histoire par un long soupir. Puis elle nous regarde et dit : "Il est peut-être vivant, peut-être qu'il a réussi à s'enfuir tout seul, peut-être que le gardien l'a recueilli, l'a soigné et ne me l'a pas dit, peut-être que, dans le char, il y avait un soldat bon, qui a compati, qui l'a emmené quelque part où on l'a soigné." Puis elle baisse la tête, et les larmes coulent de ses yeux : "Ou bien peut-être qu'il est mort, et qu'ils ont utilisé son corps pour les explosions de la place Tahrir. […] Parfois je me dis qu'ils ont peut-être pris ses organes, puisqu'il était encore vivant. Ou alors, peut-être que…"*)

Ils sont condamnés à cette sorte de déréalité qui tente, par tous les moyens et au détriment de tout raisonnement solide, de privilégier l'espoir.

Chaque 29 avril, sur Wikipédia, l'âge de Razan change. Elle continue de vieillir, avait trente-six ans au moment de l'enlèvement, en a trente-neuf tandis que j'écris ces lignes, au début de l'année 2017.

Six cent mille documents ont été transportés hors de Syrie, tous ont transité vers un lieu tenu secret, on ne sait dans quel pays européen. Chaque page a été scannée, s'est vu attribuer un code-barres avant d'être archivée dans les sous-sols d'un bâtiment ultra-sécurisé.

Dans cette organisation qui a orchestré cet archivage monstre au prix parfois de la vie de ses courriers, dans d'autres associations de défense des droits de l'homme, on cherche à donner sens au travail de documentation mené par Razan et des centaines d'autres Syriens. On y a eu d'abord de grandes discussions sur la justice transitionnelle, puis sur la Cour pénale internationale à laquelle il a fallu renoncer à cause du veto russe, et les avocats tentent à présent d'identifier des brèches qui permettent d'engager des poursuites judiciaires dans des pays européens. Deux affaires sont déjà en cours en France (l'une pour la mort de Rémi Ochlik à Homs, l'autre pour la disparition forcée de deux Franco-Syriens à Damas), une autre en Espagne. Elles permettent de lutter contre l'impunité, et de mettre au jour les chaînes de commandement, de défaire l'opacité, de remonter jusqu'aux chefs des services les plus redoutés des *mukhabarat*, ceux de l'armée de l'air et ceux de la 4ᵉ division.

À Genève se trouve la Commission des Nations unies pour les droits de l'homme. Dans le documentaire *Disparus. La guerre invisible en Syrie*, d'Étienne Huver et Sophie Nivelle, qui explore l'*underworld* assadien en faisant parler ceux qui en sont revenus et les cinquante-cinq mille photos rapportées par César, une scène m'a marquée. La Commission siège et la Syrie est à l'ordre du jour. Un avocat spécialisé dans la défense des prisonniers politiques, ancien détenu et dinosaure de Razan, prend la parole pour présenter un rapport sur les violations commises par le régime. Ce qu'il raconte sur l'usage systématique de la torture et les morts nombreuses qui en ont résulté est édifiant, on le sait parce qu'on est en train de voir le film, mais ce qui me frappe dans cette scène est ce qui se passe autour de lui tandis qu'il évoque les milliers de cadavres et leurs souffrances. Les hommes de la délégation syrienne sont absorbés pas leurs téléphones portables, d'autres délégués sont visiblement las et le président de la commission finit par lui couper la parole, sans vigueur, les yeux rivés sur ses papiers : *Time's up*. C'est tout.

Au début de mon enquête, je dois avouer avoir pensé que si l'on apprenait ce qui avait eu lieu dans la nuit du 9 au 10 décembre, ou si Razan venait à être libérée, ces mois de labeur seraient perdus, que le texte ne verrait pas le jour. L'absence me semblait la condition même du projet littéraire car c'est dans la disparition et l'effacement que réside la possibilité du portrait. Mais peu à peu, l'image de Razan en train de remonter est venue m'habiter. J'y pense parfois, me laisse imaginer la scène. Je voudrais l'étreindre même si je sais que je dois me retenir car elle n'a aucune idée de qui je suis ni de ce que je fais là. Peu à peu est né le désir énorme de la rencontrer, d'être en sa présence, de l'entendre, de mesurer son corps, de poser une main sur son épaule, d'aller manger avec elle des *pasta*, de reconnaître chez elle tel ou tel trait, de parler de ce que lui ont fait Beauvoir et Woolf, d'avoir enfin réponse à certaines questions (je me suis demandé laquelle je lui poserais d'abord – si tant est qu'elle accepte de me rencontrer et de me répondre – et les questions qui me viennent sont irrémédiablement de *petites* questions auxquelles pourtant je ne sais renoncer – est-ce que oui ou non elle sait nager ? A-t-elle lu Michel Seurat ? Comment a-t-elle passé son temps ? Rêve-t-elle toujours d'aller en Italie ? James Blunt, vraiment ?). Et toujours cette envie énorme de l'étreindre, comme si je faisais partie de sa famille, de ses amis, de son monde. On en viendrait à évoquer mon entreprise. Avec envie et appréhension je me justifierais, point par point, et peut-être finirait-on par en plaisanter ensemble. Et bien sûr, après ces moments de rêve, la tristesse s'invite, les regrets aussi devant ses erreurs de jugement, et l'effroi devant ses derniers instants, que j'essaie d'éviter comme on tourne autour d'un trou noir, de peur de voir se déchaîner les fantasmes et resurgir toutes les peurs.

Pour mener cette enquête j'ai parlé à près d'une trentaine de personnes et dans la voix de chacun j'ai entendu ce que Razan leur avait fait. De la première à la dernière fois, j'en ai éprouvé une émotion intense. Et plus j'avançais, plus se précisait mon impression d'appartenir un peu à cette communauté de ceux qui avaient connu Razan, et en retiraient une force singulière. Nous connaissons Razan, nous savons.

Au printemps 2016, juste avant l'été, mon compagnon se rend à Darayya où l'ONU a enfin eu la permission de faire entrer un convoi, après cinq années de siège. *(Les hommes de la 4ᵉ division ont attendu qu'il fasse nuit pour nous laisser entrer. Tout était détruit et obscur. À notre arrivée, les gens ont commencé à sortir des sous-sols où ils se sont installés. Ils sont remontés, ont quitté les parkings et les caves qui sont devenus leurs maisons. J'ai pensé qu'à leur place j'aurais été en colère. J'aurais dit aux employés des Nations unies : "Mais qu'est-ce que vous avez foutu, les gars ?" Eh bien non : ils se sont approchés, dignes, bienveillants, leur foi intacte en la révolution, et ils nous ont remerciés.)*

Le convoi à peine sorti de la ville, trente-cinq bombes barils sont lâchées sur Darayya, empêchant les distributions d'avoir lieu, rappelant bien à chacun qui exerce le contrôle.

La ville tombe le 12 septembre. L'ami de Razan qui vit à Douma et vient de Darayya m'explique qu'il a toujours su que la ville serait l'une des premières à tomber. Pour le symbole, parce qu'en inventant la résistance pacifique, elle est devenue une cible privilégiée mais aussi parce que ses habitants se sont résolus au combat armé sans y croire, sachant bien que c'était là le terrain de l'ennemi, qu'il y aurait toujours l'avantage de celui qui joue à domicile. *(Ils aiment* ça *plus que nous.)*

Juste après la reddition, à l'occasion de l'Aïd al-Adha, Bachar al-Assad organise une opération de communication, se fait suivre par des caméras, prendre en photo dans les rues dévastées et désertes de la ville symbole. En costume, entouré de dignitaires locaux dont certains sont vêtus de façon conservatrice. Ils marchent, affairés, sont en train de reprendre le terrain et Bachar al-Assad prononce cette phrase : *Nous sommes déterminés à reconquérir chaque pouce de la Syrie des mains des terroristes.*

Depuis que les forces russes sont ouvertement entrées en action, en 2015, il est un scénario que l'on voit se rapprocher, devenir de plus en plus précis, de plus en plus certain. Le scénario de la conversation avec Al-Assad, qu'on a préféré ignorer sans rien changer cependant à son incarnation progressive et inéluctable. Au début, il est impensable d'en entendre parler dans un dîner ou de le voir mentionner dans un article, en tout cas dans les dîners que je fréquente et les journaux que je lis. Et puis, peu à peu, quelqu'un se risque, brave l'interdit, *mais quand même…* La première fois on s'indigne mais la suivante, une ou deux voix s'élèvent pour dire que oui, ça semble être la seule solution, qu'entre deux maux… Et ainsi s'impose peu à peu l'idée qu'une résolution du conflit doit passer par un accord avec le régime syrien qui permettrait à Bachar al-Assad – *dans un premier temps bien sûr* – de rester au pouvoir.

Pour tous ceux qui depuis des années luttent avec courage contre ce régime et en dénoncent la cruauté, c'est devenu l'épilogue absurde et tragique dont on ne fait que se rapprocher. La question se pose alors, maintenant que l'issue semble connue, de l'attitude à suivre pour tous ceux qu'elle horrifie, et de ce que l'on choisit de faire dans le temps qui reste. Un Libanais militant des droits de l'homme, très impliqué depuis des années dans la cause syrienne et la dénonciation des violations commises par le régime, m'a confié préférer quitter le pays et ses fonctions, ce qu'il a fait. Il avait compris que le scénario était irréversible et ne pouvait concevoir de se retrouver à devoir discuter avec ceux qu'il avait dénoncés pendant des années, à devoir leur serrer la main et sourire à leurs plaisanteries.

En septembre 2016, j'apprends l'existence des *bunker-buster bombs*, ces bombes à charge pénétrante probablement utilisées par les Russes, conçues pour détruire les installations militaires, qui plongent sous terre et perforent le béton armé avant d'exploser, pulvérisant les sous-sols et les fondations des immeubles. Il faut détruire ce monde que les Syriens des zones *libérées* ont recréé sous terre au cours des années – écoles, hôpitaux de fortune, habitations, abris divers, tunnels.

La notion même de refuge, déjà mise à mal pendant cinq ans avec le ciblage systématique des structures de santé qui a peu à peu dépouillé les Syriens de la perspective d'un secours, finit d'être anéantie. Le régime et ses alliés s'attaquent à l'esprit avec une grande dextérité, c'est un terrain familier. Il aura fallu cinq ans pour priver définitivement les Syriens de l'espoir qu'ils pouvaient être sauvés. Et il a fallu un acharnement incroyable parce que la résilience était tenace. Jusqu'au bout, ils ont su s'inventer des lieux intouchables, si réduits soient-ils, tandis que les autorités continuaient de s'acharner pour en venir à bout. Avec l'utilisation de ces bombes c'est comme si ces lieux-là finissaient de se faire atomiser et que seule restait cette alternative, qui ne laisse plus aucune place à la négociation : partir ou mourir. Les avions russes ont largué des milliers de prospectus sur lesquels les habitants d'Alep ont pu lire ces lignes : *Si vous ne partez pas très vite vous serez exterminés* (on ne peut ignorer le message de menaces envoyé à Razan en lisant ces mots, et se dire que si elle a dû faire face à des ennemis différents, tous avaient en commun de mettre leurs menaces à exécution), *le monde entier vous a oubliés, vous a laissés seuls face à votre destin*. Le dispositif est implacable : pulvériser les dernières lignes de défense et l'espoir, au plus profond de chacun.

Le 8 novembre 2016, jour des élections américaines, je m'entretiens avec la sœur aînée de Razan. C'est toujours difficile de discuter avec elle, de ne pas prendre trop de distance en lui parlant tant sa langue est étrange. Souvent elle s'arrête pour demander : *Tu ne crois pas que j'ai raison ?* sans attendre la réponse. Ce jour-là, elle a passé de longues minutes à répéter qu'ils étaient passés à côté de quelque chose, qu'elle ne savait pas quoi mais qu'il manquait un élément, se persuadant ainsi que le mystère ne tenait qu'à ça : une pièce manquante qu'ils auraient omise et ne devraient pas manquer de retrouver. *We're missing something. I don't know what we're missing but we must be missing something… don't you think?*

Elle continue de remuer ciel et terre. Le temps a pris pour elle une drôle d'épaisseur – des mois ayant passé entre cette conversation et la précédente, je lui dis de façon anodine : *Ça fait longtemps* et elle me rétorque : *Tu n'as pas idée.* C'est sa vie de remuer ciel et terre pour retrouver Razan, de parler de la façon dont elle remue ciel et terre, oscillant de façon permanente entre l'espoir et le désespoir, sa pensée ainsi coincée dans un écho ininterrompu.

(*J'étais à Genève, j'ai eu pas mal de réunions pour obtenir des informations, peu importe quoi, oh mon Dieu, quoi que ce soit. J'ai vu des gens du Département d'État, des Nations unies. Là il faut que j'aille à Bruxelles. Quoi que ce soit, qui que ce soit. Je n'arrête pas. J'envoie des lettres. Que faire de plus ? Si tu as une idée, donne-la-moi. Ma mère me dit qu'elle a l'impression que depuis l'enlèvement, les vieux démons que j'avais réussi à dompter resurgissent… Des choses réglées depuis longtemps qui s'ouvrent à nouveau mais que faire ? Les gens nous conseillent de continuer à parler d'elle alors c'est ce qu'on fait. C'est pour ça que je continue à faire des vidéos, à poster des textes d'elle sur Facebook. Que faire d'autre ? Je sais que si j'avais été kidnappée, elle aurait tout fait et je serais sûrement libre à présent. Quelqu'un sait quelque chose et refuse de parler. Mon cœur me dit qu'elle est vivante et qu'elle va bien ; si ce n'était pas le cas, je le saurais. Ça devient dur de savoir si on fait ou non ce qu'il faut mais toute cette culpabilité, ça n'aide pas.)*

Je me souviens de la mère d'un otage américain détenu par l'État islamique, quand la série macabre des égorgements *au milieu de nulle part* a commencé, à l'été 2014. Elle avait souhaité adresser un message vidéo aux ravisseurs de son fils et s'était voilée pour le faire. J'ai été touchée par cette façon dont elle tentait de prétendre garder une marge de manœuvre quand son geste même racontait l'ampleur du désespoir.

La sœur aînée a déjà rencontré Hillary Clinton, qui s'est montrée préoccupée du sort de Razan, et doit retourner à Washington. Mais elle a reporté son voyage pour attendre le résultat des élections car elle estime que si Trump gagne, il ne lui servira à rien d'y aller. Je m'entends encore lui rétorquer – parce qu'on ne sait pas toujours quoi dire dans ce genre de situations mais surtout parce qu'il m'est devenu insupportable que l'un de ses derniers espoirs s'effondre, qu'il m'est devenu insupportable, à moi aussi, de fermer cette porte –, je m'entends encore lui rétorquer, avec conviction et animée par une sorte de pensée magique : *Il ne gagnera pas, tu vas rencontrer Hillary.*

Je n'ai pas trouvé une seule personne qui sache ce qu'est devenu l'appartement de Razan et Wael à Damas. La plupart de leurs amis pensent que la banque a dû le récupérer puisqu'ils ont cessé de rembourser leur emprunt. Aucun d'entre eux ne semble se demander où est passé ce qui se trouvait à l'intérieur.

En juillet, puis en octobre de cette année 2016, le Centre de documentation des violations de Douma, l'appartement/bureau de Razan, a été bombardé. L'ami de Darayya m'a envoyé les images des lieux, où l'on ne fait plus que travailler et que plus personne n'habite, après le passage des avions du régime. Les destructions – surtout la seconde fois – étaient impressionnantes mais je ne m'y intéressais qu'à peine, tentais devant les images de glaner des détails entre les débris, de saisir une vision éphémère de ce qu'avait été la chambre de Razan, le salon de Razan, son bureau, sa cuisine, tandis que la caméra se déplaçait, trop vite à mon goût et tenue de façon irrémédiable par un autre. Attraper une vision, comme si je m'attendais à la voir sortir indemne des décombres.

À défaut d'entrer chez elle pour déambuler entre ses meubles et ses objets familiers, je suis entrée dans *Les Mandarins*. J'ai tenté à chaque page de me glisser dans *sa* lecture, de m'y promener et de détecter avec attention, au détour des phrases, des éléments qui auraient pu la faire sourire ou l'énerver, dans lesquels elle aurait pu se retrouver. Je me demandais avant de l'ouvrir comment elle avait pu venir à bout du premier tome de ce livre si français, si daté. Et puis j'ai compris qu'elle se soit sentie bien parmi ces intellectuels qui passent leurs journées à réfléchir à la meilleure façon d'écrire et de s'engager, qu'elle se soit plongée avec facilité dans cette atmosphère d'après-guerre, aux côtés de ces personnages changés mais emplis d'espoir. Beauvoir évoque un homme qui doute devant la meilleure façon de s'impliquer politiquement. Il a peur que les conséquences de son engagement ne se retournent contre les valeurs auxquelles il croit et la narratrice fait cette hypothèse : *Supposons que la révolution s'accomplisse contre lui.*

Je revois Yassin un soir et nous buvons quantité de raki. Il est assez excité car il a une nouvelle théorie. Au début, je me dis qu'il va encore avoir l'air d'un fou, comme le jour dans sa cuisine où il m'a expliqué qu'au moins, la captivité avait dû forcer Razan à arrêter de fumer. Il me raconte que plusieurs éléments le portent maintenant à croire que les Quatre doivent être détenus par le régime, qu'Alloush et Assad ont sûrement passé un accord – un échange de prisonniers sans doute. Plusieurs personnes le lui ont laissé entendre et d'ailleurs il a une intuition. Parce que cette hypothèse pourrait expliquer pourquoi l'on reste ainsi, sans aucune nouvelle d'eux ; dans une ville aussi petite que Douma, des informations auraient dû filtrer mais avec le régime… là c'est différent. Le secret n'est-il pas leur spécialité ? Leur signature ? *(Parce que sinon, on ne peut pas expliquer un tel silence, il y a un truc qui cloche.)* Il pense, comme ces familles de Libanais disparus qui se persuadent que leur proche est *en Syrie*, que c'est la seule solution pour que l'être aimé soit encore en vie.

Il va mener l'enquête, reprend des forces, s'agite, dans quelques semaines ils auront disparu depuis trois ans mais il a trouvé un moyen de reprendre le combat et curieusement, malgré ma défiance passée, ma gêne face aux illusions que j'entendais se fracasser sur le réel, curieusement je me rends compte, tandis qu'il m'expose sa nouvelle hypothèse dans les détails et me ressert du raki, que je commence à y croire. Il m'a convaincue qu'il y avait une chance, a réussi à me faire croire en cette hypothèse et j'éprouve un plaisir immense à me retrouver du même côté que lui, à reprendre espoir, à ne pas considérer la perspective qu'il déploie avec cynisme et incrédulité mais avec le bonheur de l'illusion retrouvée. Je m'échauffe avec lui, l'encourage à me donner les détails – et dis-moi encore, qui t'a raconté quoi ? Avec lui du côté des fous. J'ai soudain l'impression que rien ne peut être plus beau que le combat qu'il mène pour continuer de penser qu'ils sont vivants. Et peu importe le décalage, j'épouse son discours, odeurs d'anis, sourires, les mots valent pour ce qu'ils font à son visage, parce que pendant ce temps-là les larmes ne lui montent pas aux yeux comme elles le font presque toujours, à intervalle régulier, parce que pendant ce temps-là on devine, au loin, Razan, Samira, Wael et Nazem remonter et sortir, un peu hébétés, un peu aveuglés, creusés mais rayonnants.

J'éprouve une grande difficulté à finir d'écrire ce texte car il va falloir dessouder le temps de Razan de celui de l'actualité, de celui de son histoire, et il va falloir la laisser seule. Quand Alep tombe, je me dis qu'il est temps d'opérer le décrochage.

La chute de la ville dure depuis des années mais dans les dernières semaines, les bombardements se font plus acharnés (comment prendre la mesure d'un cran supplémentaire franchi, on n'y arrive plus), les *bunker-buster bombs* font leur apparition, les derniers hôpitaux sont bombardés, les conséquences du siège ont fini d'épuiser les ressources.

Le régime, appuyé par les Russes, les Iraniens et des milices venues d'ailleurs, d'Irak et d'Afghanistan, réussit à faire plier les civils éreintés, et le manque de cohésion des rebelles, ainsi que certains de leurs comportements violents et prédateurs, a largement contribué au désastre.

Mon compagnon y part le 1ᵉʳ décembre 2016 et quand il arrive, malgré mes demandes, il ne raconte plus rien, se contente de ce message sur WhatsApp : *Crépusculaire.*

La violence dans laquelle tombe la ville est écrite depuis longtemps. Razan n'est plus là, l'opposition est en morceaux et rien ne changera la donne. Il faut que ça ait lieu et le plus vite sera le mieux, que ce soit rapide – cette ultime déclinaison de l'espoir. Les bombardements, les blessés que plus personne ne vient aider, les hommes qui disparaissent une fois passés à l'ouest, les rebelles qui empêchent les civils de fuir ; jusqu'au bout ça doit avoir lieu.

Quelques semaines avant la chute de la ville, une journaliste française avec laquelle je suis amie sur Facebook – qui reste un lieu étrange pour exprimer la gravité tant les niveaux de discours peuvent y être légers – a posté des lignes pleines de rage contre ce qu'elle percevait comme de l'indifférence : elle sommait ses *amis* d'ouvrir grands leurs yeux, expliquait qu'elle se sentait triste, malade et en colère, qu'il fallait arrêter de se cacher derrière l'impuissance et finissait en criant (lettres capitales que je ne reproduirai pas ici) : *Réagissez!* Et la réaction de ses amis, de fait, fut immédiate : *D'accord, mais comment?* À cette question elle n'a pas répondu.

Nous sommes bien conscients de ce qui se passe seulement nous préférons ne pas continuer à regarder, ne pas voir un énième enfant inerte, couvert de poussière et extrait des décombres, ses parents brandissant les bras vers le ciel. Mais un soir malgré nous, une image se fraie un chemin et parvient à provoquer un *choc*, peut-être celle dont tout le monde parle, peut-être une autre, et alors nous cessons de lutter et nous laissons submerger. Pour un instant, nous croyons en cette idée qu'une image peut parvenir à faire toucher l'ampleur du scandale.

Certains font le choix du désengagement, d'autres celui de l'incrédulité face à la *propagande*, et d'autres encore celui de la dénonciation, comme s'ils pouvaient secouer et réveiller les premiers qui justement ont pris la décision de ne pas regarder. S'il s'agit de les forcer à ouvrir les yeux il faudrait avoir autre chose à montrer que la noirceur pure, être en mesure de provoquer autre chose que l'indignation car nous restons seuls et isolés avec l'indignation, le cynisme en rendant difficile le partage. Elle se vit chacun dans son coin, le soir. Personne n'a envie d'en parler le jour parce qu'il faut avancer, maintenir la dépression sous contrôle, ne pas prendre le risque de s'exposer à la commisération. Et chacun, face à l'idée que le pire est toujours sûr, s'organise.

(J'aime beaucoup cet échange relaté par Genet dans *Quatre heures à Chatila* :

— *Avant la mort de Béchir, avant les massacres, vous aviez raison de me dire que le pire était en marche. Je l'ai vu.*

— *Ne me dites surtout pas ce que vous avez vu à Chatila, je vous en prie. Mes nerfs sont trop fragiles, je dois les ménager afin de supporter le pire qui n'est pas encore arrivé.*)

Dans les jours qui ont précédé la chute d'Alep, le nombre décuple de ceux qui, dans le monde occidental, choisissent de se mettre à crier que tout cela est insupportable, qu'ils ont honte. J'éprouve une certaine difficulté à m'expliquer pourquoi soudain le seuil du supportable a été franchi. L'horreur est à l'œuvre depuis cinq ans, ce n'est pas ce qui a changé, c'est une illusion de penser qu'un *cran* a été franchi, l'horreur est toujours l'horreur. Ce qui a changé c'est que nous nous sommes mis à regarder et que nous avons trouvé tout cela insupportable. Probablement parce que nous avons compris que ce qui devait advenir à Alep adviendrait, que tout cela était joué depuis longtemps et qu'il est difficile de se retrouver impuissant face à la tragédie. Probablement aussi parce que la chute d'Alep ouvre sur la possibilité d'en finir avec ce conflit qu'il devenait difficile d'avoir à ignorer, qu'elle ouvre sur la conversation avec le régime d'Al-Assad – une solution désagréable qui aura le mérite de mettre fin au chaos, à la violence trop visible. Nous nous achetons une bonne conscience, *in extremis*, le sursaut de compassion étant une façon de mettre à distance les responsabilités, d'affirmer qu'on n'est pas complices parce que nous sentons confusément les liens qui nous lient à cette affaire, les responsabilités mais aussi la menace qui rôde et plane sur notre avenir.

Mais surtout il me semble que l'usure des images et des mots nous terrifie plus que nous ne voulons le croire. Cette peur ancestrale de ne plus pouvoir alerter et crier, de ne plus pouvoir exprimer le danger, de ne pas pouvoir nous faire entendre, le jour où nous en aurons vraiment besoin.

Razan a fait le choix de prendre les mots au sérieux, de s'y tenir, de défendre une certaine vision de la langue, de la laisser dire le monde en nuances et de tout faire pour lui rendre son crédit, se faisant l'adepte d'une sobriété radicale.

Elle est aussi revenue sans cesse au récit qui seul semble pouvoir résister à l'usure et parvenir toujours à susciter l'émotion. Dans son essai *Devant la douleur des autres*, Susan Sontag évoque le chrétien et le chiite croyants, la façon dont les récits faits de la crucifixion et du martyre de Hussein restent pour eux source d'une émotion que rien ne peut venir abîmer, parce que le récit le plus violent et le plus sombre contient toujours, en lui-même, l'idée d'une possible consolation, l'idée de nous extirper du face-à-face avec notre impuissance.

Les horreurs tombent dans un gouffre, disparaissent, et il faut à tout prix tenter d'oublier qu'elles se reproduisent ; tant qu'elles n'adviennent qu'une fois c'est comme si elles n'advenaient pas – *einmal ist keinmal*. Et surtout sur ce qui est révolu, chacun sait qu'il vaut mieux ne pas se retourner. Les récits mythologiques nous l'ont appris, se retourner c'est prendre le risque de tout perdre et de se voir changé en pierre.

(Ils prennent, au milieu d'un profond silence, un sentier en pente, escarpé, obscur, enveloppé d'un épais brouillard. Ils n'étaient pas loin d'atteindre la surface de la terre, ils touchaient au bord, lorsque, craignant qu'Eurydice ne lui échappe et impatient de la voir, son amoureux époux tourne les yeux et aussitôt elle est entraînée en arrière ; elle tend les bras, elle cherche son

étreinte et veut l'étreindre elle-même ; l'infortunée ne saisit que l'air impalpable.)

Une nuit, j'ai rêvé de Razan. On s'était donné rendez-vous dans une petite rue qu'elle ne connaissait pas, je la guettais. Je voyais des femmes passer en *abaya* et scrutais leur visage, sans me formuler que Razan ne pouvait porter ce genre de vêtements, qu'elle l'avait toujours refusé. J'ai suivi du regard un groupe de femmes qui a disparu dans une ruelle adjacente puis je me suis retournée et je l'ai vue qui montait la rue vers moi. Glorieuse. Son visage d'avant la révolution, encore plein, ses cheveux lissés et blonds. J'ai plongé dans ses yeux bleus à l'éclat étrange, certaine qu'un regard suffirait à attester de mes bonnes intentions et de mes sentiments à son égard. Dans un instant d'effroi j'ai songé qu'elle allait peut-être se fermer, douter, ne pas réussir à déchiffrer le message que, de toutes mes forces, je cherchais à lui adresser, qu'elle allait choisir de me montrer l'autre visage. Mais tandis qu'elle continuait d'avancer vers moi son sourire s'est étiré, a fait saillir ses pommettes, a adouci son regard. Sous mes yeux Razan s'est ainsi animée et à mon tour j'ai souri. Elle a tendu le bras vers moi puis d'une façon décidée, souple et fluide, sa main s'est glissée dans la mienne et nous nous sommes saluées.

Tandis qu'Al-Assad se fait prendre en photo pour le premier jour de l'Aïd à Darayya, la trêve en cours est violée à Douma et huit personnes sont tuées. Là-bas, on s'est fait à l'idée qu'un sort similaire à celui de Darayya se préparait, à moins que ne soit mis en place l'un de ces accords de cessez-le-feu locaux qui permettent au trafic de perdurer et ont déjà été négociés dans plusieurs villes de la Ghouta. Depuis des mois je parle régulièrement à un ami de Razan resté à Douma. Souvent j'entends des explosions dans le fond, parfois ça se rapproche alors il rit, j'entends le chant d'un coq, le bruit de sa *finjan* sur la table, de la cigarette qu'il s'allume. Mois après mois, nos conversations sont toujours un peu les mêmes, il me parle de qui est mort dans un bombardement, du prix du pain, et j'ai eu parfois l'impression que tout cela serait véritablement sans fin, que tout cela pourrait se prolonger à perpétuité.

Nous savons à présent que ce ne sera pas le cas. Alep a cédé, Douma va finir par tomber, Trump a remporté les élections américaines et les Russes une victoire sérieuse, la sœur aînée n'ira pas voir Hillary et le scénario d'une conversation avec Al-Assad finit d'éclipser les autres. Et l'opacité semble partout avancer. Avec la rumeur, son éternel corollaire. La notion même de réalité partagée vacille, la peur gagne. On tente partout de saper la possibilité du politique et de décourager ceux qui auraient la volonté de s'installer face à l'écheveau pour se mettre, avec une infinie patience, à en remonter les fils. L'idée même épuise mais alors je pense à Razan qui affirme que *la fatigue n'est pas une option* et lutte sans relâche pour chasser la *créature fatiguée* en elle.

Je veux citer ici ces mots de Jonathan Littell qui sont les derniers de ses très beaux *Carnets* : *Tous ces jeunes gars de Homs, souriants et pleins de vie et de courage, et pour qui la mort, ou une blessure atroce, ou la ruine, la déchéance et la torture étaient peu de chose à côté du bonheur inouï d'avoir rejeté la chape de plomb pesant depuis quarante ans sur les épaules de leurs pères.* Ce soulèvement reste, l'empreinte du geste. On s'ébroue pour se débarrasser de quelque chose de lourd, pour se délester. La révolution a été défaite mais la répression n'a pu venir à bout de l'élan, de l'impression laissée par le geste de libération, de la somme des expériences émancipatrices et d'un imaginaire qui continue de cheminer et donne des envies de joie et de résistance.

Je me suis prise à lire l'histoire d'Orphée et Eurydice d'une façon nouvelle. L'idée de l'occasion manquée m'a toujours plongée dans un profond désarroi mais maintenant je finis par trouver assez belle cette façon qu'il a de rompre avec ce qui est attendu, de se retourner comme pour dire *On s'attend ?* ou *Laisse-moi donc te regarder*, cette façon qu'il a de se retourner et de s'extirper du vide, de renoncer à sa solitude et de prendre la mesure de ce qui se trouve sous ses pieds.

Se retourner sur Razan et la façon dont elle a choisi de mener sa vie, sur sa trajectoire libre parce que là se trouve, au creux même du tragique, la possibilité d'une consolation. Regarder Razan et mille fois faire le choix d'écrire sur elle plutôt que sur un salaud. Quand je ferme les yeux et pense à elle, que son visage m'apparaît, souriant ou non, je me sens soulagée d'appartenir au même monde qu'elle.

SOURCES
(par ordre d'apparition dans le texte)

Ziad Homsi et Mohammad Ali al-Atassi, *Our Terrible Country*, film documentaire, 2014.

Nizar Qabbani, "Pain, hashish et clair de lune", traduit de l'arabe par Mohammad Réza Zakéri pour le site *Le Caravansérail des poètes* (http://lecaravanseraildespoetes.blogspot.com/).

Joumana Maarouf, *Lettres de Syrie*, traduit de l'arabe par Nathalie Bontemps, Buchet/Chastel, 2014.

Mohammad Ali al-Atassi, *Ibn al-Am*, film documentaire, 2001, et *Ibn al-Am online*, film documentaire, 2012.

Peter Sloterdijk, *Critique de la raison cynique*, traduit de l'allemand par Hans Hildenbrand, Bourgois, 1987.

Michel Seurat, "L'État de barbarie" et "Le mouvement islamique en Syrie, 1963-1982", in *Syrie. L'État de barbarie*, PUF, 2012.

Milan Kundera, *L'Insoutenable Légèreté de l'être*, traduit du tchèque par François Kérel, Gallimard, 1984.

Samar Yazbek, *Feux croisés*, traduit de l'arabe par Rania Samara, Buchet/Chastel, 2012.

Omar Amiralay, *On a Day of Ordinary Violence. My Friend Michel Seurat*, film documentaire, 1996.

Jean Genet, "Quatre heures à Chatila", *Revue d'études palestiniennes*, 1983 (repris in *L'Ennemi déclaré*, Gallimard, 1991).

Jonathan Littell, *Carnets de Homs, 16 janvier – 2 février 2012*, Gallimard, 2012.

Moustafa Khalifé, *La Coquille*, traduit de l'arabe par Stéphanie Dujols, Sindbad/Actes Sud, 2012.

Discours de Bachar al-Assad, 30 mars 2011, retranscription en anglais de Joshua Landis sur son site *Syria Comment*. (Traduction de l'auteur.)

Jean-Pierre Perrin, "La dépouille de Michel Seurat revient avec tous ses mystères", *Libération*, 8 mars 2006.

Samar Yazbek, *Les Portes du néant*, traduit de l'arabe par Rania Samara, Stock, 2016.

Yassin al-Haj Saleh, *La Question syrienne*, traduit de l'arabe par Ziad Majed, Farouk Mardam-Bey et Nadia Leïla Aïssaoui, Sindbad/Actes Sud, 2016.

Majd al-Dik, avec Nathalie Bontemps, *À l'est de Damas, au bout du monde*, Don Quichotte, 2016.

Ovide, *Les Métamorphoses*, traduit du latin par Georges Lafaye, Gallimard, 1992.

Yassin al-Haj Saleh, *Récits d'une Syrie oubliée*, traduit de l'arabe par Marianne Babut et Nathalie Bontemps, Les Prairies ordinaires, 2015.

Saïd al-Batal, "La folie n'est-elle pas préférable à une vie d'insouciance, passée les yeux fermés ?", traduit de l'arabe par Marianne Babut, *L'Express*, 27 février 2015.

Anne Barnard et Hwaida Saad, "Syrian Officer Gave a View of War, ISIS Came, and Silence Followed", *New York Times*, 14 février 2016. (Traduction de l'auteur.)

Benjamin Barthe, "Le chef rebelle salafiste Zahran Allouche a été tué en Syrie", *Le Monde*, 28 décembre 2015.

Étienne Huver et Sophie Nivelle-Cardinale, *Disparus. La guerre invisible en Syrie*, film documentaire, 2016.

Susan Sontag, *Devant la douleur des autres*, traduit de l'anglais par Fabienne Durand-Bogaert, Bourgois, 2003.

On peut lire la plupart des textes de Razan Zaitouneh en anglais sur le site www.razanwzaitouneh.com. (Traduction de l'auteur.)

L'article de Razan Zaitouneh "Écrire sur une corde raide" a paru en arabe sur le site *Middle East Transparent* (www.middleeasttransparent.com) le 17 mai 2008. (Traduction de Félix Guillou.)

OUVRAGE RÉALISÉ
PAR L'ATELIER GRAPHIQUE ACTES SUD
ACHEVÉ D'IMPRIMER
SUR ROTO-PAGE
EN NOVEMBRE 2017
PAR L'IMPRIMERIE FLOCH
À MAYENNE
POUR LE COMPTE DES ÉDITIONS
ACTES SUD
LE MÉJAN
PLACE NINA-BERBEROVA
13200 ARLES

DÉPÔT LÉGAL
1re ÉDITION : SEPTEMBRE 2017
N° impr. : 91858
(Imprimé en France)